中国知识产权名家讲坛

（第二辑）

李雨峰　主编　　易健雄　执行主编

知识产权出版社

全国百佳图书出版单位

图书在版编目（CIP）数据

中国知识产权名家讲坛. 第二辑/李雨峰主编. —北京：知识产权出版社，2018.10
ISBN 978-7-5130-5679-3

Ⅰ.①中…　Ⅱ.①李…　Ⅲ.①知识产权—研究—中国　Ⅳ.①D923.404

中国版本图书馆 CIP 数据核字（2018）第 158504 号

内容提要

本书收录了包括宋柳平、张平、李顺德、吴汉东等在内的八位知识产权界权威人士在西南政法大学名家讲坛上针对知识产权前沿热点问题的讲座，他们多以创新为基点，或关注知识产权管理，或探讨互联网创新背景下的专利困境及制度进路，或论及知识产权行政执法，或展望知识产权发展国际态势与中国战略选择，能够从不同角度给知识产权从业者、相关行业企业和学者带来诸多启发。

责任编辑：可　为	责任校对：王　岩
装帧设计：棋　锋	责任印制：刘译文

中国知识产权讲坛系列丛书

中国知识产权名家讲坛（第二辑）

李雨峰　主　　编
易健雄　执行主编

出版发行：知识产权出版社有限责任公司	网　　址：http：//www.ipph.cn
社　　址：北京市海淀区气象路 50 号院	邮　　编：100081
责编电话：010-82000860 转 8335	责编邮箱：kewei@ cnipr.com
发行电话：010-82000860 转 8101/8102	发行传真：010-82000893/82005070/82000270
印　　刷：北京建宏印刷有限公司	经　　销：各大网上书店、新华书店及相关专业书店
开　　本：720mm×1000mm　1/16	印　　张：13.5
版　　次：2018 年 10 月第 1 版	印　　次：2018 年 10 月第 1 次印刷
字　　数：216 千字	定　　价：60.00 元

ISBN 978-7-5130-5679-3

序 言 PREFACE

　　"中国知识产权名家讲坛"于 2014 年下半年由西南政法大学提出，经中国知识产权法学研究会同意，而由二者联合创立、主办，西南政法大学知识产权研究中心（后由重庆知识产权保护协同创新中心接任）与重庆市知识产权研究会联合承办。自中国知识产权法学研究会会长刘春田教授 2014 年 11 月 24 日为"中国知识产权名家讲坛"开坛主讲至今，已成功举办了 22 讲。主讲人中，既有刘春田先生、李明德先生、张玉敏女士、吴汉东先生等学界"大佬"，也有孔祥俊先生、王自强先生、宋柳平先生、李殿勋先生等实务界名家，还有黄晖先生、王迁先生、李扬先生、李琛女士等中青年精英，在中国知识产权界具有极强的代表性，可谓典型的"名家荟萃"。主讲、讨论的主题既涉及"技术进步和知识产权制度改革""知识产权国际发展态势与中国战略选择"等基础、务虚类问题，也涵盖"独创性理论在实践中的适用""专利司法保护的理念与实践"等应用、务实类问题，具有相当的理论价值与实践意义。主讲人的知名度叠加讲题的价值性，已使"中国知识产权名家讲坛"在近四年的时间里获得了良好的"美誉度"与较高的影响力，已成为中国知识产权界内一块知名的讲坛品牌。

　　伴随"中国知识产权名家讲坛"的成长，重庆知识产权保护协同创新中心、西南政法大学知识产权研究中心也打造出一支业务精良、承接有序的讲坛工作团队。该团队细分为策划宣传组、会务组织组、后勤保障组、资料整理组等各专门小组，以其高度敬业精神和过硬专业能力，为讲坛提供精细高效的辅助服务，有力保障了讲坛的顺利举办。目前，"中国知识产权名家讲坛"已形成了讲前及时宣传推广、讲时同步录音速记、讲后限期整理保存的工作流程，并辅有"西南知识产权网""西南知识产权"微信公众号、"西南IP"微信群等配套网络平台，以最大限度展示主讲人风采、挖掘主讲内容价值、促进知识产权智慧的传播，努力实现"邀请国内知识产权知名人士，就知识产权基础性或前沿性问题作智慧分享，以助力我国知识产权实践经验的总结和理论体系的完善"的初心。

也正是出此"初心"，也让"中国知识产权名家讲坛"的价值成果能在更大范围内得到传播与分享，中心决定将已举办过的各期讲座内容系统整理、集结出版。在此，中心也衷心感谢各位主讲人的慷慨授权与费心校稿！出版内容如仍有文字错漏或表述有违主讲人本意之处，中心在此向主讲人表示诚挚歉意并愿意为此承担可能的相关责任。除主讲人的贡献以外，每一期讲座成功举办的背后，无不凝聚着与谈人、嘉宾、工作团队、赞助者以及其他参与者在时间、精力、金钱等各方面的付出。在此，中心特致以衷心的谢意！尤其感谢百度公司、超凡公司、西南知识产权集团的赞助支持与对中心、讲坛独立学术品格的尊重！最后，感谢知识产权出版社的大力支持，使讲座内容得以顺利出版。

"中国知识产权名家讲坛"今后仍将"不定期却经常性"地举办下去，继续为业内的知识产权交流发挥有效的平台作用。我们也将持续以"出版图书"的形式，保存"中国知识产权名家讲坛"的成果，见证中国知识产权事业的发展。

重庆知识产权保护协同创新中心
西南政法大学知识产权研究中心
2018 年 8 月 15 日

CONTENTS

目录

第十一讲

经济全球化视野下的企业创新及知识产权管理

主　　题：经济全球化视野下的企业创新及知识产权管理

主讲人：宋柳平　华为技术有限公司高级副总裁、首席
　　　　法务官

主持人：曾菁华　重庆市两江新区党工委副书记

与谈人：袁　杰　重庆市知识产权局局长

　　　　姜丹明　超凡知识产权研究院院长、国家知识
　　　　产权局条法司原副司长

　　　　邓宏光　西南政法大学知识产权学院教授、博
　　　　士生导师

时　间：2016 年 6 月 23 日

地　点：重庆市两江新区金渝大道 66 号金山大厦北一楼
　　　　会议室

曾菁华：同志们，为了提高大家对知识产权管理与运营实践的认识，两江讲坛与中国知识产权名家讲坛合作举办主题为"经济全球化视野下的企业创新及知识产权管理"的讲座。今天的主讲人是华为技术有限公司高级副总裁、首席法务官宋柳平先生，同时还有三位嘉宾：重庆市知识产权局局长袁杰先生，超凡知识产权研究院院长、国家知识产权局条法司原副司长姜丹明先生，西南政法大学教授、博士生导师邓宏光教授。现在我们以热烈掌声欢迎宋柳平先生。

宋柳平：感谢主持人，感谢重庆市知识产权局的邀请，非常高兴有机会在中国知识产权名家论坛上进行主讲。今天我主要是想从企业实践的角度谈一谈对创新和知识产权的一些看法，供大家参考。

首先有这样一个基本逻辑，知识产权不是一个独立的东西，知识产权的基本逻辑和不同行业的不同发展阶段密切关联，特别是对于不同的技术或者创新在产业中不同的影响，所以它的设计是不一样的。我今天从华为的实践角度来谈一谈我的一些看法，虽然两者运作方法不一致，但是它的灵魂是相同的。

我简单说一下华为的情况，大家可以理解一下我们为什么要这样进行设计。华为从来没有所谓的独立的知识产权战略，更多地是基于华为的业务发展而展开的，是公司整体战略的一个组成部分。华为是在 CT 领域（电信）从事通信行业发展起来的，目前走向 ICT 领域，也就是信息通信领域。通信行业的第一个基本特点是它是一个工业标准行业，也就是全世界所有产业链中所有公司都会按照统一的国际标准来进行产品的研究生产和制造，因为有互联互通的这种关联性，所以它是一个非常典型的工业标准行业。标准对产业的发展能起到引领作用。第二个特点是它是一个高度的技术密集型产业，像我们公司有 17.6 万人，但是接近一半的人从事研究开发工作。研发和创新对于这个行业来讲，具有至关重要的影响。

我再说一下华为的基本背景。我们的公司是成立于 1988 年的百分之百民营公司，百分之百的股份由员工持有，成立的时候只有 21000 元的注册资本，和大多数中国同时代的民营企业一样，公司是从非常艰苦的环境进入这个行业的。经过 20 多年的发展，华为目前在 170 多个国家有业务，市场范围覆盖大概有 170 多个国家，在世界 500 强中，2015 年排第 228 位。我刚刚讲接近一半的员工从事研究开发工作，研发和创新对这个产业很重要，但这个研发又不是所谓的封闭式研发，更多地是开放式研发。以客户为中心，设计研发出满足客户需要的产品，产生商业价值，这才是我们华为的基本理念。华为的很多创新是和客户一起联合创新产生的，而且是跟业界最重要的战略合作伙伴形成联合。华为在全世界有 36 个研发创新中心，其中独立的研发中心有 16 个，公司的研发中心实际上是按照全球产量进行布局。

近 5 年华为的销售收入增长一直保持平稳，2015 年销售收入大概有 3590 亿元，目前是 ICT 领域业务范围最宽的公司。华为一直坚持"聚焦战略"，第一个判断趋势是全连接的世界，现在大概有 100 亿左右的连接，未来几年可能会突破 1000 亿的连接，其中包括人与人之间的连接、物与物之间的连接以及物与人之间的连接，未来基本的趋势是全连接。第二个判断趋势是数据洪流，全连接带来大量的超宽带的应用，这会导致数据洪流。现在华为总体上的核心目标是聚焦管道战略，要做世界上最强大的管道，能够运载超级数据洪流。具体的业务分三大块：第一是运营商业务，包括有线电话、无线电话、上网需要用的网络设备，这个业务大概有 400 亿美元的销售收入；第二是消费者业务，大家可能最熟悉的就是华为的消费者业务，包括手机、手机移动数据卡、固网解决方案等，这块业务的规模 2015 年是 200 多亿美元；第三块业务是企业业务，包括金融、交通、轨道、能源等各种行业，也包括为平安城市、智慧城市的政企网服务。总体来看，华为运营商业务会保持一个平稳的增长，大概 10% 左右，消费者业务在 2015 年有 70% 左右的增长，企业业务有 50% 左右的增长。这三大块业务的核心问题是聚焦管道业务，即一切能增加管道数据流量的业务都在我们聚焦的范围内，因为这三块业务的协同发展，预计华为未来会保持平稳增长。

电信行业这块的特点，从市场的角度来讲，是一个典型的地盘生意，它有两个特点：

第一个基本特点是每一个城市所采用的网络设备不会超过两家。如果是作为这个城市的主流设备厂商，在运行当中不犯错误，基本上后边的扩容城都是你的，所以叫"地盘生意"，被别人更换设备是很困难的。从这个角度来讲，中国没有做第一代移动通信，中国是从第二代开始进入移动通信市场，设备厂商仅能提供设备，我们的第二代移动通信研发比业界晚了 5 年，业界大概是在 1994 年左右提供全球第二代移动网络设备，我们是在 1999 年完成设备开发。世界主要城市已经被西方公司占领，幸好它们后来犯了很多错误，我们才有机会搬迁他们的设备，别人不愿意做的事情我们来做，从最边远的乡村地带，一步一步进入城市主流。我们的第三代移动设备同步于世界，第三代移动设备主要由商用网络和爱立信平分天下。从第四代开始我们领先于世界，现在全球主要的移动通信网络 4G 商用网络里面，我们占了比较大的份额，预计随着网络的引进，我们竞争能力会不断地提升。第五代移动通信我们也在长期研究，随着网络不断地演进，只要我们自己不犯错误，未来的市场上，我们的地盘会不断地扩大，在市场上就获得保障。

第二个特点是华为实际上是全球少数或者是唯一在固定网络、移动网络以及数据网络三个领域都进入世界前三位的公司。华为不像很多西方公司，比如爱立信更多是移动业务，它不做固定网络业务；现在的诺基亚其实是当年的 4 家公司——西门子、阿卡特、朗讯和诺基亚的合成，诺基亚现状主要做固定网络业务，思科主要做数据网络业务。华为各个领域都有涉猎，而且都进入世界前三位，我们预计未来的 4G 技术发展方向是一个融合的全 IP 架构。我们不缺技术准备，在未来的竞争中华为已经做好充分的应对。从市场和技术两方面，我们也做好了准备，预计未来的发展在消费者领域和企业领域的增长会非常快，运营商业务方面 3 年前已经是世界第一，我们会保持这样的领先优势，继续平稳地增长。这三块业务的全球市场可见的空间可以保障我们发展到一个更高水平，2015 年大概是 600 多亿美元规模，估计 2016 年会保持比较快速的增长，现在大量快速的增长是来之不易的。

华为未来的设计更多地是思考全球化的发展方向，不太提国际化，因为我们觉得国际化是一个落后的概念，它的出发点是以中国为中心走向世界的逻辑。华为认为，随着互联网和信息技术的开放，任何一家企业依靠单点的领先是不太可能长期领先于世界的，要想长期领先于世界，最核心的要素在于能够整合世界上最先进的资源，资源就是一个核心，所以我们现在更多提全球化。全球化的基本逻辑是，以整合世界最先进的资源为基本出发点，资源在哪个地方，哪个地方就是中心，这样来安排所有的东西。因此，我们需要的是综合解决方案的能力，就是各方面的能力都要强，如此平台才会高，别人颠覆你的可能性才会小。

瑞典是一个世界无线通信技术研发中心，瑞典有一个科技园包含了西门子、爱立信、诺基亚等研发中心，所以它是世界无线人才聚集地。华为在那里设立了一个无线通信研发中心，作为华为无线通信技术的引擎。美国的硅谷是 IP 技术的世界研发中心，我们在硅谷设立了一个很大的研究机构，这就变成我们 IP 技术的引擎，引领我们公司前进。印度是软件的世界研发中心，印度的软件研发工程规范性是最好的，20 世纪 90 年代后期，世界上通过五级认证的只有 36 家，而班加罗就有 24 家，华为在印度班加罗设立了一个比较大的研发中心，驻扎几千位软件工程师，使华为的工程能力得到了很大的提高，华为也是中国最早完成 CM5 及认证的软件工程。俄罗斯的莫斯科在远航通信技术方面是非常厉害的，我们在那里设立了一个数学研究所。在法国我们也有数学研究所。德国和日本的指南控制体系是世界最先进的地方，华为在德国和日本都会设立能力中心作为产品质量的中心，这个能力中心牵引着华为的产品质量向着最好的管控体系走。法国是"美学之都""奢侈品之都"，有大量的奢侈品设计工程人才，现在做智能手机的美学设计是非常重要的，我们在法国设立美学研究中心。德国和日本的智能制造比较前端，华为将来有可能会在德国和日本的智能制造进行布局。伦敦是金融中心之一，在金融风控上，华为每年的交易量超过 7 亿美元，资金的风险管理是放在英国伦敦的。

华为的基本思路就是：在我们未来长期保持领先的前提条件下，我们是否具备整合世界上最先进的资源从而把我们整个平台能力垫高的能力。只有这样我们才能作出最好的产品卖向全世界，而做最好的产品卖向全世界是我们最核心的目标。

刚才讲了经营方面的问题，华为三大业务是按照业务特点进行设计的，华为的基本逻辑是以客户为核心，现在这三大业务群体按客户类别分为企业客户和普通大众消费客户，以客户为中心来设计三大业务，这样使得所有的产品设计是真正地按照客户的真实需求来进行产品设计的。华为内部的产品设计和我们早期所谓的产品开发已经不是一个逻辑，我们内部采取的 IPD 的产品开发逻辑来自美国的大规模企业研发的成功实践。IPD 是产品开发，它的核心就是这个产品的开发和设计不是我们当初想象的由研发人员在脑袋里面想的一个产品，然后再把这个产品作出来向客户推广销售，更多地是在产品的早期阶段就已经融入了各种元素，比如说客户的需求、消费者的需求、产品的竞争力等。现在华为以客户为中心，以客户需求为导向的逻辑会落实到整个产品的 IPD 设计的业务流程当中去，这样就保证产品的研发是对准市场，这个产品开发出来能够给消费者使用。另外一个逻辑在于 IPD 有一个广搜索再聚焦开发的模式，它是一个喇叭口的结构，开口很宽泛，也就是在这个领域里面所有的研发都能进入我们的视野，最后做成的产品是一个收口的过程。现在我们也在思考，华为原来更多地是跟随 4G 的主流在不断往前走，既然是跟随，就有人带路。走到今天，华为变成世界领先企业，就会产生一个很大的问题，我们不知道前面的路和方向。我们会把搜索范围和研究范围更向前推进一些，能够支撑全连接的世界基础的技术，而且我们希望有重大贡献的是来自外界，而不是来自内部。

总的来讲，华为坚持所谓的开放式创新是希望生态技术的产业链要有世界的眼光。从中国改革开放以来我们可以发现只有开放才能够融入世界当中，占有一席之地。因为华为也是从最原始的积累开始，刚开始建立公司的时候我们只有 21000 元人民币，比目前大部分创业企业都要低。华为从 1988 年成立以来，一直坚持把销售收入的 10% 以上投入到研究开发当中，坚持了二十几年。坚持是非常重要的，这个行业没有天上掉馅饼的事情，我们更强调厚积薄发、长期积累的过程，知识产权也是厚积薄发、长期积累的过程。

华为所处的行业是一个典型的工业标准行业，我们主张的是什么？我们主张的是要融入世界，我们并不主张把自己保护起来，这样会跟世界分离。日本通信产业基本上全军覆没是因为它们想自己做 PDA，虽然它们有自己的标准，但 PDA 这个标准没有成功，日本企业在本土没有挣到钱，它们又没有按照世界主流的标准做，最后基本上跟通信行业脱节。我们主张不能狭隘，在华为内部很少谈自主，更多地是谈开放，其实只有你融入世界，在世界的主流中占有话语权，才可能参与世界市场的分割，这是一个前提条件，主流的标准和主流的技术就意味着主流的市场。我们在移动通信领域占到世界 85% 以上的市场，因此我们一定要在这个主流市场上发力，如此才能够分割市场，你一封闭，就会导致落后。2009 年的时候，华为的 PDA 国家专利申请是全球第一，我们当时非常紧张，怕误导了国家。当时有一种潮流，大家都强调自主，我们自己的认识是自主可能不是核心，核心是用世界五千年的文明成果发展我们自己，核心是开放，而不是封闭。

这是我们公司的一些情况，在整个变革当中，华为是从一个小公司到中等公司，到大公司，再到巨型公司，到世界领先公司，走完全部的里程，我们认为中国企业发展最难最缺的其实是管理。我们现在有 17.6 万人，怎么把这些人朝一个方向引导，这就是企业文化的价值。华为是从管理变革开始，在小公司适用的很多方法，在中等公司不适用，在中等公司适用的很多方法，大公司不适用，大公司适用的方法，在全球性的公司不适用，最难的是当权者往往是反对变革的，而且我们又不能停下来进行变革，我们就要在高速行进的车子上画轮胎，走过这个路程，就能知道这是个多么艰辛的过程。华为从 1996 年开始系统地引进西方管理理论，特别是美国的管理理念，所以华为整个管理构架是在美国的成功实践上吸收、消化过来的。比如说产品开发上引进 IBM 的继承产品开发方案；在供应链上引进了 ISC 的继承供应链系统；集成财务管理我们请 PWC 做顾问；客户关系也是请 PWC 做顾问；在质量合作伙伴关系资本投资上请的是 HFG 做顾问；在品牌从战略到执行上请的是 CN 做顾问；支持管理和整个投资组合管理上请的是波士顿的投资公司。

华为的管理体系其实来自世界上成功的投资企业。从 1997 年开始，华为开始系统地引进西方管理哲学进行组织变革。当前华为整个管理体系是一个流程型组织，华为 17 万多人里面，绝大部分人都是名牌大学硕士以上的学历，从个人来讲，每个人都觉得自己是个人物，如果这些人物聚在一起，方向不一致，那就是灾难。如何使得这 17 万多人朝一个方向走，这是一个非常艰难的过程。我们实际上是用价值评价体系和流程型的管理来牵引，我们有个价值分配的逻辑，叫利出一孔。我们所有人的利益都来自对公司的贡献，都聚焦在我们的主业务中，在价值评价、价值分配和管理活动中实现，这是最难的一个过程，我们还是很幸运地平稳走过了这样一个阶段，如果你们看过 IBM 写过的一本书——《谁说大象不能跳舞》，你们就会知道企业规模增大以后的惰性是很难克服的，怎么来克服这个问题？我们强调价值导向。

华为文化有三句话：第一句是以客户为中心；第二句是以奋斗者为本；第三句是长期艰苦奋斗，包括思想上的艰苦奋斗和自我评价。这三句话怎么落实到行为当中呢？

第一句话是"以客户为中心"。中国的文化里面，其实是强调官本位的，所有行动都可能表现为以领导为中心。怎么避免以领导为中心？一定要体现你所有活动是真正以客户为中心的。每个企业都在呼吁以客户为中心，但是落实到行动当中可能就不是这样。网上传任董一个人出去没有随从人员，其实我们出去都是这样，自己拿一个包就走了，我们内部觉得很正常的事情，外界就炒得很厉害，我们公司的所有领导，自己开车出去，没有司机接送，即使到全球各地去出差，来个司机接你就行了，并不是来一大堆人接你。因此，"以客户为中心"体现在每一个人的行为当中，体现在公司的价值取向当中，而不是喊一句口号。

第二句话是"以奋斗者为本"。有一个领导问我们，你们怎么来甄别华为中谁是雷锋？我就回答说拿钱最多的就是雷锋，让雷锋挣到大钱，大家就都学雷锋。奋斗者真正得到合理的回报，才能够牵引大家都做奋斗者。在价值评价里面，跟你同时进公司的人，过了几年差距可以很大，真正的有贡献的人，需要得到肯定，一定要在公司文化和具体活动当中体现出来才是真实的。我们要秉承这样一个概念，把企业文化落实到所有的管理活动和管理规定当中。国家有八项规定，我们也有干部八项规定，总的一个方向就是要牵引我们的员工向着一个共同方向前进，我们就叫"利出一孔、力出一孔"。

下面我想谈一下今天大家比较关心的主题——知识产权。知识产权不是一个很特别的东西,不是一个非常异类的东西,不要把知识产权拔得太高,因为我们有很多创新成果,所以我们要用知识产权这种形式把它们保护起来,就是这么一个简单的逻辑。我先从宏观方面谈一下我对知识产权的一些看法,希望各位对于宏观管理能有所参考。

第一,知识产权制度在世界大概有三四百年的历史,人类在第一次工业革命背景下提出这种制度。知识产权核心目的在于鼓励与保护创新。国家用法律的形式给予创新者一定时期的保护,使得创新者能够得到合理的回报,愿意继续再进行创新,同时向别人示范,从而鼓励更多的人进行创新。从世界历史看这个制度,最早出现在英国的工业革命,到欧洲大陆技术发展,再到德国、日本、韩国相关企业,然后再到今天的美国,所有的实证都表明知识产权制度是一个科学的制度,它唯一的后果就是使得这些国家发展起来,而且经过接近400年的不断修正和完善,到今天为止已经是一个非常科学合理的制度。既然认为它是一个科学的制度,那么核心的问题在于如何把这个制度的灵魂、制度的基本目标学会。知识产权制度是根据国家发展需要来进行设计的制度,它使得硅谷这样伟大的科技创新地诞生,使得欧洲、日本、韩国这些国家和地区的科技发展起来。

第二,我们国家对于知识产权这种制度的尝试,从第一部《专利法》开始到现在已经30多年了,30多年的时间建立了一个形式上跟西方相当的制度。但是,如果是从制度设计的目标是否达到来看,可能还有很大的差距。因为这个制度设计最核心的目标在于使得创新者得到足够的回报,使得人们都愿意去从事创新活动,都愿意继续投资深度的开发创新,使侵权者受到足够的惩罚。从这个目标达成情况来看,我们还差很远,还没有达到这个制度设计的目的,我们要走的路还很长。

第三,知识产权制度是一种所谓的私权。它有两个角色,第一是公共权力的角色,第二是私营部门的角色。公共权力最核心、最主要的责任是什么?从世界范围来看,公共权力最重要、最核心的责任在于建立保护环境制度,因为只有建立保护环境制度,才会使得创新者得到合理的回报。知识产权跟有形财产不一样,有形财产除了权利以外,还要控制该物;而知识产权不一样，比如说专利，如果没有法律的保护，根本不需要获得他人的许可，自己看一下文件就可以了解其核心技术，知识产权离开了法律的刚性保护，它便什么都不是。所以知识产权赖以生存的核心责任是法律保护，这是公共权力最核心的责任。只有当公共权力完成了这种保护以后，私人部门才有动力自己去拼命地干活；反过来说，如果没有可获得利益，他又怎么愿意进行创新？当前我们的核心在于如何建立合理的保护环境制度，这才是最重要的。为什么这个制度没有达到制度设计的目标？因为我们的保护环境不够好，保护环境不够好和建立制度的启蒙阶段有关系，30 多年前建立这个制度的时候，中国还处于一个改革开放的起步阶段，所有的东西都是以西方为主导。当时中美知识产权谈判，西方施压要中国建立知识产权保护环境制度，中国认为这个知识产权制度更多是西方人的，搞一个形式给西方人看就可以了，所以我们更多地是从应对外面的角度来建立知识产权保护体系，我们形式上建立了跟西方相当的制度，但实质却差了十万八千里。

我们更应该从国家自身发展角度出发建立保护环境制度，如果不建立保护环境制度，伤害最大的是中国有希望的企业，而不是西方公司，中国有希望的企业根基在中国，知识产权制度不保护它们就是伤害，创新者没有得到回报，它们怎么可能继续投入创新。只有有刚性的保护环境，我们中国有希望的本土企业才能够成长起来；只有获得收益，才可能不断地开发。世界发展的历史都是这样，比如说硅谷，你有一项创新并且成功地把它产业化，得到丰厚可观的收益，别人一看收益这么多，也纷纷投入这样的创新，最后就成了硅谷。

保护创造也是世界整合的一个非常重要的方法。我曾到莆田专门做红木家具的镇上去，我问他们这个镇有多少家红木家具企业，他们说有 5000 家，我说你们怎么挣钱？5000 家同质化的企业，谁都没有办法挣钱。红木家具有三个要素，第一个要素就是原材料要好；第二个是工艺手工要好；第三个是创意设计要好。创意设计是非常重要的一个灵魂，但是如果不保护创意，那么做一个非常好的创意椅子出来，只要摆到展厅上去，明年市场上可能全都是这种椅子，那大家就同质化竞争了。每一个行业都有卖低价的问题，中国应该摆脱所谓的低价格、低质量、低成本的套路。中国本来有一个非常好的优势：我们的市场足够大，每一个行业可以支撑两三家企业，这两三家企业在本土挣钱，不断地投入研发，不断地投入创新，把门槛垫高，然后再去占领世界市场。创造对于产业整合的作用是非常大的，比如西方的手机行业可能就一个公司，美国就一家苹果，中国却是几百家公司。为什么会有几百家公司呢？核心只有一个——创造者没有得到合理保护，这样就很容易同质化竞争，这是产业发展的一个非常重大的问题，我们不能走这样的路，我们应该学习苹果成功的经验。

第四，我们应该有信心。第一个信心是信任中国的研发，中国不仅仅是一个制造大国，更是一个创造大国。华为的实践证明，我们是非常有竞争力的，从 2010 年以来跟世界所有公司的交易，都是我们出技术，它们出钱，我们占控股。华为跟摩托罗拉、西门子等成立的合资公司都是我们出技术它们出钱，中国的研发在世界产业当中是有竞争力的。第二个信心是中国专利，中国的知识产权是最有价值的，按照世界的评价标准，一件专利的价值评价与专利所覆盖的制造和销售产品总量相关。中国跟欧洲和美国一样，是世界三大市场之一，但不一样的是中国又是世界的制造中心，比如手机，世界上85%的手机是在中国制造的，而这 85% 的卖向全世界的手机都在中国的专利覆盖之下。中国专利按照世界的价值评判标准，它的价值是世界第一，但我们专利现实价值也是最低的，没人愿意买专利，专利的现实价值由法院判决的赔偿额决定，中国一件专利的平均判赔额是 8 万元人民币，而美国平均的判赔额是 400 万~500 万美元，这相当于自废武功。

知识产权肩负着两大责任，第一是保证本国的公平竞争秩序；第二是保证本国企业的全球竞争力。美国在制度设计上就是两套，第一套是联邦法院，管的是本国的公平秩序；第二套是还有 ITC，国际贸易委员会是一个准司法机构，管的是美国企业的全球竞争力。法治也是一个国家的竞争力，衡量一个国家的竞争力可以通过诉讼来发现。如果一家美国公司起诉我，我在中国起诉它，我们能不能获得平等的地位？在中国是不可能的。美国公司在美国起诉专利侵权可以获得 400 万~500 万美元的赔偿，而在中国起诉只能获得大概 8 万元人民币的赔偿，这个怎么会有竞争力？如果保护创意，红木家具绝对不会有 5000 家，我认为 2~3 家就够了。2~3 家才可能提高能力，才可能挣钱，才可能占领世界市场，同质化的低价竞争不可能成长起来。核心问题还是公共权力保护环境的建设问题，如果这个核心问题没有做好，其他一切工作都白费了。

中国已经连续 6 年是世界上的商标、专利申请第一大国，可是申请这么多有意义吗？知识产权如果没有转换成现金流，那它就是个负担，只有知识产权转换成价值，它才具有真正的价值。中国每年新增这么多的专利并没有全都转化成价值，我们一件专利平均交易额是 2 万元人民币，企业都没有动力去买专利。我们老说质押融资，银行其实都不承认你的专利进行质押融资，为什么？因为它没有价值，美国平均一件专利交易额是几百万美元，而我们是 2 万元人民币，中国的专利没有人买，就不会有交易。国家建立的知识产权运营平台，要像证券交易所一样，一定要根植于有基础的交易。只有平台，没有人愿意进行交易也是没有用的。怎么实现这个目标？核心问题是让这个专利产生价值。美国每年的交易量中，现金交易量超过 1000 亿美元，交叉许可交易量大概是 1 万亿美元。公共权力最核心的作用就在于建立保护环节，这是世界产业发展反复证明的成果。我们内部有一句话，不要在非战略点上消耗战略资源，公权也好，私权也好，做好自己该干的事情，才是最好的。

我国的知识产权更多地是学习西方，而不是自己创建一套稀奇古怪的东西。一套制度性的东西没有经过大规模的实践检验往往都是错误的，就像企业管理制度设计一样，为什么要引进西方的管理体系？因为有成功的实践。我们当时引进美国制度时，我们先僵化、再固化、再优化，先不要去批判别人，先学会别人的灵魂，然后再固化，固化完了以后，经过长期的运营，再优化，而不是一上来就指点江山，那是幼稚的行为。在《专利法》修改的草案中我们看到了很多这种影子，政府希望把手伸到企业里面。我一直在批判税后利润提取 2% 奖励发明人的制度，全世界没有任何一个国家用法律的形式规定一个对创新者具体的奖励比例。每一个行业技术对产品的贡献都不一样，每个产品的发展阶段也不一样，凭什么规定一个 2% 的比例？任何比例都是错误的，因为每个行业都不一样，没有一个朴实的标准。一个手机里面有 1 万件专利，有些专利价值连城，有些专利一钱不值，2% 根本没法分配，专利在中国是一个很小的比例，产品的开发、代码的撰写对产品的贡献可能更大，为什么不规定这些？不只是研发，还有市场品牌对产品商业成功也有很大贡献，为什么不去规定它呢？不仅如此，文件还规定县级以上的知识产权部门可以对专利价值作出评估，这连厉害的专家都作不出来，怎么可能由县级以上的行政部门作这个评估呢？我们不要搞太多创新，我们要学会世界最先进制度的灵魂，因为知识产权制度本质上是一个鼓励不断前进的制度，它是一个优币驱逐劣币的过程，但是我们的文化是保护劣币，投入一个新技术需要很大的冒险，我们为什么要冒险？为什么不等到别人开发出来我们再用？因此，我们要去掉这种落后的制度。

知识产权不是为了给他人看，更多地是内在发展需要。我们处在充分竞争的行业，处在一个所谓工业标准行业，标准在产业中具有引领作用。核心国际标准里面有大量的知识产权，我们如果不在核心国际标准里面有大量的知识产权，我们就没有资格去参与世界的分割。知识产权最重要的职能是保护我们业务的全球安全，使得我们没有不可建设的市场空间。华为现在每年会新增5000件左右的专利申请。衡量一家企业世界的竞争力标准，就是看该企业在欧、美、中三地综合的专利知识产权能力，按照这个目标来进行建设，我们现在已经有7万多件专利，授权的专利接近5万件，保证我们进入全球第一阵地。排名对我们并不重要，我们觉得最重要的是我们自己使其发挥应有的价值，当知识产权有价值的时候，它才有意义。我让北京的十大企业给我提供三个申请专利最主要的原因，他们回答我三个原因，第一个原因是为了获得高新技术资质的认证；第二个原因是为了获得专利资助；第三个原因是为了完成领导交办的任务，或者是为了在资本市场产生价值，对上市有用。如果申请专利都为了这三个目的，那知识产权基本没有什么用，知识产权最重要的就是两个价值，第一个是保证我们自己的通行安全，避免到发达国家被赶回来；第二个是交易价值。最重要的价值是这两个价值，其他价值都是错误的、没有意义的。我们中国现在拥有那么专利，能不能转换到事情本原上去，能不能真正发挥知识产权的价值？关键是看这两个价值。只有这两个职责完成，企业才有真正的动力投入到创新当中，去创造有价值的专利、有价值的知识产权。

工业标准有一个特点，标准对行业有牵引作用。本来标准是一个公共权力，专利权又是一个私权，从 20 世纪 90 年代中期以来，这几个专利是在国际标准中规制的，所有工业产业都要按照这个标准做产品，然后就产生所谓的基本专利的问题。基本专利的问题，到目前为止称作标准必要专利或者基本专利，是世界上最有价值的专利。工业标准行业的 90%（包括谈判交易）都是标准专利的交易，它是最有价值的。国际标准有两重作用，第一是鼓励作用，国际标准要领先在前端，首先要鼓励先进的企业把最先进的技术放到国际标准当中去，按照公平、合理的原则，先作出一个陈述——公平无歧视地许可给别人使用，就可以把你的技术放在国际标准里面去。国际标准允许权利人获得一定的经济利益，鼓励大家都愿意把这个技术放到国际标准当中去，这叫"占领山头"。因为公共权力把私权的范围扩大，所以也需要有一定的约束作用，这个约束必须是公平、合理、无歧视的，但更多地是鼓励的一面。现在无论是《专利法》修改也好，还是国家标准的规定也好，走向了一个可能是错误的方向，《专利法》针对的是国家标准，不是国际标准，国家标准更多地是约束作用。2010 年的时候和欧洲公司谈判，在国际标准中我们没有任何专利，当时唯一的筹码是在中国的标准，我们不能把自己谈判的筹码废掉，这是 WTO 允许的，不视为贸易壁垒的三大手段之一。我们学人家的东西一定要学到灵魂，人家是对国际标准，不是对国家标准。学术机构、学者、大学教授可以研究一下，这是绝对错误的，没有任何一个国家去约束自己国家的必要标准专利，我们自己创造一套制度，后面更多地是具体的实战操作，因为时间关系，我不讲那么多，把时间留给大家交流。

曾菁华：大家有什么问题可以跟宋总进行交流。

提问 1：请问英、美、德、法四国与中国在知识产权保护上的比较。

宋柳平：现在中国的保护最重要的是两个：第一是降低刑事保护的门槛，不要等到损失发生时，才发现再也无法救济。商业秘密的侵犯是最厉害、最普遍的，需要降低其刑事保护门槛。员工离开你的公司的同时也把技术一起带走，然后自己以很低的成本开公司，和你竞争，这就是最大的威胁。只要你偷了一个价值连城的东西，公安就应该立案，而不是等到偷的这个东西已经在市场上生产销售时，才立案。第二是加大侵犯知识产权的惩罚性赔偿，特别是专利权的惩罚性赔偿。专利权的惩罚性赔偿可能是 8 万元，一个专利的生命周期也不止 8 万元，而且还有律师费、诉讼费，诉讼成本都不够补贴。加强知识产权的保护，就是我们能不能得到几亿美元、十几亿美元的赔偿的案件，侵犯商业秘密权的人能不能很容易就可以被公安立案。

提问 2：请问，iPhone 6 和 iPhone 6 Plus 与深圳佰利公司的外观设计专利纠纷一案，为什么结果只是美国到北京地区的市场销售，而不是整个中国？

宋柳平：这是一个行政程序，中国的管辖是比较奇怪的。中国原来是按照行政区域划分：基层人民法院、中级人民法院、高级人民法院和最高人民法院等一级一级按照行政区化管辖，然而现在企业不可能仅局限在某一个区域，现在知识产权法院、地方法院的设计可能是一种解决方法，但是我觉得管辖可能要改变。第二点关于这个案件，这个行政判决已经失效了，已经进入二审程序了，这个案件还有时日。

提问 3：您好，能谈下华为起诉三星的问题吗？

宋柳平：具体细节我不能说。我们这个行业都是专利交叉许可，从三星专利和销售结构来看，它们应该跟我们交合理的费用，因为它们使用我们在世界上的主流标准专利，而且谈判也进行了很长时间，没有那么快达成协议。第三方出面可能更容易促进问题的解决，能够寻求一个合理的解决方案，它们还是应该向我们支付专利许可费。

提问 4：请您谈下您认为应当怎么来促进知识产权产业化？

宋柳平：我们不太提倡知识产权产业化这个说法，它的核心目的不是产业化，是竞争。如果只是你一个人用专利，所有人都不感兴趣，这个专利是没有价值的，专利是排除他人使用，是一种垄断的价值，使用者需要获得权利人的许可，要这样才会有价值。有很多专利的申请后，根本就不会使用，可能是为了跟别人交叉许可用，这需要带来一个更加平衡的手段，我们不能狭隘地理解。当一切回归自然的时候，企业就会按照自然的逻辑来进行知识产权的设计。

提问 5：您能介绍一下华为的专利布局流程是怎样的吗？谢谢！

宋柳平：我们有一个作业流程，保证一件专利的质量取决于两个因素。首先，技术本身是好的技术；其次，工艺要好。把技术很好地写成专利取决于技术和法律联动的作用流程，这是一个端到端的作业流程。一个好的方案可能是一个专利组合，是一个系统设计的作业流程，完成人员大多数都是技术人员，只有少数的人员分布在专利，跟他们形成一种互动机制，大量的专利是委托出去的。专利代理人有 A、B、C、D 级的区分，这样可以保证质量，而且是两级审核，每个季度还有一个听证会，在这个会上要把你的专利拿出来，作为资产分析其价值，并不分析其专利拥有量。

提问 6：重庆两江新区作为内陆地区，希望致力于打造创新中心，因自身的条件原因很难吸引人才，请问宋先生对重庆创新改革有何建议？

宋柳平：我正好也是上海市和国家知识产权战略咨询专家，上海市想做亚太中心，我就说任何中心都不是自己定义的，全世界向着你，这就是中心。美国得克萨斯州中区法院，它就是世界的中心，人们都去它那起诉，因为该法院的诉讼判决很快，而且敢于判决，所以人们都愿意去它那里。我觉得公共权力，最重要的责任是建立保护环境机制，如果重庆的环境非常好，别人自然就会到这里来，重庆如果能判决出 1 亿元的赔偿额，大家觉得重庆有机会发展，马上就会到重庆起诉，那就是中心，让创新者得到回报，用自己的行动来吸引别人，就变成了中心，而不是说了很多概念性的东西，结果创新者没得到什么好处。核心问题还是解决行动力的问题。

提问 7：不断扩大地盘需要不犯错误，您能为我们介绍下，华为如何在以后不犯错误，有何举措？

宋柳平：主要要敢于批判自己，敢于挑战自己，华为文化第三句话叫作长期坚持艰苦奋斗和自我批判。我们很多管理都是在自我批判，我们要容忍这些不同的声音，这才能够健全我们的体制。我们就是在不断自我批判，在自我批判当中前进。要保持清醒的头脑，特别是企业发展顺利的时候，我们一直都是在顺时的时候谈危机，危机往往是在你最红火的时候出现。

曾菁华：大家的提问很踊跃，我们还来了几位嘉宾，现在我们有请超凡知识产权研究院院长姜丹明先生，给大家分享一下研究成果。

姜丹明：我简单地讲两点。第一点，宋总讲了华为的发展，阐述了对知识产权、专利的看法，介绍了华为基本的情况以及华为的企业文化，华为的管理等，我的体会就是华为之所以从一个只有 2 万元资注册本的企业发展到世界级的企业，这里面有两个重要的词语：一个就是"开放"，把全球优秀的资源整合为自己所用；另外一个就是"创新"，刚才宋总讲了华为在创新方面的一些思考和做法，开放和创新是结合起来的，不是封闭式的创新。

第二点感受是关于知识产权保护。从西方工业革命以来知识产权制度的改革到现在 200 多年的历史，华为有自己的认识，我也是非常认同的。保护是知识产权制度最核心的任务和灵魂，只要有了保护，我们的创造、我们的运用、我们的管理才会发展起来。宋总也讲了很多具体的例子，在保护方面，如何能够真正地实现创新，需要遵循世界标准，而不是在各个方面都强调自己的特色。我曾经作过《专利法》立法的相关讲座，也在企业中工作过一段时间，对此我深有体会，我希望宋总这样的企业能够把企业权利人的声音反映到立法之中。我个人注意到，现在学界对《专利法》的修改有很多意见，权利人要不要加强保护的声音不是很强烈。宋总也讲到了怎么加强保护的具体问题，一个是降低商业秘密刑事保护门槛，另一个是专利侵权惩罚性赔偿。除了降低商业秘密刑事保护门槛外，我个人认为专利诉讼的举证责任门槛也应该降低，这也是《专利法》修改里面需要通过实际行动来解决加强保护问题的措施。

曾菁华：我们有请西南政法大学知识产权学院邓宏光教授发言。

邓宏光：非常感谢今天有这么好的机会和大家交流，我谈三点感受。

第一是感慨。罗马不是一天建成的，华为的成功也不是一天能够成就。失败者的原因各不相同，但是成功的地方往往都是相同的。从我自己这个视角来看华为的经历：第一是心怀梦想，做最好的产品，做最优秀的企业。第二是合理定位，不管从最开始的模仿者，还是到后面的跟随者，再到现在的引领者，不管是在任何一个时代的任何一个阶段里面，都有非常准确的定位。第三是脚踏实地，不管是在哪个阶段里面，它们都是根据市场的需求，根据社会的变化，作出相应的调整，都值得我们企业、政府机关学习。管理是最关键的，管理是第一生产力。第四是持之以恒，华为能够成功是二十几年来每一年都坚持拿出 10% 以上的销售额来做研发，而且研发里面要进行 3：7 的分配，30% 可能就是为了探索未来的路，在这些方面，不同的人在解读同一个事件的时候有不同的视角，如果在座的企业或者其他地方的企业都能够像华为一样坚持按这个方式来做的话，没有不成功的。

第二是感想。宋总讲了很多关于知识产权这方面的问题，我们的感觉是创造当然是好东西，但是创造出来的东西需要转化为获得法律保护的一种权利，这就是知识产权，从创新到知识产权之间需要有知识产权相应的管理，这是内部的体制问题。对外来说，需要有知识产权的保护，正因为如此，宋总后面也专门提到法治是国家竞争力的体现，也是创新的保障。回到实践之中，宋总举的很多例子，国外是一个案件几百万美元，甚至几亿美元的赔偿，国内相对比较低，在这种大的环境下，就会影响市场主体的内在动力。可以说司法的保障就是任何一个创新市场价值的一种体现，司法是创新的守护神，是有一定的道理，只不过现在的司法可能与理想之中很好的环境相比，还有一定的距离，这是社会转型过程之中必然要走过的一段历程。由此引发出一点，对于企业而言，人无近忧，必有远忧，当整个社会的司法越来越完善，整个知识产权制度越来越严苛的时候，如果没有知识产权，没有创新，后面路会不会越走越窄？这是从企业角度来说，很值得考虑的一点。

第三就是感谢。今天这个讲坛是中国知识产权名家讲坛第十一讲，同时也是两江新区两江讲坛的第四讲。对名家讲坛来说，这是第一次请企业界的名家来分享，通过这个讲坛也真正地实现了政产学研多方共赢，共同打造知识产权共同体建设的局面。首先，非常感谢袁杰局长，以前他就提到，我们这个讲坛要做好，其中很重要的就是面向实务、面向世界。其次，就是要感谢园区，这也是整个讲坛第一次走进园区，有了园区的大力支持，开启了一个一起合作的序幕。将来理论与实践会越来越紧密，学界需要多向实务界学习，实现共赢。最后，还得感谢超凡知识产权研究院，从名家讲坛第十一讲开始，由超凡知识产权研究院作为名家讲坛的协办单位。

曾菁华：我们有请重庆市知识产权局袁杰局长发言。

袁杰：各位领导大家好，两江新区是我国内陆地区唯一的国家级开发开放的新区，是继上海浦东新区、天津滨海新区之后由国务院批复的第三个国家级开发开放新区。中央赋予重庆两江新区五大功能定位，为我们下一步工作指明了方向，为重庆未来的发展奠定了基础，制定了战略。第一是这几年两江新区的知识产权工作取得了显著的成效，知识产权的政策得到了完善，两江新区也出台了一系列的政策措施，包括《促进知识产权发展的暂行办法》《科技型企业贷款的实施办法》等，江北区、北碚区、渝北区也都出台了一系列的政策措施，比如《关于进一步提高科技创新能力促进创新型企业发展的意见》以及江北区、渝北区专利制度及办法、科学技术和专利制度等。

第二是知识产权的数量、质量不断提升。我在这里就不报告这些数据了。

第三是知识产权试点示范的开展。国家云计算知识产权试验区就在两江新区，是全国唯一一个试验区，长安汽车等30多家企业被评为国家级的知识产权的示范企业和优势企业，它们都为知识产权战略在重庆的实施作出了贡献。

第四是知识产权运用和保护不断强化。刚才宋总专门强调了知识产权保护对企业的重要性。

第五是知识产权管理和能力的提升。我们的服务能力还体现在两江新区把很多服务的要素资源，比如国家级专利代办处、云计算试验区、国家的专利实验基地等，这些都为两江新区的知识产权的发展作了很大的铺垫，尤其是知识产权法庭的建立，它和知识产权司法、行政、执法相连接。

第六是知识产权人才培养。西南政法大学在两江新区举办的一系列活动，为全国知识产权人才培养作出了很好的示范。对两江新区取得的成绩，我谨代表市知识产权局表示衷心的祝贺，对在座的各位领导付出的努力表示衷心的感谢。

我要报告一个好消息，我们这周可以称为重庆市的知识产权周，有四大活动同时在重庆举行。首先就是今天的中国名家知识产权讲坛在这里举办；第二就是中国法学会知识产权分会的年会在重庆举办，还有很多精彩的分论坛都在两江新区；第三是北京知识产权法院在重庆专门举办了一个报告会和培训，进行知识产权的案例探讨，分析如何保护知识产权及其经验教训；第四是世界知识产权组织（WIPO）顾问专家团来到了重庆，也举办了一个报告会，专门对PCT国际专利、海洋协议如何与企业的知识产权保护对接起来进行探讨。此外，上周中央电视台在中国科协的协助下筹拍的叫《创新强国》的影片也选到重庆来拍。重庆这周可以说是知识产权的盛会，全国的知识产权专家都云集重庆。

我们欣喜地看到，中国知识产权法律制度在32年的建设过程当中不仅有法学界的人士参加进来，企业界、产业界的精英、专家也参与了进来，从实务、战略、国家层面来探讨知识产权强国战略的实施。前不久中共中央和国务院也下发了一个专门探讨知识产权的8号文件，涉及知识产权工作的就有9条，间接涉及的有20多条。最近还有一个重要的文件，贯彻国务院的71号文件——《加快在新形势下实施强国建设的若干意见》。还有一个好消息，8月份将会召开重庆的市委全会，主题也是建设西部创新中心，贯彻中央刚刚召开的创新大会。重庆将迎来一个新的发展机遇，我们站在一个新的发展结点上，而且两江新区是重庆创新窗口，也是建设西部创新的主战场，我们相信未来两江新区的企业家将会有更好的发展空间和更好的环境政策，来发展我们的事业。

在此我也提一点建议，希望两江新区做到三个强化。第一是强化知识产权保护，中央 8 号文件第 1 条就是要实行更加严格的知识产权保护，如同宋总讲的那样，要提高赔偿的额度，降低赔偿的门槛，行政执法尤其是司法和知识产权保护要有一个有效的衔接；第二是强化服务体系建设，尤其是国家的平台建设，两江新区正在成立一个重大产业的知识产权服务平台；第三是强化宣传培训和政策扶持制定，不只要培训人才，要更多地进行宣传和教育；只有政策是不够的，对于两江新区主导产业，尤其是产业集群，特别是创新创意的这些企业，会有制定专门的涉及知识产权相关的一些政策。相信有了这三个强化，两江新区的知识产权工作会做得更好。我们可以把华为作为一个标杆，有了学习的榜样，推动知识产权的战略才会有更好的发展。汪洋副总理在全国电视电话会议讲了一句话，中国的创新驱动就是要两手抓，一手抓知识产权创造，一手抓知识产权保护。我们相信两江新区的企业和政府一起把这两手抓到我们的工作中，重庆市知识产权局将会全力帮助大家，在创新的路上走得更好、更快。

曾菁华： 同志们今天上午宋柳平先生分析了国际国内产业发展、知识产权保护与新形势，阐述了创新与知识产权保护环境的思考，特别是我们的几位嘉宾围绕宋柳平先生的讲座谈了感受和感想，袁杰局长也表达了重庆市知识产权局对两江新区的支持与希望，让我们用热烈的掌声，对宋柳平先生的讲座和几位嘉宾的讲话表示感谢。

自主创新和知识产权保护是提高企业核心竞争力的途径，两江新区作为全市开放创新创造的主战场，一定要积极行动，主动建立完善知识产权政策体系，为企业创造良好的知识产权保护环境，激发企业的创新活力。最后让我们再次用热烈的掌声感谢宋柳平先生的讲座，感谢几位嘉宾的精彩分享，今天的会议到此结束。

文字校对：黄宁　韩田　周厚燕
整理说明：根据现场视频及速记整理，未经主讲人审阅。

第十二讲

互联网开放创新的专利困境及制度应对

主　题：互联网开放创新的专利困境及制度应对

主讲人：张　平　北京大学互联网法律中心主任，中国
科技法学会副会长兼秘书长，中国知
识产权研究会副会长，最高人民法院
特邀咨询员，北京、上海、广州知识
产权法院专家委员，《网络法律评论》
主编

主持人：张玉敏 中国知识产权法学研究会副会长，西南政法大学知识产权学院名誉院长、教授、博士生导师

与谈人：江 波 腾讯法务部总经理
　　　　郭 鹏 华南师范大学教授
　　　　廖志刚 西南政法大学教授

时 间：2016 年 6 月 23 日

地 点：西南政法大学渝北校区毓才楼三楼报告厅

廖志刚❶：各位老师、各位同学、各位来宾，晚上好！今天晚上是我们中国知识产权名家讲坛第十二讲，我们有幸请来了北京大学知识产权学院常务副院长张平教授给我们主讲。今天晚上本来预定是知识产权学院名誉院长张玉敏教授担任主持人，但是由于中国知识产权法学研究会理事会晚上要召开会议，所以我就临时受命来代行主持人职务，张老师会议结束之后如果时间允许，一会儿会赶过来。

今天晚上请到名家张平老师是一个极好的机会，但遗憾的是由于种种因素，我们有的研究生在复习考试期间，还有的可能期末考试结束已经回家了，或者找工作或者参加考试去了。再有是我们学校在承办中国知识产权法学研究会 2016 年年会，也有一些代表今天晚上要参加理事会，还有一些同学可能在做一些会务工作，再有就是刚刚大家看到一场突如其来的带来一点凉意的阵雨，可能过一会儿陆续有一些同学来。下面我们一边有请张老师演讲，一边等待他们。

大家可以注意到了，张平老师在我们这个领域里面算很有名气的人物，她的头衔也很多，由于时间关系我就不一一介绍了。张老师成果也是很丰硕的，很早开始就关注在我们国家看来都是很新的一些研究课题，按照现在的话来说，既能体现高大上，又能够接地气，在教学方面张老师也是很受学生欢迎的一位好老师。接下来介绍一下今天晚上在台上就坐的嘉宾，一位是腾

---

❶ 讲座当天开场主持人临时变更为廖志刚。——编辑注

讯法务部总经理江波老师，另外一位是华南师范大学的郭鹏教授。下面我们就把讲坛话筒交给张平老师，让我们以热烈的掌声欢迎张老师。（掌声）

张平：感谢廖老师主持和介绍，也感谢西南政法大学的邀请。实际上我接到这个邀请的时候就非常忐忑不安，因为这个名家讲坛，我在群里面跟各位老师一再说承受不起这样的称呼，我只是作一个讲座而已，就像在学校里给同学们上课一样，在这里跟大家分享一下这些年的研究体会。实在不能承担名家之重。

首先要说明一下，在信息时代，老师和同学们获得信息的速度和渠道相差无几，我在北大上课经常跟同学们说"教学相长"，对于一些新问题和社会现象，可能年轻人会接受得更快，老师最多是给同学们一些思维方法。我今天所讲的一些话题可能在微信或者网上都有不同程度的报道，信息是共识的，但是观察的视角可能不同，结论也可能不同。

我今天演讲的题目是"互联网开放创新的专利困境及制度应对"。题目的前半部分讲的是专利困境，所以一定要给大家介绍一下现在面临的形势以及面临的法律问题；后半部分讲的是制度应对，这是有针对性的，主要针对现在的《专利法》修改以及《职务发明条例草案》，还有一些其他成文法涉及互联网专利侵权规制的，比如《侵权责任法》第36条的适用。还有两个关键词，就是互联网和开放创新，就是我们今天要聚焦到和互联网有关新的开放创新模式遇到的专利的问题以及怎么样能够在立法和司法层面上加以解决。

下面分四个方面：第一方面看一下基于开放创新成长起来的互联网产业的专利风险；第二方面用一些基础的数据来观察，也就是这些互联网企业的专利现状，透过这些专利数据讨论一下能否应对前面的那些风险；第三方面分析它为什么会产生这些专利困境，进而讨论互联网产业的专利预警及创新趋势，这项研究我们在2015年12月份就完成了，报告也已在2016年4月26日发布，那时我们的专利预警和分析还是有一点超前，但是不到两个月的时间，那些预警真的是如期而至，当时我们作的是互联网企业的专利纠纷预测，我们预测四种情形，现在已经有三种纠纷已经呈增长趋势；第四方面讨论一下相关产业政策和专利制度如何应对互联网变革。

在讨论这四个问题前面我还有一个引言，作为法学研究的同学必须要了解所处时代和研究问题的环境，这是一个很宏观的话题。当然，最后还是要落实到一些法律制度的设计上，但如果对整体形势没有把握的话，可能在接下来的问题研究中就像盲人摸象，只知其一不知其二。我在北大很多研究项目中都强调研究问题一定要把握这个问题里宏观层面的背景。今天我们讲开放创新，特别是在互联网环境下，我们就要考虑现在世界已经进入到一种新的时代，这种时代可能有人说是信息时代、互联网时代、"互联网+"时代，有各种各样的称呼，但是从开放创新这个角度去观察，它进入到了一种大科学时代，或者叫技术大协作时代。

技术大协作时代是说任何一家企业不可能独立完成某一个产品，或者是某一个产业的技术创新一定是诸多企业共同来完成。世界主要经济体在进行产业升级时，都是一种整体产业或者是跨产业的协作。我们先看一下美国的产业升级计划，从 2007 年到 2011 年、2015 年美国政府不断在修订其创新计划，2015 年的计划落在了九大技术领域。其中仅以第一点为例，涉及先进制造，这一定不是某一个企业就可以承担的，包括软件、硬件，高端和基础的产业，包括互联网的云存储、人工智能，都会融到先进制造里面去，这是美国的创新战略。我们再来看德国工业 4.0，也是一个产业升级计划，主要的核心落在了智能+网络化，只要谈到网络化，一定也是一个协作的产业。我们再看日本产业升级计划，直接定位在人工智能上。今天在中国，人工智能这个词也很时髦，中国的无人机也号称可以拿到世界上去 PK 一下的，人工智能技术更是一个集大成的创新领域，其中不仅涉及自然科学的诸多领域，还会涉及人文学科的各种问题。

以无人机为例，无论大的无人机，还是仅用于拍照的小型无人机，里面的技术都涉及众多的专利，专利权人如果不是秉持开放创新、技术协作的精神，就会阻碍这一领域的发展。还有"互联网+"计划，其目标是要推动互联网、云计算、大数据处理与物联网和现代制造业的结合，在这样一个全产业链上必须秉持这开放创新的精神。

而互联网本身的精神就是自由、开放和共享，在这样的平台去进行技术大协作，一定要符合互联网特点。要互联互通，把软件和硬件结合在一起，把网络上和现实连到一起，互联互通就需要有技术标准，需要通信，有对话，这种对话就是大家有共识的，所以技术标准在"互联网+"上扮演重要角色。

在技术标准当中，特别是互联互通的标准都是由软件构成的，由商业方法软件构成的，或者某些是商业模式。互联网早期的技术标准都是开放、共享和免费的，随着商业模式的不断更新、不断演变，互联网变成一种利益追逐的平台，这时它已经开始摒弃早期的互联网精神。以专利为例，早期绝对排斥专利，大家都不要垄断权，然后是开源软件放弃部分版权，不要经济权利，允许复制和发行。还有众所周知的 P2P 平台，在十几年前，在网上可以随意获取音乐、小说、图片、视频，今天这些已经是越来越严格，甚至追究法律责任到了共享技术的开发者。

开放创新从开源软件的 GPL 许可证开始，到后来的文字、图片开放的 CC 许可证，是部分版权的放弃，今天的维基百科也是基于放弃版权的经济权利产生的。对于这些不要专利、不要版权的商业模式，靠什么来维持竞争力和秩序？靠的是自律和互律。所谓自律就是企业诚信，共同遵守许可证，倡导创新成果共享，或者是一种慈善捐赠行为，或者是一种自愿放弃的行为。互律就是通过技术标准协议，互联互通，互相制约，比如 cookies 协议。互联网的技术协议基本上是一种自律和互律。再有像 TCT/IP 协议，大家知道是免费的，所有互联网技术从美国军方转到民方的时候已经把这种协议公开分享了。包括最近这些年特斯拉号称要把全部专利都开放，还有一些更加极端包括做机器人的一些企业，它们说我们不要专利，有专利也放弃。但是大家一定要记住，早期它们说的放弃和今天说的放弃不是一个概念，早期那些企业排斥专利是压根儿都不申请，今天这些企业申请专利再说放弃是放弃收费的权利，就是依然保持专利的有效性，但是它承诺，只要你遵守我的协议，我就不收费，如果不遵守协议，专利就复活，按照传统知识产权规则主张权利。我后面会讲这里面会有一些什么法律后果。

互联网技术早期排斥专利、放弃版权，依照规则和协议自律和互律。而发展到今天，开始联合专利，与专利兼容，允许在开放的基础之上去拥有私权，同时保留版权。当遵循这些规则时就不会有法律纠纷。早期其实很多人也违背开放精神，或者是自律公约，由于放弃法定权利，最多在开源社区进行道德谴责。但是今天在保留了专利权和版权的时候，就有了追究违约责任、侵权责任的基础。在这种情况下，显性的知识产权竞争与隐形的许可证纠纷交织在一起，使得互联网产业的发展面临巨大的法律挑战。

一、基于开放创新的互联网产业的专利风险

大家知道，互联网诞生历史不过 20 年，在中国普及还没有那么长时间。信息产业发展的时间可能有 30 年或者 40 年的时间，它还是要超前于互联网的发展。所以现在所有有关互联网的技术领域里面，都遍布着信息技术发展带来的专利的"山峰"、专利"荆棘"或者大规模的专利聚集。这些专利的持有者多半是早期的通信软件或者 ICT 企业。

早期互联网企业秉持开放共享精神，也没有标准必要专利意识。今天中国的 BAT 已经做得如此之大规模，还没有看到它们在国际标准化组织或者在联盟标准里面有特别强烈的进入积极性，并没有像华为那样积极参与国际标准化组织的专利竞争。互联网企业不仅面对着强势的传统专利联营，还有商标的认证、版权保留的规则。早期我们看到互联网企业担心专利诉讼，开始快速收购专利，比如谷歌收购摩托罗拉专利，前几年它收购了上万件的专利。Facebook、亚马逊也在收购专利。中国的企业在政府优惠和资助政策的引导下也快速申请了一批专利，在 2016 年 4 月份我们发布的报告中能够看到腾讯的专利申请已经过万件，阿里在美国上市的时候也收购了一部分专利，小米的专利申请和专利收购同时增长，能够看出互联网企业希望快速聚集专利与竞争对手抗衡。

所以，开放创新还有现在的共享经济面对的法律问题变得更为复杂，就是说它把已经在专利、商标、著作权领域残酷的显性的知识产权竞争又结合开源许可证这种隐形的竞争交织在一起。我曾经带着我的学生看过一些开放源代码的许可证，现在至少有几十种在活跃着，当时我们看到 60 多种，后来发展到 100 多种，后来大浪淘沙有一些许可证沉默了，现在比较活跃的至少有几十种。作为一个法律人，或者一名律师，或者公司法务，要是给软件工程师一个法律意见，给出一个安全的设计范围，由于每一个许可证条款界定的法律空间不一样，从开源社区增长出来的诸多许可证错综复杂，在诸多许可证条款中找到一个安全的交集非常困难。互联网公司其实没有意识到这个问题，因为互联网诞生在开放的技术创新环境下，所有代码几乎都来源于开源社区。而今天，在中国还有一些互联网公司为了增加知识产权拥有量，这当然是政策引导的结果，直接把开源社区的软件改写一下就到版权局登记。问题是从开源社区里获得的这些代码，没有遵循开源社区许可证协议，反而登记成公司的著作权，又变成闭源软件，这是严重的违约行为。在早期的开源许可证中，这种违约可能只遭到道德层面谴责，但是如果今天在开源社区中允许有专利和保留版权，这样做的最大风险就是权利人直接用著作权登记证据就可以起诉。

新兴的互联网企业的另一个风险是其核心业务的技术领域，缺少雄厚专利储备，专利远远落于传统的 IT 公司，像 IBM 原来在全世界拥有最多的专利，在中国申请也是最大的，这两年稍微变了一点，IBM 也不再快速地积累专利而是开始经营专利。后续的公司也在加快步伐，像诺基亚、微软、华为、中兴，它们在互联网技术领域里涉及文件管理、数据存储与处理、安全保障、金融支付、即时通信，包括云存储这些方面它们所拥有的专利具有绝对优势。我们作过检索，就以互联网安全的专利来看，号称中国软件安全的公司其实专利申请量远远不如微软在安全领域部署的专利多，也不如华为在安全领域部署的专利多。

面对专利短板的威胁，互联网公司已经开始进行专利收购或者专利联营。比如说 Linux，为了防止专利攻击，汇聚 160 多万件专利和专利申请构筑了一个专利长城，涉及专利权人的有 1000 多个，这个数字在 OIN 的网站可以看到。这些专利不收费不起诉，但是必须维持每个专利的有效，这要花费多大的成本？那么这些专利什么时候有用呢？就是在遇到专利诉讼的时候联合起来一致对外。

二、基本数据：互联网企业专利现状观察

我们用数据来看一下刚才讲到的互联网企业遇到的专利风险。2014 年的时候，北京大学互联网法律中心与中国科学技术法学会联合发布《互联网技术创新专利观察报告》。涉及互联网创新的指标有多种，比如科技人员数量、科技投入等，我们选择专利这个比较直接的指标来观察一下互联网企业的技术创新情况。我们选择互联网七大技术领域里的专利申请进行排名，找出最活跃的公司。2015 年我们在这 7 个领域中申请最活跃的 20 家企业的专利情况进行了对比分析。在这 20 家企业中，不仅仅是互联网企业，还有相当多的传统 ICT 企业。同学们在研究过程中首先学会了用不同检索软件快速分析，这对一个法律人来讲也是很重要的。大家都知道，斯坦福大学法学院的 Lemely 教授在几年前开始作一个法学的实证分析数据库，当时作的数据库还是比较简单的，我们那时候跟他就有一些交流和合作，但是发展到今天他的数据库非常强大，任何一个法学院的学生以及律师事务所包括法学院的法官都用他的软件，能够快速作出一些统计分析，实证研究必须要基于一些有强大功能的数据库。

我们选择的七大互联网技术领域是：即时通信、互联网金融、网络游戏、社交网络、搜索引擎、网络安全、云计算。腾讯的主要业务是即时通信和网络游戏，阿里巴巴的主要业务是电子商务，百度的主要业务是搜索引擎，我们想看看中国的互联网老大在它们的主要业务领域中的专利情况。

我们从专利总量的排名上能够看出这些企业是三星、华为、中兴、鸿海，然后是索尼、IBM、联想、高通、TCL，前面 9 个都是传统的 IT 企业，这跟我们预先的假设非常相符。腾讯排在第十，互联网企业专利拥有量排在前面的就是腾讯，然后是诺基亚、微软、百度、奇虎 360、小米，小米也被归类到互联网企业，因为它可以算移动互联网，还有谷歌、亚马逊。

第一列是中国的申请量，第二列是全球的申请量。统计数字截至 2015 年 12 月，后来更新的时候加了 2016 年第一季度，但是总的数量级不会有太大差别，除非这两个月有公司突然收购专利，但是如果有收购会有报道。能够看出传统的 IT 企业的专利申请总量都是二十几万件以上的数量级上。互联网公司除了腾讯是 1.7 万多件，百度没有高于万件，其他公司更是低于千件。

通过这些数据可以看出：互联网企业的专利申请增长速度很快，其专利申请都是在近几年完成的，腾讯在先，之后像小米、乐视、百度、奇虎 360、阿里巴巴都是紧随其后，互联网企业在全球的专利部署不足。互联网企业不同于其他制造业，互联互通没有地域性，观察专利情况不应该仅仅看中国专利，更应该看国际专利。传统的专利侵权可能有地域性问题，但是涉及互联网通信协议、方法软件和商业模式软件的专利有可能适用类似于美国的"长臂管辖原则"。特别是这些互联网公司还要到国外去上市，上市年报必须有创新实力的体现。一家做电子商务的企业，在电子商务的方法软件方面没有任何专利优势，一定会遇到大麻烦。

涉及互联网技术领域的专利主要分类在 G06F 和 H04L 这两个类别，专门研究知识产权专业同学一定了解这类信息，我们通过主题词，通过专利权人，也通过这两类主要的技术领域综合考察得出结论，这两个领域是分布最集中的。几乎所有的互联网公司专利申请最多的就是在 G06F 里面，但是其数量还是远远低于传统 ICT 企业在这两个领域的申请量。

三、互联网企业专利纠纷预测及评析

第一个是来自标准必要专利的纠纷，第二个是来自 NPE 的专利纠纷，第三个是来自开源社区的专利纠纷，第四个涉及 ISP 的专利侵权责任纠纷。

第一，来自标准必要专利的纠纷。传统的通信标准在互联网领域中有广泛的应用，在一个技术标准当中有很多专利，几千件甚至几万件，在数据处理、存储、无限传输（WiFi、蓝牙）、定位、视频处理等，是所有互联网公司都用到的技术标准，但在这些技术领域互联网企业早期都没有给予关注，在实施这些技术标准的时候绕不过去标准必要专利。尽管标准化组织在制定标准专利政策时都要求专利权人作出 FRAND 许可，但是在诉讼中依然不可避免地遭到禁令的威胁和赔偿专利费用的结果。目前，无论是华为和 IDC 的案子还是华为和三星的案子，看起来和互联网没有什么关系，这只是前奏，因为互联网公司体量很大，又快速积累财富，传统的 IT 企业纷纷把实体制造业抛出去，留下标准必要专利，此时它就只能去做标准必要专利的经营，诺基亚就是一例。

第二，互联网企业面对 NPE 的专利挑战。大家都知道腾讯的微信业务，在前一段时间美国有一家企业 Uniloc 起诉腾讯微信专利侵权。这家公司表面看上去就是一家 NPE，你认为它是专利蟑螂，或者叫专利经营公司，无论它是什么公司，它现在拥有这些权利，就扼住你的喉咙。有人说那也不用担心，因为腾讯在美国的业务量没有那么大，所以赔偿额也不会太高。不是的，这个完全不是赔偿额的事，如果一旦这类案件开了头，那就跟一群狼上来一样，互联网公司会被蚕食掉的。

当然了，在这里也就引出下一个问题，如果你的对手是跟你一样有同样的竞争产品的，这个时候你可以跟他谈判进行专利的交叉许可，如果对手是 NPE，没有交叉许可的需要，你有一千、一万件专利我不需要，我只需要你为我这一件专利付费，这种情况下，互联网企业的立场就要变，可以利用竞争法进行抗辩，当专利权人行使权利越过边界的时候就变成了权利滥用。

根据相关资料显示，2015 年 NPE 在美国发起的专利诉讼，被诉企业大部分都是互联网企业或者新兴企业，主要集中在智能制造、互联网金融、电子商务、消费者产品以及传播工业领域。中兴在美国被 NPE 攻击的次数是比较多的，排名在第八位。中兴排名在先有它自身公司的性质特点，就是对手选择你的薄弱环节，比如它们可能会认为国企和民企两家在维权的时候投入的力度是不一样的，NPE 选择攻击的对象是有考虑的。

NPE 对互联网公司起诉较多的领域是软件专利及商业方法专利。2011 年起，SimpleAir 起诉苹果、谷歌侵犯其互联网及无线网络之间传输数据的方法专利，虽然法院没有支持，但并不代表以后不支持，因为有可能涉及的证据不一样，还有即使不构成侵权，也一样要支付高昂的律师费用。谷歌涉及的侵权诉讼已经开始赔偿，并不是说它都完全胜诉。谷歌在很多案例中确实抗辩成功了，但是它也有很多赔偿的案件。

美国已经意识到要对 NPE 有一种遏制，但是互联网公司不能仅等待法律或者司法方面的反应，那是被动的反应，互联网公司一定要积极主动应对。Linux 已经建立了一个产业联盟，秉持开放创新的互联网公司也应该抱团取暖，现在每家都有几千件了，联合起来就几万件了。

第三，来自开源社区的专利纠纷。因为过多的专利和著作权充斥在软件开发中，于是诞生了开源软件。早期开源软件使用的 GPL1.0 版本，基本上不会有专利纠纷，随着开源软件的分裂，开源许可证升级到 GPL2.0，现在又提出了 GPL3.0 版本，3.0 的许可证变得更为苛刻和严格或者复杂。允许专利权和著作权的保留，开源社区已经不再是安全港。还有，一项强大许可证就像是共同遵守的法律，它将对竞争秩序产生影响。目前，专门研究开源许可证的法律实务人员很少，而现在产业又有这样的需求。中国有一个开源联盟，但是大部分是技术人员，是软件工程师，法律人参与得很少。所以，应当跟上这种研究。

开放创新是必然趋势，相比于进入"专利灌丛"的封闭软件来说，它的进入门槛低、成本也比较低，但它究竟有什么样的法律风险是不清楚的。它的风险有可能还超过闭源的，或者超过传统知识产权保护的法律风险，许可证也是一种商业模式。所以我说互联网公司无论选择开源还是闭源，都要做好充分的准备。

伴随着开放创新，知识产权制度应用层面发生了一些变化，表面上看开放创新淡化了知识产权的保护，但实际上它强化的是一种透过合同效力的许可证条款形成更大范围的约束力。在合同法层面仅仅可以约定法律规定的一些权利的保护，还可以约定保护一些法律没有明文禁止的内容。在许可证里面会把双方的义务范围远远超过传统的知识产权的法定义务。

我们再说第四个纠纷，就是 ISP 的专利侵权责任纠纷。在很多学术会议上曾都讨论过，在《专利法》修改草案中有一条，涉及互联网企业专利侵权责任的问题，比照了《商标法》和《著作权法》的规定，对第三方专利侵权也增加了安全港责任（通知删除义务），如果不能删除则承担共同侵权责任。我认为专利侵权与商标和著作权侵权有很大不同，对于第三方销售假冒专利产品的行为，可以让 ISP 适用安全港责任；但如果对于软件专利侵权、系统专利、标准必要专利侵权，ISP 就无法适用简单地删除。因为它涉及的很多都是后台的，或者是基础的商业方法专利侵权，一旦删除侵权的某一部分，可能会影响整个商业模式的运行。

四、相关产业政策及专利制度应对

2015 年 7 月国务院发了一个"互联网+"行动指导意见，基本原则是开放共享、融合创新。2015 年 12 月又发了一个《关于新形势下加快知识产权强国建设的若干意见》，强调实施更严格的知识产权保护。这两个文件实际上对于企业在知识产权保护与应用上是冲突的。对那些恶意侵权可以实施严格的打击，对于开放和共享创新带来的侵权纠纷应该适度保护。

再结合《职务发明条例》，为了激励发明人，该条例给发明人以充分的权利，也要求其聘用的企业按照专利申请和授权给予利益补偿。但从现在来看，发明人在互联网公司中流动性非常大。我们作了一个发明人的分析，以腾讯为例，我们作了这样一个曲线图，申请专利是近几年的事，发明人通常在一到三年集中申请，过了这个时间就换其他的人。这里面有两种判断，一个是这个人可能没创造力，过几年年龄大就不参与创新了。其实有可能他是离开这个公司了，所以换了下一批创新团队。我们观察的结论就是，处在前十位的发明人他们现在已经离开公司了，对于这些专利申请有些还没有授权，有些授权了还没有应用。按照《职务发明条例》如何给这些发明人奖励呢？《职务发明条例》要求授权的时候给发明人奖励，在日后实施见到效益还要给他们利益，可是这些人已经离开公司。此外，发明人的贡献也不一样，在某些技术领域里面，专利品质会很高，还有一些专利是防御性专利或者是充数专利，这样的专利企业应该怎么给他们奖励？对员工的奖励是企业内部管理问题，不宜在法律层面上规定得过于具体。

互联网企业的知识产权应对是一种战略应对。不仅是专利战略，应该是一个立体的，或者说是专利、著作权、商标还有竞争法的综合应用的战略，互联网公司放弃专利权，但是加强商标保护，保留著作权但是强调商业秘密的保护，例如安卓系统的知识产权战略应用。

我们再来看专利保护的问题。刚才说到适度的专利保护，针对那些恶意的侵权要严格责任，加强保护。而在共享经济、开放创新环境下带来的改进专利、交叉专利侵权，特别是像以后人工智能、物联网、接口技术中的专利应用，可能需要诸多主体共同实施完成才能落到侵权范围之内，比如通信协议专利有发送方、传输方、接受方，还有最终消费者。这时，要把间接侵权引进来还是都构成共同侵权，其中涉及的产业发展问题值得认真研究。

关于专利行政执法，加强行政执法是这次《专利法》修订的重点。但是我们也看到有很多的批评之声，需要考虑怎样去加强行政执法，在什么样层面上进行行政执法。

我们处在一个大科学和技术大协作的时代，经济发展模式多元，创新模式也是多元，企业知识产权战略也应当是多元的，特别是互联网企业应当根据自己所处的竞争地位综合应用知识产权战略。

以上为我的研究体会，欢迎批评指正，谢谢！（掌声）

廖志刚：让我们再次以热烈的掌声感谢张平老师精彩的演讲。（掌声）大家也看到了，我们的名誉院长张玉敏老师开完理事会就急匆匆地赶回来了，我就把主持权交给张老师，下面有请张玉敏老师主持随后的环节。

张玉敏：刚刚在那边开了理事会，我来了以后听到一段结尾。非常感谢张平老师最后的总结，我多年来一直都认为，企业之间的竞争最终来讲要表现在商标上，你有多少专利，有多少商业秘密别人不知道。像我们要买一部手机，里面至少有成千上万件专利，不只我不知道，学这个专业的人也不一定都搞得清楚，但是我们为什么不买这个要买那个，看的是什么？牌子。其实牌子或者说我们讲的品牌，它是把一家企业的方方面面竞争力凝聚在这上面，所以我非常赞成张平教授的结论。下面我们有请评议人来进行评议，首先请腾讯的法务部总经理，也是我们的校友江波来发表评论。

江波：非常感谢张老师还有廖老师。张老师也说了，我是西南政法的校友，能够站在这里跟大家交流一下我听完张平老师演讲之后的心得，是非常荣幸的。张老师说让我评议不敢当，张平老师同样题目或者类似题目有一篇文章是发表在 2016 年《知识产权》的第 5 期还是第 6 期，那篇文章我认真地拜读了。但是那篇文章跟今天晚上的 PPT 一相比，明显能看出来那篇文章因为是公开发表的，所以信息量上张平老师作了大量的保留。但是今天晚上不同，今天晚上 PPT 很多信息都展示出来了，包括一些数据。虽然说是同样的题目，但是听完之后给我深受震撼。

张老师整个演讲内容非常丰富，有将近 50 页 PPT，主要分析了互联网行业将要面对的专利困局，当然也包括了一些分析和预测。像张平老师说的一样，这个预测很快就演变成了现实，这也恰恰使得她今天晚上的演讲特别地符合刚刚发生的热点问题。大家很清楚，前段时间美国一个 NPE 起诉了腾讯，当然也起诉了很多其他公司。中国用户很关心这个问题，我也看到了微信里面有很多人都在转发，说美国对微信动手了。这个说法有点标题党的嫌疑，这其实就是一个专利纠纷，NPE 发动了对腾讯专利的进攻，我们既不能轻视它，但是也不要夸大成国际问题。当然，张平老师给我们提出了很多的警醒，我们需要回去之后进行认真思考和总结。

既然站在这儿，我也要说几句我自己对这个问题的认识，我主要想谈两个方面。一个是我对现有专利制度的理解，其实张平老师在她的 PPT 里面也进行了一些介绍，我不想说更多的法律术语，我想把它简单形容一下。我们都很清楚，我们现在专利制度的根基是什么，我们的根基就是国家通过赋予你在一定时间内收费的权利来换取技术的公开，国家希望用这种方法能够让这个技术在它发明出来之后就能够在整个社会当中进行公开，并且让社会整体技术得到进步和发展，这是一个基本理念的设计。但问题是我们现有的专利制度发展到现在，基本格局就是大家把专利当成了两件事情：一个是把它当成了一个坚固的城墙来作防御，包括我们公司和其他大量的公司，公司申请这么多的专利是要用来防御，因为它担心自己受到攻击，它把专利作为一个防御的体系。第二个目的是做一把利剑，它是要进行攻击，要把它作为一个商业竞争的手段来进行使用。我相信大多数人是学知识产权的，知识产权非常重要，也非常专业，但是我们不要盲目、单一地去看它，专利发展到现在，在很大程度就是企业之间尤其是大企业之间进行市场竞争和商业竞争的工具之一。传统的专利制度企业为什么会把它当成一个城墙，当成一柄利剑，是因为它可以通过这种方法获得更加优势的竞争地位。

现在我来谈第二个问题，为什么互联网企业会出现张平老师讲的那么多的情况，包括互联网企业专利申请量、授权量都比较少，以及互联网企业里一些新的商业模式和对专利的应用。我在这里跟大家分享一下我自己的一些看法，有可能是不对的，仅供参考。

不得不承认，互联网的行业发展时间很短，所以客观上没有累积出来很多的核心专利，尤其是标准必要专利，我们首先要承认这一点。但是我觉得这只是一个客观因素，咱们应该多探寻一下还有没有其他的能够让我们脑洞大开的理由。我现在说一下我的观点，我认为有两个方面：第一个方面，互联网行业、互联网产业包括产品特点是什么？第一点，互联网整体特点是免费的。第二点，所有的经营基础是要有海量的用户以及一个复杂的相互依存的网，一个互联网生态，这是一个基本的格局。我给大家举一个例子，张平老师在PPT里面也谈到了谷歌对安卓系统的开放和免费的设置，它为什么会有这样的设置？包括特斯拉的创始人表明其申请的那么多专利以后都可以免费用，他为什么会有这个说法？大家想过没有，他花那么多钱申请出来的专利为什么给大家免费用？第三点，大家可以在网上查一下，音视频的标准是要收费的。但谷歌在牵头作另外一个标准，就是音视频标准是免费的。目前还在努力中，但是一旦技术水平达到之后很可能会取代现有的标准，即免费。它为什么要这么做？大家有没有想过这个问题？难道大家都是圣人吗？不是这样的。大家一定要记住，所有这些行为都是有原因的，都是有商业背景和产业背景存在的。一个基本原因就是互联网的整体生态要求，它要求一定要有足够多的用户、足够多的产业链同盟来使用它，就像特斯拉虽然是做电动车的，但是他的思维就是互联网的思维，因为他希望越来越多的人用它。当使用他这个标准的人远远超过之前的老标准，在这之后，那么这个产业才能够真正建立起来，而这个产业建立起来之后它会有无限的可能。传统行业思维的人永远想不到，在他们看来，我花了那么多钱，我申请的专利，我就应该自己拿着，我就应该自己筑成一个城墙，我就应该当成一把利剑。他认为这样对他才是最安全的，这是一种思维状态。另外一种思维状态就是马斯克的状态，到底谁是对的，谁是错的，要时间去评判，我们不知道。我认为这是为什么会有这种区别的第一个原因。

第二个方面，互联网与传统行业重大的区别就是互联网的产品更新换代很快，另外互联网的产品形态跟传统的行业区别是非常之巨大的。传统行业基本上都要立足于某一个实体，而互联网虽然也有很强的技术性，但是它的体量很轻，它的更新变化是非常之快的，我们大家都有QQ、微信或者是支付宝，你会发现它在不停更新升级。每一次更新升级既可能是小小软件上的变化，也有可能是整个系统功能的变化，同时会牵扯到硬件都是有可能的，总之变化非常之快。这种技术上的变化导致专利这种传统保护方法在某些时候出现应对不利或者应对不及时的情况。客观上也逼迫互联网公司用其他一些方法，包括商业秘密等去保护这个东西，而不是专利，因为专利是陈旧的东西，它有一些致命的缺点，所以不大符合这种快速变化的要求。

其实还有很多是互联网企业自己的原因。我从来没有说，根据我前面两条能得出互联网企业不需要申请专利这个结论，我绝对不是这个意思。我们现在还在继续申请专利，我只是想在这个演讲当中给大家一个新的思维或者角度去思考。因为现行的制度毕竟还摆在这里，我们要活下去，我们要生存，所以我们一定还会做很多符合现在制度规范和制度要求的事情，这是毫无疑问的。我们也会继续申请专利，去做很多很传统的事情。但是我想跟大家交流，除了这些之外还应该有一些新的思考方向，我就讲到这里，以上一些不成熟的观点和意见仅代表我自己，绝对不是腾讯，谢谢大家。（掌声）

张玉敏：谢谢江波给我们提供了新的思路，我们以后要从产业特点、产业生态、技术本身特点等出发，来思考有关的一些问题，才能够有比较符合实际的一些理解和答案。下面有请华南师范大学的郭鹏教授作评议。

郭鹏：首先我要感谢西南政法给我来这里学习的机会，张玉敏老师和张平老师的评论我之前都有认真拜读学习过。今天张平老师的讲座，体系完备、逻辑清晰、结论可信。我在听讲座的过程中想了解两个问题：一个是关于商业方法专利的，单纯商业方法应该是不可能成为专利的，只是一个想法，需要具体的技术措施来实施。这样一个专利可能变成两个部分，一个是方法的本身，另一个是技术。那么我想知道专利局在对这样一个专利进行评审的时候，对它的新颖性是怎么考虑的？是分开的，比如说只要这个商业方法有新颖性或者这个技术方法有新颖性就行了；还是1+1的，既要商业方法有新颖性，又要技术方案有新颖性。当然还有一种可能不是割裂开，而是合在一起，就是把商业方法和技术方案并在一起产生新颖性，那么我就认可它，这是我想到的第一个问题。第二个问题也是张平老师在PPT上用红色字体注明的"通知删除"的规则。在网络版权环境下我们都比较容易理解，ISP

不可能对这种海量信息天天花很大成本进行监控，所以给它这样一个适用的规则。但是在专利这个领域之下，它可能适用的逻辑合理性是从哪个地方去考虑的？

张平：感谢郭老师的建议意见，我针对两个问题简单作一下回应。关于商业方法专利保护，我在 2000 年的时候作过专题研究，我在这里多说一下研究背景。那年，我开始研究商业方法专利的问题，在 2001 年、2002 年的时候突然发现这个商业方法里面大部分跟通信有关，然后就跟标准有联系了。所以我那个时候就开始研究标准的专利问题，我们也是同一个时期发现这么多的软件专利都跟开源的东西交织在一起，所以我在那 5 年当中是同时关注了这三个方面的问题。有些学者就来问我，说你到底研究专利还是研究标准，还是研究软件，还是研究开源。看似这些东西没有关联性，接下来互联网大面积应用，我们就出现了数字版权困惑。我们又开始转移研究数字版权，因为开源里面很多跟数字版权理念是有交叉的，因为开源是不要版权。然后就是 CC 许可，我们看互联网数字版权要解决方案又变成了开源的问题，那 5 年之内我们不断研究这些事情。

到今天，我自己跟我学生去讲，其实你要研究知识产权的问题真的不能停留在某一个面上或者某一个点上。我记得我跟日本学者交流的时候，日本的学者做事情非常严谨，非常深入，他们一定要问你是研究什么问题的。你不能说我是研究知识产权的，你也不能说我是研究专利的，你一定说我研究专利法里面等同侵权的。你如果就是研究一个专利法或者知识产权法，他认为你什么都没有做，他也不认为你是专家，不认为你是学者。但是我认为那是在那个时代，到了今天这个时代，你如果不对全局统领有一个认识，你没法深入到某一点。所以刚才郭老师提到的商业方法的专利，我们那会儿真的是去研究。包括商业方法专利中国认为不可能去授权，不符合，而且软件产业也不去申请，官方也不引导，但是我们在中国专利中发现大量这类申请，比如商业模式，就是购物的模式，一次点击的模式在美国都是有专利，比如通信编解码全部是有专利。

专利怎么写呢？像欧洲标准就会说你要与软件有关的发明一定要有考察

你这个技术性的问题。但是在美国基本上不太会考察技术性，因为它认为所有软件都是跟计算机系统有关系，计算机系统本身的运行就是带技术性的，然后它更多考虑它的功能是不是解决了一个技术问题，如果它能解决一个技术问题，有技术效果它就认为可以了。但是在中国我们看到对这个问题审查是比较严格的，我们2000年在研究这个问题的时候，2010年的时候其实在国家知识产权局中国的申请还很少，但是你们看2016年专利局内部文件和倡导，倡导中国很多企业去申请这个专利。但是你再去看美国，它的大门已经开始关上了，就是美国大概开放了15年的时间。从互联网或者计算机软件诞生那天起开放了将近15年时间，大量这类软件专利、商业方法专利被授权，包括基因专利，这些都是有争议的，是不是保护客体。授权之后，现在说这些东西本身不应该受理或者专利应该非常严格授权。可是我们看到它把门关了，中国这些互联网公司再想申请美国专利就很难，遇到很高的门槛。

　　但看到这10年间不仅仅在美国专利局，在中国专利局、欧洲专利局，大量专利已经授权，所以今天后发企业想圈一块地圈不下来，但是前面全部是壁垒。你说想把那些无效掉，现在规则变了，但是无效1件专利可以，10件专利可以，但是要无效100件专利就望而却步了，当你面对1000件专利不用去谈有没有效，也不用谈在法律上是否侵权，是这个专利侵权还是那个权利要求侵权，你只能是跟它谈市场竞争的优势。这也就是刚才张老师包括江波总经理都讲到，今天互联网企业也好或者大数据专利诉讼，它们不是去追求公平和正义，不是追求是和非的问题，它们追求就是妥协，我们能够和解是最佳方式，谁也不要去讲法律到底是你对还是我对，咱们就是把钱拿到就好了。

　　我们还有一个实证分析，我们发现中国和美国企业的诉讼5%是胜诉，10%多一点是败诉，80%是和解，和解代价甚至超过败诉的代价。但是和解是我们面子好一点，名誉上好，还有就是有市场。现在寻求解决路径的时候你是要考虑时间成本，不只是金钱成本，还有你的名誉和商业信誉，还有商机，所以我们看到知识产权的竞争真的像是一场"表演"。作为审查员有一个基本原则，作为法官也有一个基本审判原则，但是作为企业是先入为主的。我们看到每个国家有自己的产业政策，我们面临的专利问题是中国企业现在已经由作为标准被许可方或者专利被许可方开始演变成作为许可方、作为专利权人开始起诉了。

我们在 2016 年 4 月 26 日有一件专利，在中美商贸谈判谈了 4 年才给它授权，从它申请到授权是 8 年时间，我们商务部每次跟美方谈判，美方给列一堆清单，司法的问题、立法的问题、保护不力等。我们要回答吗？我们中国也说我们有一堆的问题，第一个问题就是说为什么我们的专利不授权，递交之后不驳回也不给授权，就是放在那里。这个标准参与国际化标准讨论作为提案支撑的时候不发签证，会议结束了之后海关才放行，我们作了这个题，后来我们 2013 年的时候中美商贸谈判美方第一个上来就说你们那个专利我们给你授权了。结果这个专利，我们这家企业还是有一种宁死不屈的精神，这么高压的情况下就不死，就不被收购，还要再茁壮成长，已经开始获得许可使用费，已经获得很多大公司给它许可使用费，但是依然有很多公司不付费。2016 年 4 月份他对索尼提起诉讼，说这个标准专利你没有给我付费。今天下午咱们那一场报告的时候，刚好跟我一场作的就是关于日本的索尼，他也说他知道这个案例，他也提了他的学术观点，他说我们也是要考虑到有些企业不要去用一些比较不实的技术来去绑架标准，然后去不适当主张权利。当然这是作为一个被控侵权方的抗辩理由，所以现在中国开始在发生变化。所以该不该授权、怎样授权我们一定是有规则，但是在这之前，我们看到很多国家宽松的程度就是阳光下所有的领域都不应该受歧视都授权了，所以它们不再考虑很具体的东西。

再说一下第二个问题，通知删除。为什么我说版权侵权可以通知删除，商标侵权可以通知删除，因为涉及第三方权利，可以删除，你用了别人音乐你删掉就好了，你卖了别人假货把它删掉就好了。但是你用别人专利支撑了你的支付方法，比如说阿里巴巴的支付宝如果涉及专利侵权，"通知删除"，那意味着这个软件就死掉了，这个平台运行不下去了。所以我在想怎么删除，权利人说告支付宝侵权，今天告腾讯微信侵权你要删除，那个微信侵权是什么样的专利呢？是电话会议的一个方法，电话会议方法就是我这边说话那边有及时回馈，就像我们这边留言视频这样的。这种方法删除意味着微信的功能就不存在了，这个功能就得取消了。所以像 ISP 这种侵权责任应该怎么去办，我也没有想好，只是说因为它涉及大量的用户在线，也涉及公众利益，也涉及是否有可能适用竞争法不停止侵权，但是可以给予赔偿。就像涉及标准必要专利侵权一样，我可以考虑禁令限制，但是我可以给你付专利费用。

提问 1：张平老师，您好，我是西南政法 2014 级的博士生，我有三个问题想问一下您。今天世界知识产权组织的陈主任有讲到 2017 年会有一个全球会议，其中涉及图形用户界面的问题，我的问题涉及图形用户界面局部外观设计。第一个问题是想请问一下，外观设计它的本质是什么？有一种说法，它仅仅就是一种美学设计，另外一种就是它有美学加实用二性合一的特性。但是，具体到 GUI，像计算机的图标或者微信的图标，它有没有实用功能？第二个问题是延伸自第一个问题的，像今天下午有教授讲到显示外观设计是类版权的设置，如果按照他这种观点的话，那外观设计与产品结合度有多高，我们国家《专利法》规定 GUI 是必须以产品为载体的吗？第三个问题，外观设计里面主要由技术功能决定，那这个设计要排除，目前司法实践中一种是有限的限定排除，另外一种是唯一的限定排除，到底应该采用什么样的标准来限定才符合版权里面的"三步法"呢？谢谢老师。

张平：谢谢你的问题，真的是很专业的问题。也是最近国家知识产权局专门研究的，我个人对这个问题没有特别的研究，但我可以尝试来说一下我的观点和看法。

首先，关于用户界面要适用外观设计保护的法律选择是不是合适，我们说外观设计大家都讲到是一个产品的外观，我们以往说这种产品得是能看得见的，都是有形的。现在我们看到计算机和信息时代很多计算机界面，它可能不是固定下来，只有开机的时候才显示，不开机的时候就没有，所以这时候有人说它是否能适用外观设计，或者法律设计对这种东西保护有什么更好的方法。比如说知识产权这几大权利是有分工，确实是有交叉，比如是艺术作品，可以用版权，也可以用专利，你可以选择用外观设计。但是什么东西最合适呢，最能有效保护呢，当事人可以去进行选择。但是还有一些东西我们会在法律上给设定一些条件，我们看到外观设计确实是说美学加实用，中国的至少是要加实用的。图形界面我个人认为就是一种纯美学的东西，我认为它没有另外一个条件，不适合于外观设计，但是不意味着这个东西没有途径救济，可以走著作权保护。

其次，就是是否要附着在产品上，如果外观保护不是最佳，那用版权保护，版权里面也是说你这个版权是叫什么样的东西，叫什么类别的权利呢，我个人认为，早期在游戏软件的时候还是当成图形作品来保护。对于固定下来的 GUI 这些实施者，他会觉得你用版权保护对我在主张权利的时候特别不利，要救济的时候按复制量还是按使用次数还是按什么算，我觉得版权对它保护特别局限，不是特别强有力的。我个人观点，可能用不正当竞争这块会好一点，就是拿它来救济的时候会强有力一点，就是你是一种不正当竞争，如果用同样的图形或者同样应用类别里面去，这是一种想法。再有一个，像 GUI 这种东西，如果整屏显示按照版权保护还可以，但是如果作为一个图标，比如说微信图标或者头像那块，那种更多是识别作用。当它更多起到识别功能的时候，要么可以走商标保护，要么可以走商业外观保护，要么可以走包装装潢的或者著名商品的商业的形象保护。因为我们看到有些企业的货架摆放、服务人员的仪态用语都可能构成自身的成果，所以在这个时候用《反不正当竞争法》来保护会在某些程度上比较有力。

最后，就是你提到技术功能的排除。GUI 这时候如果要把技术功能排除，比如说有些东西是不可以保护的，像外观设计里面纯粹技术功能就不应该被保护，像 GUI 不太跟我们理解的技术有关系。我们现在理解瓶子就是密封的，如果要是没有密封的东西就不能装水，这是有功能性。但是 GUI 更多是识别，也有美学的功能，所以我觉得把它排除技术功能不是很难，不太会存在一些问题。因为我不是专门研究这个问题，还不太清楚你提这个背后是不是有一些案例的支撑，我就先回答这些。

提问 2：各位老师好，我是来自广州中山大学的老师，我今天下午追随着两位老师来到这边。我的问题是，现在美国的著作权领域，他们之前兴起了合理使用产业。我想问一下，这个跟张平老师今天讲的互联网的开放性具体有什么联系或者是区别，因为互联网开放创新也涉及版权这块，当然也涉及专利这块，不管是合理使用产业还是互联网开放创新，应该都是体现您刚才讲的对于知识产品的多元的处理方式理念，但是在具体操作这块，您认为它们二者有什么区别，或者相互之间有什么相互作用。谢谢！

张平：谢谢！这个问题也确实是很新的问题。所谓的合理使用产业确实已经存在，大家都知道谷歌诉图书馆的案子吧。谷歌诉图书馆这个案件持续好多年，2006年谷歌向全球发出来说要做全球最大图书馆，要把所有图书都汇集到一起做一个谷歌数字图书馆的时候，就引起诸多的纠纷。美国作家起诉它，中国作家起诉它，欧洲作家起诉它，全世界都在反抗它。最近美国判决下来了，就说谷歌是合理使用。为什么谷歌是合理使用呢？它确实打擦边球，当它说要把全世界图书馆做成数字图书馆的时候，一定是要扫描所有这些图书，但是它在它图书馆开放窗口的时候不会全文提供，按照美国版权法如果全文提供就不叫合理使用。它总是说给你部分提供这个内容，你想要这个图书的哪一个关键词，你一检索，这一章或者这一段，或者这相关联的话题都显示出来。但是你想要另一章我给你显示另一章，就是不会同时显示全文。所以每次显示是局部，但是总体来讲能推出来。如果不把全书放进去你是没法在全书里面找任何东西，但是美国法院认为它就是合理使用。当然美国作家肯定不认可，不过这些作家也都得到一些好处。因为谷歌承诺，我按照广告百分之多少给你们支付版税。其实它就是一个合理使用的产业，在之前还有一个诸多演变过程。大家知道早期的所有分享，P2P，分享别人音乐，分享别人视频，分享别人图书，都是这样分享过来的。但是后来发现知识产权制度不答应，你分享人家一首歌，两个人之间分享可以，你在一个平台网站上分享就不行。后来我们看到由于知识产权人的强势，全部的分享已经不可能了，但是还有一些把一部分去分享，或者把自己东西拿出去分享，就出现了另外一种放弃部分版权的产业。我们在某些情况下也可以说它是一种合理使用，像维基百科、百度百科、百度知道，这都是大家去网上分享的。这是一个合理使用产业。

最近在开源里面又有一个合理使用，谷歌的安卓与甲骨文打起来了。甲骨文是再早先的 sun 公司，我们在 2004 年研究开源的时候主要是跟 sun 公司在进行合作。sun 公司给我们提供了诸多信息，就是在互联网的很多技术标准和专利里面，是它们首先开放了才有后面的微软的 IE 等这些大量应用。所以当时它跟微软是对立的，因为微软是闭源，当时我们说 sun 公司彻底要求开放。但是当时我们有一种担心，如果永远开放下去，你怎么活下去，怎么营利。原来靠硬件、靠系统、靠服务，但是后来由于诸多原因，我们不知道背后商业原因是什么，但是总而言之它被甲骨文收购了。当甲骨文把这样一个开源公司收购之后，甲骨文就拥有很多这样的开源资源，所以它后面又部署了一些专利，既有开源资源，又有发言权。今天谷歌是最大的开源应用商，最成功的开源产品就是安卓，但是最后法官判定它用了一部分代码是属于合理使用，我们也考虑到谷歌可能会说如果这个案件不判合理使用的话，当时有网上预言包括美国公司预言，安卓这个大厦要坍塌了就完蛋了，全世界后续跟踪者都不存在，都回归到原来的闭源状态，所以还是要支持一下开放的社区，这也是合理使用。

再以后还发现有很多合理使用的产业，比如现在我们用的搜索引擎。你输关键词过去，但是有时候就是忘了这个关键词，这歌叫什么名字你也不知道，你就会哼唱一段旋律，这时候就能给你搜索出来。这个搜索引擎公司一定要事先把曲子全部存下来或者作分析，不然怎么能够被搜索出来呢？以后技术发展，像人脸识别系统，看到你一个局部，就能把人全部照片展示出来，那也意味着库里面会存你很多信息，把你诸多场合下的照片都存下来。

我自己最后再说一下，我们北大知识产权的研究团队，我带着他们除了做这些以外，最近又在做个人信息保护的问题。有人又在说你为什么又去搞那个问题——互联网隐私的问题，因为我们研究诸多的问题发现这些互联网公司的模式是什么。刚才江总说，你们要去想想为什么互联网公司秉持开放、免费、分享这种模式。按中国话说算中国用户黏度，按国外来说是注意力经济，在未来我们可能会说它试图追求的是长尾理论之下的进度延伸，或者数据依赖，或者数据挖掘，所以今天它们愿意付出这么多免费分享代价。但是会有更多的数据，大数据挖掘就会有更多商业模式开发和垄断，最终目的，千里行商皆为财，知识产权这个制度不是一个捍卫智慧的制度，是一个捍卫利益的制度。我自己怀着特别崇敬的心情进入知识产权这个领域，我以为知识产权是阳春白雪，是人类保护智慧的结晶，跟保护体力劳动一样要保护脑力劳动这样一种成果。后来我发现不是这样的，整个知识产权制度是基于市场经济诞生出来的，它为的是市场经济的利益，它的质体应该是市场经济，最后追求的是市场竞争力。但是我个人认为我们中国已经对这样的制度有一点认识偏离，我们现在把这个制度当成花瓶，我们把它当成炫耀自己的东西。当然，我们前面讲到的那些，国外把它当成矛、当成盾，但是没有偏离它本质作用，就是为市场经济服务的。但是我们现在企业追求的申请业绩，包括学术研究，我们就事论事，我认为都是偏离了知识产权制度最本质的根基。知识产权制度是追求利益的制度，如果没有追求到利益，这个制度就没有实现它的目标，或者我们说国家这个制度实施的有效性就要打一个问号。

张玉敏： 今天晚上张平教授给我们分享了她多年的研究成果中当前大家非常关注的也非常重要的一些信息。最后张平教授也讲到，我们不要因为知识产权加了"知识"两个字就认为它是阳春白雪，好像特别比其他的民事权利要高尚一些。我今天上午发言的时候也特别讲到这个问题：我们知识产权研究到现在，知识产权这个制度它最主要的功能到底是什么？我们说鼓励创新，当然可以举很多例子出来，但是有很多人可以举例了说它不是鼓励创新，是在阻碍创新。既然有很多证据可以反驳它，说明这个理论不是可以站得住脚的，知识产权的基本功能应该说就是分配市场利益的，专利、商标、著作权以及其他的信息，参与市场竞争，产生利益，这个利益应该归谁，怎么分配。它和其他的财产，和物质财产在这个方面没有区别，不要把它看成是一种多么特殊的好像比别人高尚一些的那么一个东西，然后赋予它一些不应该有的待遇，也就延伸出一些经不起推敲并没有很好的经济效果的政策措施。这些基本的问题其实与我们作决定，与我们在知识产权这个方面的政策是直接相关的。

　　我觉得今天大家除了学习张平教授讲的这些具体的知识之外，对我们如何思考知识产权的有关问题应该有很多很好的启发。再一个，你们可以看出来张平教授这么多年来一直都在跟踪前沿问题，这一点非常的不容易，可见他们付出的辛劳。前沿的问题为学术界特别是为我们产业界和政府能够提供一些思考，在制定政策、制定法律的时候应该考虑到这个问题到底是怎么一回事，这一点我们应该向张平教授及整个团队学习，让我们再次以热烈的掌声来感谢张平教授。今天的报告到此结束。（掌声）

文字校对：贾　彬　韩　田　李　欣
整理说明：根据现场录音及速记整理，已经过主讲人审阅。

第十三讲

对加强知识产权行政执法的思考

主　题：对加强知识产权行政执法的思考

主讲人：李顺德　中国知识产权法学研究会副会长，中国社会科学院法学研究所研究员、教授、博士生导师、高级工程师

主持人：张玉敏　西南政法大学知识产权学院名誉院长、中国知识产权法学研究会副会长

与谈人：朱谢群　深圳大学法学院教授
　　　　祝建军　深圳市中级人民法院知识产权庭副庭长、深圳大学法学院副院长

杨静安　超凡知识产权研究院副院长、最高人民法院知识产权案例指导研究（北京）基地专家委员会专家

李　扬　中山大学法学院教授

时　间： 2016 年 10 月 14 日

地　点： 深圳大学文科楼法学院三楼第一会议室

张玉敏： 今天的讲座由西南政法大学主办，西南政法大学知识产权研究中心、重庆市知识产权研究会承办，深圳大学举办。我们很荣幸地请到了著名的李顺德教授。李顺德教授是中国社科院法学研究所的资深教授，现在也在中国科学院大学法律与知识产权系担任系主任、博士生导师。李教授是中国知识产权研究会的副理事长、中国知识产权法学研究会的副会长，大家从很多资料上都可以看到关于李教授的介绍。我补充一点，李教授在 2005 年参加国家知识产权战略专题研究的时候，在当时列的研究专题中，其中一个就是今天李教授要讲的题目，就是关于知识产权执法中司法保护和行政保护的关系，为此到欧美专门就这个问题做过考察。今天李教授来给我们大家对加强知识产权行政执法的问题来做一个讲座，肯定能够给我们很多的信息和很多的启发。

知识产权行政执法是中国的特色，那么 2015 年《国务院关于新形势下加快知识产权强国建设的若干意见》提出来，在《国家知识产权战略纲要》的基础上要推动知识产权保护的法治化，发挥司法保护的作用，完善新的立法和司法保护两条途径，形成优势互补、有机衔接的知识产权的保护措施。

对于知识产权的行政执法，国内特别是企业界对此都有批评。一般行政保护在司法督导之下应该慢慢越来越弱化，现在好像还不是那么一回事。我想起码来说，有一些问题是我们需要来讨论的。知识产权行政执法的内容是什么；行政执法的优势互补有什么优势，有什么问题；优势互补要拿你的优势和司法相对应的方面来互补，你有什么问题；有机衔接它们互相之间怎么衔接；行政执法的界限应该在什么地方；哪些情况下需要行政出马。这样一些问题我想都是我们要贯彻国务院 2015 年 71 号文件的时候要思考并且要作出一些回答的。我想李老师可能会给我们很多的启发。李老师讲一个小时左右，剩下的由我们的朱教授等，还有法官进行发言，之后大家再互相交流、启发。

现在我们就请李教授给我们做讲座，欢迎！

李顺德：谢谢大家，非常高兴受到西南政法大学和深圳大学的邀请，本来是到深圳来参加学术研讨会的，后来西南政法大学说借这个机会在这里办一个讲座。

刚才张玉敏教授做了一个简单的情况介绍。首先感谢张教授还有其他的几位教授，大家一起来参与研讨。我们今天会场的人不多，所以有些问题大家可以随时插话，我们来一起研讨，我只是先做一个抛砖引玉。

关于这个话题，为什么现在要提起来，我想是有这么几个原因。我国《商标法》2013 年完成修改，2014 年实施，现在正在进行《著作权法》和《专利法》的修改。在修改当中，有一个共同的问题，就是修改涉及行政执法的一些条款，在社会上引起很大的争议和关注，所以把这个话题又提到日程上来了。其实按我的理解是旧话新提，不是说这个问题到今天才提的，若干年前早就在争论。远的不说，就说我们国家知识产权战略在制定研究的过程当中，在《国家知识产权战略纲要》出台的过程当中，这个问题实际上已经讨论过了，而且已经基本上解决。但是过了这么多年，不管是行政部门，还是学术单位，很多人都换了，对过去的那些东西，反而是不熟悉、不了解，所以又把它当成一个新问题提出来了。在现在进行的《著作权法》和《专利法》的修改过程当中，成了一个非常突出的有争议的问题，再次引起大家的关注。最近几年来，在不同的场合、不同的研讨会上，就这个问题专门有过一些讨论，有些争议，涉及一些背景问题，我觉得把这些背景问题给大家做一些介绍，可能有助于大家对这几部法的修改和了解，也有助于对今后的问题有一个了解。在座的都是我们法学界特别是搞知识产权法的同学和老师，欢迎大家一起来研讨。

我们首先看一下这次修改当中涉及的一些主要条款。针对 2014 年的修订草案送审稿我摘了一些。《著作权法》的修改，先后出台了多稿，向社会征求意见，现在我们针对的就是2014年6月6日国务院法制办正式公开的修改稿。这个修改稿是什么？是国家版权局报请国务院审议的一个送审稿。大家要注意什么问题？这是国家版权局起草的，不代表国务院法制办。国务院法制办的有关人员多次强调，我们先把他们（国家版权局）的意见公开，向社会各界征求意见，汇总之后进行修改，上报全国人大常委会。

第二个强调修订草案送审稿，我们大家注意到，我们国内的三大知识产权领域的法，做过多次的修改，多次修改本身都是修正而不是修订。关于修正和修订的区别不知道在座都了解吗？我们国家一般而言，对于法修正是小修小改，而修订就是要比较大的动作，修改得要多一些，虽然一字之差，但是不一样的。大家可以看一下，《专利法》《商标法》都是修正。主管部门都希望多改，所以申报的时候都是要争取是修订，到最后能不能修订是全国人大常委会说了算。《专利法》也是一样，同样也是提出了希望修订，但是能不能实现，大家都可以继续关注。

在这些修改稿当中涉及行政执法的条款，我把它归纳了一下，现行的《著作权法》是48条，把原来的48条扩展到了90条，全面强化、细化了著作权行政管理部门行政执法的职能。而在《专利法》的送审稿当中，也有很多强化专利行政管理部门的行政执法条款。比如说第3条、第60条第2款、第67条，将现行《专利法》中的第60条扩展为第60~61条，增加了第62条，大量增加了行政执法的条款，正是这些条款引发了社会各界的争议。

这些条款的内容，因为时间关系就不仔细念了，大家都可以查到，无论是现行法还是刚才引的这些条款都在网上公布了，大家回去再看，因为我们今天时间有限，我只是归纳在这儿。黑体字部分就是突出的修改的部分，跟原来的条款不一样，我是用黑体字标出来，以示区别。

总之，我们看到无论从数量上、从力度上、从执法手段上，从各个方面都有了很多的希望强化扩张行政执法的条款，对这些条款争议很大。在国庆节前，国务院法制办召开了一次针对《专利法》修改草案征求意见的会议，有国家知识产权局的同志，也有学界的。还有其他领域的一些同志，我也去参加了。在这个会上列举了几个问题，其中也涉及行政执法问题，对专利复审委员会职能扩大的问题，在那个会上也是争议比较大。

刚才张教授介绍了，实际上在 2004 年开始启动的国家知识产权战略的制定过程当中，国家知识产权局拟了 20 个专题研究，其中立法专题是由国务院法制办牵头的，执法专题是由中国社科院牵头的，另外还有包括专利的专题、商标的专题、版权的专题、商业秘密的专题等，一共 20 个专题。我参加了其中 8 个专题的研究，应该说数量比较多，立法的参加了，执法的以我们为主来搞的，还有其他的一些。在执法专题当中，专门针对我们国家知识产权的司法和行政执法所谓双轨制到底是不是双轨制的问题，对于司法和行政执法的关系以及今后如何发展、怎么做，都做过一些研究，提出过针对性的研究方案。这些专题研究在国家知识产权战略当中最后是不公开的，是保密的。我们在座的其实有很多的教授也参加了，包括张教授、朱教授，还有其他的人当年都参加了不同专题的研究工作。

在当时这个研究当中，对这些问题实际上都是有一些研究成果的。后来我们也陆续写过一些文章，对这些研究成果做了不同程度的披露，但不是以国家战略的形式。我今天也把这些研究的结果和当时怎么研究的，做一个介绍，供大家来参考。

现在我们提起这个话题，有一些新的发展应予考虑，一个就是 2014 年 10 月 23 日中国共产党十七届四中全会审议通过的关于《全面推进依法治国若干重大问题的决定》，我觉得我们今天讨论这个问题的时候，应该很好地学习领会十八届四中全会这个依法治国的整体的战略思想。我们今天讨论这个问题，要放在这样一个大的框架之下，而不能违背这个框架，这是一点。再有一个就是，2015 年 3 月《中共中央　国务院关于深化体制机制改革加快实施创新驱动发展战略的若干意见》提出让知识产权制度成为激励创新的基本保障，要求实行严格的知识产权保护制度，这个也是我们现在在修法当中的重要指导思想，我觉得这一点也值得我们注意。

为了更好地说明这个问题，我们列出 2008 年《国家知识产权战略纲要》当中对这个问题的一段集中的论述，和 2015 年 12 月 18 日国务院发布的《国务院关于新形势下加快知识产权强国建设的若干意见》，在知识产权领域很重要的被称为纲领性的文件。按照业内的说法，《国家知识产权战略纲要》的出台标志着我国的知识产权的整体制度的发展进入了一个新的阶段；2015年《国务院关于新形势下加快知识产权强国建设的若干意见》也是一个纲领性的里程碑式的文件。在2015年的《国务院关于新形势下加快知识产权强国建设的若干意见》当中，对于知识产权的保护问题、执法的问题，也有一段集中的论述。

大家看到的这两段论述，基本的精神我认为是一贯的、是一致的。《国家知识产权战略纲要》是在各个专题研究的基础上，经过提炼、认可、确定的。涉及我们今天研讨的主题，在《纲要》中具体的提法就是："健全知识产权执法和管理体制。加强司法保护体系和行政执法体系建设，发挥司法保护知识产权的主导作用，提高执法效率和水平，强化公共服务。深化知识产权行政管理体制改革，形成权责一致、分工合理、决策科学、执行顺畅、监督有力的知识产权行政管理体制。"

2015年的《国务院关于新形势下加快知识产权强国建设的若干意见》中具体提的是："推动知识产权保护法制化，发挥司法保护的主导作用，完善行政执法和司法保护两条途径优势互补、有机衔接的知识产权保护模式。""积极研究探索知识产权管理体制机制改革。授权地方开展知识产权改革试验。鼓励有条件的地方开展知识产权综合管理改革试点。"

后边的这一段话是讲行政管理的，而行政管理和我们今天讨论的行政执法关系是非常密切的。所以我先把这个《意见》里的这个提法放在这儿，后面要讲这两者的关系。我把这些放在这儿，大家回去可以再做进一步的对比、研究。

现在讲究构建知识产权大保护工作格局，这个提法提得很多，有人专门写文章。在大保护的工作格局之下，有些文章集中谈加强知识产权行政执法专门论这个问题。在这里，我也摘了一些观点，这些文章我也不点名，也不是批判，是作为不同的学术观点列出来，让大家了解一下。讲的这些，就是说加强知识产权大保护工作格局，他们认为其中很重要的内容就是要加强行政执法。为什么要加强，讲了几点理由：

第一个，理论上公权力介入。行政部门通过行政执法介入知识产权纠纷是政府履行行政监管职能的体现；加强行政执法是政府履行行政监管职能的体现，这是他们基本的理论基础。再有就是，实践上行政保护具有执法的主动性、手段的多样性、效率的及时性、费用的低廉性。第三个就是，发达国家致力于强化知识产权行政执法。举个例子，比如说 2011 年美国专利法修改以后，对于一些行政复审程序有所修改、调整，相当于专利复审委员会的职能增加了，因此得出发达国家也在加强知识产权行政执法的结论。为什么我们中国反而要减弱行政执法呢？对于这些问题，这些观点，大家要了解一下。

下面，就引入我们今天讨论的专题。前面我是做一些背景性的介绍和问题的提出。

长期以来，有一种流行的说法，到现在仍然很流行：说中国内地在知识产权方面实行的行政执法与司法平行的双轨制，在世界上是特有的；说只有中国，或者说世界上很少有国家是双轨制。这个问题实际上在当年我们做战略研究的时候已经研究了，认为这种提法是不准确的、不科学的。当时，我们研究的结论是，双轨制实际上是世界各国的通行做法，而不是中国独有的。但是各国的双轨制和中国的双轨制的不同点在哪儿？各国的知识产权的行政执法，是强调的专门的行政执法机关的执法，具体地说，像海关、警察，他的职能就是行政执法，海关不是只保护知识产权的，是保护我们的整个国门，它就是一个专门的行政执法机构。警察更清楚了，我们国内叫公安，它也是专门的行政执法机构。海关、警察进行知识产权行政执法，世界各国通行，大家都是这么做的，所以你不能说只有中国有知识产权行政执法，外国就不是，外国也是双轨制。中国所谓的行政执法的特色在哪儿？是知识产权的行政管理机关进行直接执法，这种做法在国外少见，是属于中国特色。

有关这些双轨制的争议的问题，也就涉及行政执法和司法哪个优劣的问题。双轨制是否要长期共存，行政执法究竟应该不断强化还是逐步弱化乃至取消，这些问题一直在争议。如果你看清这样一个事实，就不能够简单地说行政执法是中国特色，将来发展方向是把它取消或者弱化那就不对了。实际上，世界各国对知识产权的执法，无论是司法，还是专业的行政执法都是在不断地强化，这点不要否认。这点看清了，逐渐弱化行政执法就有问题。所以我们要把这个问题的要害、关键点找出来，而不是简单地否定所有的行政执法。我们现在讲的是考虑到对于知识产权行政管理机关的直接执法，这个问题将来何去何从？对于专门的行政执法机关在知识产权上的执法，我认为世界各国没有任何争议，大家都说要不断地强化完善，没有分歧。问题在于，一定要把专门的行政执法机关的行政执法和行政管理机关的行政执法加以区分。刚才说的那些文章，就是在这一关键问题上不作区分，将这两种行政执法混为一谈，笼统地去讨论行政执法。这样就把这个问题的讨论复杂化了，有些问题反而说不清了。

下边把一些具体问题讲一下。

第一个是知识产权行政执法相关的一些概念。这是在当时我们已经梳理过的。首先对于知识产权执法的概念，这个提法来源于何处？据我所知，是从 WTO 的 TRIPS 中文翻译而来。最早将 TRIPS 翻译为中文的是中国社会科学院法学研究所的郑成思教授。TRIPS 的正式文本是在 1994 年 4 月出台的，郑老师在 1994 年 8 月翻译、出版了 TRIPS 的中文文本，接着在 1994 年 10 月出版了一本对 TRIPS 条款全面解释的书，最早是在北京出版社出版的。第二本是 1996 年 10 月在中国人民大学出版社出版，2001 年 1 月在中国方正出版社出版了《WTO 知识产权协议逐条讲解》。

TRIPS 第三部分的标题中的 "Enforcement" 怎么翻译，一直找不到一个合适的中文对应词汇。郑教授看到了 "香港法律改革委员会" 1993 年底的《版权法改革研究报告》的中、英文本，将 "Enforcement" 译成 "执法"，他认为比较科学，所以就借鉴、采用了这一翻译，在他 1994 年 10 月出版的那本对 TRIPS 条款全面解释的书里讲到了对 "Enforcement" 这个词翻译的过程。此后，得到中国大陆知识产权界广泛认同，采用了这一译法。

知识产权执法涉及民事程序和民事救济、行政程序和行政救济、刑事程序和刑事救济。作为司法来讲，这三种程序和三种救济都覆盖了，对我们现在讲的行政执法却不可能全面覆盖，你们可以回去研究。我的观点是这样的，知识产权行政执法不能全面地覆盖知识产权执法，而知识产权司法是可以全面覆盖知识产权执法的，知识产权司法可以直接涉及行政程序和行政救济，行政程序相当的一部分有司法的介入。行政程序的前半段在行政机关，提请行政诉讼以后，进入司法程序，也可以不经过行政程序直接进入司法程序，各种情况都有。

从另外一个角度来看，也可以理解为知识产权执法应该包括知识产权的司法、知识产权的行政管理和行政执法。我们平常讲的所谓的行政执法，按我们国内的讲法，实际上有时候并没有对行政管理与行政执法做严格的区分，把行政管理也当成行政执法。实际上严格的区分是可以区分开行政管理和行政执法的，我们国内讨论的时候经常不作区分，实际上是不合适的。

下边我就讲讲行政管理和行政执法这两个概念。

行政管理通常指国家行政机关和取得行政授权的组织，依据法律法规授予的行政权管理国家和社会事务的行为，是政府为公民和社会提供服务的一种法律措施。这是讲一般的行政管理，不是专门指知识产权。

行政执法通常是指国家行政机关和取得行政授权的组织，为了实施、执行法律、法规、行政规章和其他具有普遍约束力的决定、命令，完成国家行政管理职能，对行政相对人采取直接影响到行政相对人的权利义务的具有法律效力的具体行政行为，包括行政决定、行政命令、行政处理、行政许可、行政授权、行政监察、行政监督等行为，这是一般的行政执法，范围也非常宽。

知识产权行政管理是指知识产权行政管理机关和取得相应行政授权的组织，依据知识产权法律规范管理国家有关知识产权的事务，为公民和社会提供知识产权法律服务的行为，包括知识产权的行政确权及相关的管理，包括知识产权争议调解，不包括直接查处知识产权侵权纠纷。我们现在实际的知识产权行政管理就是这样的。这些内容在我们相关的知识产权法当中都有明确的法律规范，作了明确的规定和明确的授权。我们现在讲必须依法行政，这是依法治国的重要组成，依法行政不能违背依法治国的总的理念。

知识产权行政执法，我们把它界定为包括知识产权专业行政执法、知识产权管理机关直接执法、知识产权准司法机构执法。即行政执法可以分为三类：第一类是知识产权的专业行政执法，包括海关、警察为代表的行政执法；第二类是知识产权行政管理机关的直接行政执法，这是具有中国特色的；第三类是知识产权准司法机构执法，准司法机构的执法，在国内基本上可以说还没有得到普遍认可，典型的是美国的ITC，也就是受理、审理对违反美国关税法"337条款"的指控。

知识产权专业行政执法，是指知识产权的专业行政执法机构、取得相应行政授权的专业执法组织，以及知识产权的准司法行政机构，依据知识产权法律规范查处知识产权侵权纠纷的行为。

行政管理机关的直接执法，是指知识产权行政管理机关（专利局、商标局、版权局等）和取得相应行政授权的组织所实施的、依据知识产权法律规范直接审理、查处知识产权违法、侵权纠纷的行政执法行为。

专业行政执法机构，是指警察（公安）局和海关等行政机关，这些机关承担全面的行政执法职能，并非是知识产权行政管理机关，也不是司法机关。在许多国家和地区，除了法院等司法机关负责知识产权的司法保护以外，作为专业行政执法机构的警察局和海关都担负着知识产权行政执法的重任。

典型的是中国香港特别行政区海关负有知识产权执法的使命，其责任不仅限于边境口岸，包括整个香港地区，这是香港与多数国家或地区的不同之处。

第一部分，我们重点介绍一下行政准司法机构。行政准司法机构（Administrative Quasi-Judicial Agencies），是国外对某些具有特殊性质的行政机构的统称，依据法律规定，这些行政机构担负着类似于司法机关的职能，针对由于当事人不服行政机关的决定，或行政机关、其他当事人侵害相对方合法权益而产生的争议或纠纷而提出的相关请求，按照相关的司法程序而不是行政程序进行审理、裁定。

什么叫准司法？在我们做国家知识产权战略的研究专题汇报当中，有人提出中国根本没有准司法。我们说你这个说法太武断了，中国肯定有，可能在我们的知识产权领域没有明确的确认，有人提过这个意见，我们没有采纳这个意见。我们讲讲外国的，比如说美国贸易委员会（ITC）和美国联邦贸易委员会（FTC）是行政准司法机构，确实执行的是类似于司法程序，而且办案程序都是按照司法程序而不是行政程序，这是最大的区别。

为了方便我们后边问题讨论，我们把相关的概念梳理清楚，有些问题就好说了。

行政准司法裁定，不同于一般行政机关的行政裁定，必须对裁定的理由和实施的法律作出充分说明，与行政机关的裁定不一样，通常被认定是一级司法裁定，具有司法意义上的法律效力，需要设置相应的司法程序由法定的司法机关对其承担相应的司法审查职能，对于其裁定的司法审查如同上级法院对下级法院判决或裁决的司法审查一样，是以上诉方式而不是以提起诉讼方式进行司法救济，作出裁定的行政机关不作为被告。这个问题很现实，我们做国家战略的时候，一开始征求意见，专利复审委员会认为凭什么让我们当被告，能不能想个办法不当被告，跟我们也没什么直接关系，对我们的裁定不服提起诉讼就可以了，拉我们干什么。通过研究，解决专利复审委员会不当被告的问题办法很简单，跟国外的同类机构一样，把它作为准司法机构对待就可以解决。但是要讲清楚，咱们这么改完了以后，很明显的结果就是，如果当事人对专利复审委员会的裁定不服，再去法院提起的行政诉讼不是起诉，即不是现在的行政诉讼一审，而是二审上诉，上诉法院可以将专利复审委员会的裁定视为一审判决，直接改判，不必发回专利复审委员会重新审理、裁定。把这个问题澄清以后，他们的意见就变了，认为还是按照现行《行政诉讼法》规定的程序比较妥当，法院一般不能直接修改行政机关的裁定，需发回行政机关重审，按照法院的判决来做修改，重新作出行政裁定。

第二部分，我来介绍一下知识产权实行专业行政执法和行政准司法机构执法与司法平行的双轨制，是世界上多数国家的通行做法。

在2005年正式启动的国家知识产权战略研究课题中，中国社会科学院法学研究所承担了"知识产权执法"这一专题研究，曾经对世界上一些有代表性的国家和地区知识产权执法状况进行了比较研究，包括美国、英国、德国、意大利、加拿大、澳大利亚、俄罗斯、日本、印度、新加坡、泰国、巴基斯坦、马来西亚、菲律宾、韩国、以色列、黎巴嫩等国家和我国的香港、澳门、台湾地区。

世界上设置知识产权法律制度的国家和地区，一般均设有知识产权行政管理机关承担知识产权行政管理和服务职能，司法机关承担知识产权司法保护和知识产权纠纷处理职能。这是我们调研的基本结论，大家也可以进一步地看，是不是这么一回事，到今天为止仍然是这样的。这些知识产权行政管理机构，仅仅负责知识产权管理和服务，没有直接执法职能，知识产权行政执法主要依靠专业行政执法机构和行政准司法行政机构。这是我们当时调查的结果。

世界上许多国家在知识产权方面通行的是专业行政执法机关和行政准司法机构的行政执法与司法平行的"双轨制",在知识产权方面实行专业行政执法与司法平行的"双轨制"是世界上多数国家的通行做法。

关于行政执法与司法孰优孰劣,行政执法与司法"双轨制"是否需要长期共存等问题的争议,应该说已经有了明确的答案,可以不必再争论下去。实际上应该说,两者应该是长期共存,不断地完善和加强,只是说具体的行政执法的内容和方式需要把它讲清楚,不是笼统地来说这个问题。知识产权行政执法、司法"双轨制"是寸有所长,尺有所短,将会相辅相成、长期共存。这里所说的行政执法主要是指专业行政执法机关和行政准司法机构的行政执法,要长期存在、长期发展。

第三部分,我国知识产权行政管理机关承担直接行政执法职能具有中国的特色。

这个问题前面讲过了,我在这儿稍微地重复一点,就是根据我们调查的情况归纳了一下,国外的知识产权行政管理机构的主要职能、管理和服务的职能有哪些,大概十个方面,就是各国都有的。

第一,知识产权的登记,包括授权、审查;第二,知识产权的许可转让合同登记;第三,知识产权相关数据的统计;第四,知识产权法律政策起草制定及管理实施;第五,知识产权相关信息发布,提供多样化的信息资源和信息工具,为公众查找知识产权相关知识提供方便;第六,知识产权对外合作交流;第七,研究和推动科技和知识产权的商业化;第八,知识产权法律咨询服务;第九,知识产权争议调解;第十,知识产权普及、宣传培训教育。作为这些知识产权行政管理机构的行政管理职能,肯定是要不断地加强完善,但它不是行政执法。现在的问题不是在行政管理这方面,是说要在行政执法上继续扩大,而不是说在行政管理上面加强。我与多个知识产权行政管理部门交换过多次意见,我说你们应该在行政管理上多做文章、多花精力,主要研究怎么能够把管理搞得更好、服务搞得更好,而不是要把你的精力放在如何扩大职能去加强行政执法。我认为这不是知识产权行政管理部门应该干的事,行政执法应该是主要由专业的行政执法机关负责,由司法部门去加强司法保护，各负其责。

我国《著作权法》和《著作权法实施条例》中对版权行政管理机关的行政执法职能作了明确规定。《著作权法实施条例》（2013 年 1 月 16 日通过修改，2013 年 1 月 30 日公布，2013 年 3 月 1 日施行）第 36 条："有著作权法第四十八条所列侵权行为，同时损害社会公共利益，非法经营额 5 万元以上的，著作权行政管理部门可处非法经营额 1 倍以上 5 倍以下的罚款；没有非法经营额或者非法经营额 5 万元以下的，著作权行政管理部门根据情节轻重，可处 25 万元以下的罚款。"《著作权法实施条例》第 37 条："有著作权法第四十八条所列侵权行为，同时损害社会公共利益的，由地方人民政府著作权行政管理部门负责查处。国务院著作权行政管理部门可以查处在全国有重大影响的侵权行为。"

根据上述法律法规，国家版权局还制定、出台了一系列有关版权行政执法的行政文件，具体规范版权行政执法。这里就不再展开讨论了。

第四部分，我国知识产权行政管理机关具有行政直接执法职能是特定历史条件下的产物。

为什么中国有这个特色，这是有历史原因的，因为我们在座的很多年轻同志不一定经历过，所以不了解，我稍微介绍一下。在 20 世纪 80 年代，中国内地知识产权法律制度建立之初，有关知识产权的司法体制尚未建立，面临较为繁重的知识产权执法和争议纠纷处理任务，当时仅仅依靠司法机构是难以胜任的。随着知识产权法律制度建立而产生的知识产权行政管理机关，理所当然地分担起行政执法的重任，既是必要的，也是现实的选择。

大家知道，那时候你让法院审理知识产权案件，法官对知识产权不了解。中国有一个特点就是行政权力、行政机关是强势的。所以在那个时候，要想把我们的制度很快地运转起来，我们按照国外行政机关的惯例，对于知识产权执法一律不管，都交给法院处理根本不行。所以在那个时候，就让我们的知识产权行政机关也承担了一部分行政执法职能，就是这么来的。分担这些行政执法职能，那是很正常的。

20 世纪 90 年代末期以来，随着国家行政体制改革的不断深入，在担负行政执法职能的行政机关中已经出现了将行政管理与行政执法分开的趋向。

2000 年修正的《专利法》和 2001 年修正的《商标法》和《著作权法》已经反映了这样的趋向。我们在座的不了解这个历史，我稍微讲一下，我们在座的除了几位老同志以外都没有怎么参与那段过程。在那次为了迎接修法的过程当中，行政机关在改了的初稿当中，都有像今天类似的要求强化行政执法的条款，都写在了它们起草的初步的草案当中。后来基本上都被拿掉了，甚至把以前已经写在法里的很多条款也拿掉了，最典型的是《商标法》，《商标法》以前处理这种侵权纠纷，对侵权的认定和侵权的赔偿都是有权作出的，但是在那次改法的时候，把这些内容通通删掉了。就是说考虑到整个发展趋势，弱化行政管理机关的直接执法，明确执法机构。

所以当时就是反映了这样一种倾向，知识产权行政管理机关虽然承担部分执法职能，但主要应该针对的是盗版、假冒等扰乱社会公共秩序、侵害社会工作利益的违法行为。对于一般的知识产权侵权行为，仅限定侵权与否，不再允许责令赔偿和确定损害赔偿数额，实际上已经弱化了相关知识产权行政管理机关对知识产权侵权行为的直接执法职能。当年改法的情况，《商标法》有的相关条款给删掉了，《专利法》又提出来要学《商标法》，《商标法》都拿下来了，还想往上增加吗？当然也不会。在那次改法的时候，按照 TRIPS 的精神，对今后行政执法的发展趋势，已经有了一个明确的结论了，不是说今天又改了，当年改法就是这样一个思路。所以今天旧话新提，现在参加改法的人很多人都换了，不是当年那些人，也有些人忘了那个过程，我觉得这个历史我们应该承认，今天改法不可能把原来的东西又翻过来，我觉得可能性不是很大。

类似中国内地这样的知识产权行政机关负责直接行政执法，在世界范围内是极其少见的，这使得中国政府直接承担了过重的知识产权行政执法负担，需要动用大量的社会公共资源用于为少数知识产权权利人维护权利。这种做法不符合法律保护和知识产权等私权的基本原则，而且也给其他国家和国民传递了错误的信号，使他们在遇到知识产权纠纷问题时往往放弃了正常的司法救济，要求中国知识产权行政管理机关负责，甚至直接或通过其政府向中国政府施加压力，要求中国政府直接干预立法、司法等具体法律实务。说中国政府保护知识产权不力，美国的知识产权总是被侵害，好像是我们的责任，当时我们给政府有关部门建议，这个问题不是明摆着，美国的企业在中国知识产权保护的力度不够，美国政府出面，找中国政府来"问罪"。我说中国的企业到了美国知识产权受侵害，不要说让中国政府跟美国政府交涉，就说直接去找美国政府，有哪个美国政府部门管这件事，人家不管的，人家都说你的知识产权问题找法院去解决，你找政府没用。在我们这儿如果出现这个问题，就不能这样简单处理了，这跟具有我国特色的"双轨制"有极大的关系。当时我们做国家知识产权战略时就说，我们要逐渐改变这种状况，没有必要去承担这些不该承担的政府职能，我们用国内的纳税人的资源，去保护少数的知识产权权利人的权益应该说是不对的。

一些外国政府也把对知识产权这种私权的保护完全看作我国政府的义务。当该国知识产权在我国境内出现权利争议等纠纷时，不顾其国民是否主动通过我国的司法途径解决争议，指责中国政府保护知识产权不力，一再以此损害中国政府的国际形象，中国政府不应该再承担这种本不应该承担的行政执法负担和压力。

知识产权行政机关负责直接行政执法，需要动用公共资源。这种行政执法如果是直接为了维护社会公共秩序和社会公众的利益是无可厚非的，如果是为了维护知识产权权利人的利益，就是失当的。如果不当地扩张了行政执法的范围，就是动用了社会公共资源去维护少数人的利益，是对社会公共资源的滥用和浪费。我讲的这些内容，在我们的研究报告里面都有。

从知识产权权利人的角度来看，通过司法途径进行维权，需要承担相应的维权成本，并且还要承担维权失利的风险。而通过行政途径进行维权，一般不需要权利人承担维权成本，这一维权成本是由社会公共资源支付的，当然也不需要承担维权失利的风险，因此选择通过行政途径维权成为首选。现在都是这种情况，现在讲行政执法如何好，其中一个理由是成本低，谁的成本低，是权利人的成本低，不是说社会成本低，社会成本一点也不低，实际上社会的公共资源的成本都支付给你了，当然你合适了，这种事不能这么干，所以有些问题要加以分析。

针对知识产权而言，盗版对社会公共秩序和社会公众利益的危害是明显的，因此盗版、假冒被称为世界范围内知识产权领域的两大公害，是各国知识产权执法的重点目标，当然也是知识产权行政执法的重点目标。所以我们觉得现在加强知识产权的行政执法，不管是专业机构，还是管理机关，加强行政执法的重点必须放在打击假冒和盗版上，因为这两个直接涉及的是社会公共利益和公共秩序。

第五部分，强化专业行政执法，逐渐淡化行政管理机关直接执法，是我国知识产权行政执法的发展方向。

知识产权行政执法面临的问题不是加强和弱化的选择，而是如何强化的问题。知识产权行政执法不仅不能弱化，而且必须不断加强，加强的执法重点是针对那些破坏社会公共秩序，损害社会公共利益的侵害知识产权的违法行为，无论是行政机关执法，还是专业行政执法机构，行政执法重点都应该是这一目标。从长远发展来看，强化知识产权行政执法的重任主要应该是由专业行政执法机构承担的，现在我们仍然是这样一种看法。所以在这一轮的几个法的修改当中，我们都是按照这样一种观念、立场来对现在的法律条款提出来的。要加强的这些行政执法是不是直接涉及公众利益的，如果有必要加强把它写在法里，如果不是就不应该再把它强化和写在法条里，这是一个基本判断的分水岭。

作为知识产权行政管理机关的发展方向主要是不断强化知识产权行政管理和为社会提供服务，而不是强化知识产权直接行政执法，这是我们给他们的建议。行政管理机关应该在行政管理上强化、下功夫、多研究，把这个事做好，而不要在行政执法方面去下那么大精力去扩张，那没有必要，也不符合行政管理机关发展的大方向。为了逐步实现这一远景，势必需要逐步将知识产权行政管理机关的直接行政执法淡化、弱化，乃至剥离，要根据条件的发展，实现知识产权行政执法完全专业化，由知识产权专业执法机构，或者由社会专业行政执法机构承担。当初确立行政管理机关直接执法与司法的双轨制，是历史发展的需要，当今将行政执法与行政管理职能分离，设立专业行政执法队伍同样是历史发展的要求。

实施行政执法与行政管理分离，设立专业行政执法队伍，至少有以下积极作用。

第一，便于集中使用行政资源，提高专业行政效能。为什么这么讲？当时我们走访各个行政管理局的时候大家都说我这一块很重要，应该加强。现在我们的人不够用，要给我们增加编制；执法手段不行，要给我们增加执法的手段，我们要像警察一样配制服，然后再给我们拘留权等，都加上。我说提出这么多可能实现吗？现在的行政机关都在压缩编制，要扩张是根本不可能的。我们想知识产权行政管理三大机构中，工商行政管理部门的执法力量最强，如果在这个基础上整合、集中，实现专业化，应该是一个可以选择的方案，当时提了几个建议。

第二，可以改多头行政执法为统一行政执法，增强行政执法效率。现在是多头行政执法，除了讲这三大局以外，现在植物新品种由农业部、国家林业局负责，地理标志由国家质监总局负责一部分，非常分散。如果能够整合、集中，组成专业知识产权行政执法队伍，其优势是显而易见的。

第三，有助于行政执法队伍的建设。我们说，当时设想知识产权行政执法要建成专业的行政执法队伍以后，不但可以人数相对地保证和集中，而且其执法手段可以更有效，甚至可以像专业警察似的，配备必要的执法工具和手段。

第四，有利于强化对行政权力的制约和监督。这条是我们通过这次学习依法治国的决定感觉到的，特别是按照依法治国的基本原则和基本内容，强化对行政权力的制约和监督是依法治国的一个很重要的内容。将知识产权行政管理与行政执法分离，有利于促进落实、贯彻、执行依法治国的基本方略。

法治是人类政治文明的重要成果，是现代社会的一个基本框架。英国思想家洛克说："个人可以做任何事情，除非法律禁止；政府不能做很多事情，除非法律许可。"法治给公民以最充分的自由，给政府以尽可能小的权力。法治社会的阵地在于，公民的权利必须保护，政府的权力必须限制，与此背离的就不是法治社会。洛克的这段话在我们今天学习、讨论依法治国时，对于法治的准确领会，我觉得还是很有启发的。我们讲依法治国实际上也有不同的理解。一种理解是用法律去治老百姓，这是对依法治国理念的一种歪曲。前一段时间集中学习党的十八届四中全会的决定，进行依法治国的宣传教育。强调法治或者说是强调用法治的力量来限制和监督行政权力，这是依法治国最核心的东西。但是恰恰这方面现在我们宣传的力度不够，大家的认知水平也比较低，所以现在对于依法治国的整个的理念和贯彻是有很大的偏差的。我们应该正确地理解，使它指导我们各个方面，包括我们知识产权的行政执法。

另外就是对于"法制"和"法治"，一个是制度的"制"，一个是"治水"的"治"，应该有个全面的认识。这个问题在 20 世纪 70 年代讨论依法治国和建设法治国家的时候是进行过充分讨论的。原来讲都是建设法制国家，后来才提出建设"法治国家"。国内最早提出"依法治国，建设法治国家"建议的，是我们中国社会科学院法学研究所的几个老师。他们撰写文章，包括给中央政治局领导讲课，专题论证依法治国，都是集体的智慧。在这个过程当中，就有一个从建设法制国家，后来改成依法治国的认识过程，看来是一字之差，实际上是思想认识上的飞跃、升华。讲法制，就是怎么用法去治理国家，治理的是被统治者；讲法治国家不是这个概念，主要强调的是治理国家要依靠法律，而且重点是要监督行政权力的行使。大家有兴趣可以看看那时候的争论和文章，在座很多人可能不了解这段历史。

我们今天学依法治国，中共十八届四中全会将依法治国写入党中央的决议是一个很大的进步，在这个决议里头有很多的亮点，包括依宪治国、依宪执政，这都是很大的突破。

第六部分，知识产权行政执法的重点。

知识产权行政执法的重点，第一个应该是针对盗版和假冒等量大面广、社会危害性大的违法行为。刚才讲过了，就不重复了。为什么最近有一些回潮的问题，2013 年国务院通过了对《著作权法实施条例》《计算机软件保护条例》《信息网络传播权保护条例》的修改，内容是加大行政处罚力度，打击假冒和盗版相关条例的修改，这里没有专利的事情，就是盗版和假冒。对此不要作错误的理解，现在有些行政机关的工作人员总是说，2013 年对知识产权有关行政法规已经修改，就是为了加强行政执法，一举例就说这个问题。但是为什么这么加强，针对的是什么，就不讲了，这是不全面的。这些修改，针对的就是刚才我们讲的假冒和盗版问题，建立"双打"机制，而不是泛泛的知识产权行政执法。这个问题就是这么一个情况。第二个，加强网络环境下的知识产权保护是当前知识产权执法保护的重点，也是知识产权行政执法的重点。我觉得这个问题已经提到日程上来了，现在行政管理机关加强行政执法可以把这方面作为很重要的重点来抓一抓。

现在是一个新问题，双管齐下是必要的，但是范围还是在原来的范围之内来考虑。在这个问题上国家版权局出台了一系列规定，核心是针对盗版和假冒。

国家版权局、公安部、工信部（原信息产业部）从 2005 年开始连续 10 年开展打击网络侵权盗版专项治理行动，《2015 年国家知识产权战略实施推进计划》开展打击网络侵权盗版"剑网 2015"专项行动，针对网络侵权盗版行为进行专项治理。

2015 年 4 月 17 日，国家版权局下发《关于规范网络转载版权秩序的通知》。

2015 年 7 月 8 日，国家版权局发布《关于责令网络音乐服务商停止未经转授权传播音乐作品的通知》。

2015 年 10 月 14 日，国家版权局下发《关于规范网盘服务版权秩序的通知》。

近年来，国务院也发了一系列针对在网络环境下的相关文件，国家工商总局负责网络市场的监管，也出台了一系列重要的法规文件，主要有：

2015 年 10 月 26 日，国务院办公厅印发《关于加强互联网领域侵权假冒行为治理的意见》，对打击互联网领域侵权假冒违法行为，营造开放、规范、诚信、安全的网络交易环境作出部署。

2015 年 11 月 6 日，国家工商总局下发《关于加强网络市场监管的意见》，明确了"依法管网""以网管网""信用管网""协同管网"等网络市场监管准则。

2016 年 1 月 8 日，国家工商总局下发《关于促进网络服务交易健康发展规范网络服务交易行为的指导意见（暂行）》。

2016 年 7 月 4 日，国家工商总局发布《互联网广告管理暂行办法》，2016 年 9 月 1 日起施行。

最新的就是《互联网广告管理暂行办法》，我认为这个文件很重要，配合了《广告法》的修改。

今天，我准备的内容就是这些，这些内容完全是抛砖引玉，而且讲的是自己的观点，供大家讨论评判、进行学术讨论。我只是如实地把过去研究的东西拿出来，有些已经作为文章发表过。

我就讲到这儿，谢谢大家。

张玉敏：非常感谢李教授的报告，对我们思考问题有非常重要的帮助，而且提出了很多有见地的见解，我们今天的会议还有几个人员，先请李扬教授。

李扬：我简单地谈一下学习的体会。李老师的话题在很多场合都听过了，所以对内容应该是比较熟悉的，内容非常的丰富，这就不说了。我也曾谈过"三个面向"的理论，就是关于怎么样加强知识产权司法保护的主导作用和思想路径，从一个大的框架来谈一下司法行政的相关问题：司法面对市场要怎么办，司法面对行政中国式的知识产权保护要怎么办的问题。

一方面我觉得这里边法官应该是负有很伟大的使命，我对法官寄予很大的期望。所以我觉得可能要有一些具体的对策，比如在面对无效的专利和商标确权的权力依旧掌握在行政部门的状况，司法可以利用行政行为法理，通过个案改变。另一方面我自己觉得我对司法不太满意，比如知识产权行为保全的作用，中国式的行政保护以效率性为理由，维持其存在并且一再扩大行政执法权的基础，这一点我在北京知识产权法院一次会议的时候也讲过。当时很多人不同意我这个观点，觉得我对司法不够慎重，我是站在很高的高度来看待这个问题。

从立法的层面上来说，司法尽可能地去游说立法机关，将确权程序修改为准司法程序。不服专利复审委员会裁定的话，应该直接起诉北京市高院，作为民事案件来处理。我觉得商标可能没什么技术含量，这个跟专利不太一样，司法是完全可以作出独立的判断的，可能尽快地将事情的总裁权交给司法，这一点也是可以的。但是其他的谈出来的问题就太多了，目前来说恐怕还是要坚持知识产权是一个私权，实际上除非与公共利益有关系，在保护这一块没关系，这是最重要的一点。

上次在人大开会的时候，我是赞成在民法总则当中规定知识产权的种类的，哪怕大致地规定一下。这个意义在什么地方，无非是有一个宣誓作用，宣誓知识产权具有很大的教育意义，这个形势还是非常严峻的，如果是民法加这么一条，你就有理由了。我就讲这么多。

张玉敏： 李教授把重要的意见给我们大家分享了。我利用我的职权发表一下我的观点，给后面的发言做一个参考。我很赞成李教授关于新的司法详细的分类，现在我们的特色是行政机关执法，这点我很赞成，其他的任何一个国家都有，而我们行政执法有意见，也就是这个，并不是针对其他的海关、警察，这个大家也没意见。这个问题刚才李扬教授提出来了，有什么办法，要怎么努力，让司法能够直接对商标的授权、专利表态，作出有效的决定，而不是再去让人家做决定。

我上次谈过一个观点，我认为专利申请和商标注册申请实际上是一个民事法律责任，专利审查机关和商标审查机关的审批是这个历史法律行为的生效条件。多了我不说，是属于民事法律当中的单方的法律行为，如果我们能够承认这一点，当发生纠纷的时候，实际上法律行为有效还是无效，完全就是一个对民事行为的审查。在司法行为范围之内，这个行为不是一个行政行为，商标不是商标授予给它的，专利也不是专利授权给它的，你有权利你授权给别人。你商标有这个权能吗？你没有，是人家自己的申请符合法律规定的条件，而且明确地表达了我要取得权利的意思。这个意思在法律上要得到支持、承认，审查机关只是审查一下，这个要求和请求符合法律的条件吗？符合就批准。因为你取得一个商标权，你取得一个专利权，事关公共利益，不能自己想要就要，要经过一个机关的审查。如果把这一个问题在认识上能够得到承认的话，接下来这个问题发生纠纷应该是由法院来决定一点问题都没有。

张玉敏： 下面我们请杨静安来谈谈。

杨静安： 今天我是过来学习的，听了李教授还有张教授包括李扬老师精彩的演讲，应该说是比较有收获的，很受启发。我主要是从实务的角度谈一下我的心得。

今天李教授主要是从讲知识产权行政执法这一块，应该说以专利行政执法为背景讨论这个问题。关于这个问题一般会认为专利行政执法的内容，一个是专利纠纷这一块，行政裁决；第二是调解专利纠纷；第三个假冒专利行为。讨论这个问题的时候还可以把这个问题细化，具体的行为处理专利纠纷这一块是否涉及专利侵权，里面有很多技术判断的问题，应该说这个是非常专业性的东西，这个还是司法主导，其他程序来解决比较科学。针对这种查处假冒专利行为，应该说这种行政手段程序确实是相对建议的，而且灵活性更强，这种我们觉得还是行政的一个手段，应该发挥一个更加重要的作用。当然今天听了李教授谈了一下关于行政执法的一个发展方向的思路，强化专业的行政执法逐步淡化行政管理机关的直接执法，提到多头行政执法，增强行政执法的效率。我考虑当前的环境下，专利侵权现象十分严重的情况下，从实务的角度来讲，这些问题怎么解决，刚才提的思路，感觉这些事情要实施起来，应该说还是挺难的。但是现实的问题要解决，这个确实也在现实当中带有一些难题。

最后就是我们期待行政机关在知识产权的执法方面发挥应有的一个作用，这是我的一个浅显的理解。

张玉敏：下面有请嘉宾朱谢群。

朱谢群：我跟着李老师学过很多的东西，后来李老师搞知识产权战略的时候，我也是参与到其中，我做的纲要那一部分。可以印证一件事情，就是我们可以看到在搞战略纲要的时候，行政机关就提出来双轨制，提出了今天《国务院关于新形势下加快知识产权强国建设的若干意见》里头的两条途径并行的话，到了国务院层面拿下了。当时大家可以再回顾刚才李老师说的那段话。我们强调保护的时候，只说了司法的主导作用，后面讲到行政机关的时候是怎么提升管理作用，并没有特别地去强调执法功能。很多当时有话语权的人现在换了新一拨人。李老师今天讲的内容过去都好好学习了，今天听完了以后我觉得还是深受启发。

刚才张玉敏老师讲的一点也是非常重要的，张老师的文章还没有写出来的时候就讨论过的，商标权和专利权是机关授予的吗，我觉得张老师民法功底非常深厚，对知识产权的产生进行了解释，是非常有说服力的解释。从某种角度讲，不管到最后立法会不会修改，如果大家能够从这个角度去理解知识产权会好理解的多，学习至少可以让大家变得更简便，更揭示了知识产权的私权本质。

我很感激李扬教授，我们两个就这个问题也做过很多的讨论，他没有讲的我也可以补充一下。关于行政执法的问题，确实如李老师说的，讨论了很久了，我的很多的观点就是在不同的场合也都说过很多次，今天有这个机会我就继续地再重复一下，也融合进去一些李老师、张老师讲的新的理解。

我是非常坚定地反对行政管理机关直接执法的。大家注意到刚才李老师的演讲你们会发现，我们的行政执法是出现在特定历史时期，是在我们没有提出依法治国之前。李老师讲到了刀制和水治，如果有兴趣的朋友们可以再仔细地去研究，不管法制是什么，因为曾经有些行政机关的人给我讨论这个问题的时候说，凭什么要取消行政执法，法制又不是法院制。法制恰恰要强调法院制。我们讲另外一个问题，法制不管是法院制，法制还有一个基本的要求，就是尺度要统一。只有尺度统一了，人们的行动才能够有一个稳定的预期，人们才知道人的行为边界，靠尺度统一的裁决把这个法律要求变成一个个具体的个案的裁决，在统一的标准之下作出来的。

而我们国家目前的行政管理机关的直接执法，跟司法其实是两套体系，所以造成了尺度的严重不同。司法内部我们承认也存在尺度不统一的问题，但是大家要知道，司法之所以会成为法治的主要力量，就是建立了成熟的诉讼内部监督体系，不断地上诉还可以再审，有审判监督程序。所以司法的裁判标准是在逐步统一的，但是行政管理机关的执法行为体系内部没有这样完善的监督机制，他们又不接受司法机关的这样一些监督，我们讲有行政诉讼，其实行政诉讼时间很久。比如说专利复审委员会不变成行政机构的，我们只能在机构上制约它，为什么会有那么多的循环诉讼，所以有很多的所谓案件周期审理长，如果没有了复审这样的环节，我们的案件周期能缩短多少，是复审这样的行政程序不能变成司法程序导致的。

那么正是因为司法裁判的标准和行政裁判的标准不同，行政裁判的标准是非常有问题的，主要的一个原因是因为国家各个局对底下的执法不像司法机关和最高人民法院有一种指挥的能力，有一种统一的裁判标准能力，是没有的，只能任由大家各行其是。行政机关出了问题，也是当地机关出问题，不会有统一的体系垂直来解决，他们的执法标准不统一是必然的。这样的不统一会造成当时很多的钻空子，利用司法机关和行政机关的漏洞导致很多的不正当的竞争行为。

第二个行政执法我讲过其实是反市场，是不符合市场竞争要求的。行政执法手段是行政的处罚手段，罚款、没收机器设备，到了行政执法地方，只有两个字"破坏"，本来应该有市场配置的资源由此抽离了市场，就极大地干扰了市场配置相应资源的能力。本来这些资源留在市场里头，应该给原告还是给被告，还是留在市场里头等待着最有效的发挥效能的这么一个人出现，这是最合法的，现在行政机关的介入导致了资源极大地破坏和浪费，破坏了市场能够自动配置资源的效果。我们讲市场要起决定性的作用，但是行政永远跟市场是对立的，在这种情况下市场是否失灵，可以保证这样的资源在市场里继续向着最有价值的方向流动，市场本身的配置资源的机制仍然存在，所以没有失灵，政府要介入就有很大的问题。

第三个，刚才讲到了不管是双轨制也好，还是优势互补也好，我们可以一一来谈谈行政执法的所谓的优势。李老师介绍了一下，他们于20世纪80年代建立知识产权制度的时候，特别是专利管理机关，有一些优势。他们提的优势主要三个，第一个效率高，第二个成本低，第三个专业性强。成本低李老师揭开了背后的真相，是权利人的成本低，社会公众的成本更高了，本来我们纳税已经养了一批法官，这批官员是多余的，明明可以没有的。

张玉敏：本来这笔钱可以给我们大家办事的。

朱谢群：成本低是不存在的，第二个行政管理机关的执法为什么效率高，单方认定的程序可以破坏产品，当然效率高，我们每个人都很危险。

第三个说懂专业，尤其是专利机关最爱讲，当年可刚开始建立专利局量很少，在座都学法律的，80年代的人才构成远不是你们现在这个样子，那时候也没有司法考试，很多进入法院的人没有受过法律的训练的，所以那个时候相对法官来说，至少要技术上可能专利管理机关确实有优势，但是我觉得这个问题要分几个方面来看：第一个，到了现在技术上会比行政管理机关的人员更没有优势吗？现在的专利管理行政机关还是有技术官员担任的吗？是考公务员考进去的。他们有什么技术优势？第二个学机械的处理化学案件有技术优势吗？不一定。第三个在专利这样的所谓的技术性强的案件里，技术问题再大也是事实问题，一些手段解决的，但最后的法律问题不是懂技术的人能解决的，要有专业的法律人员解决，是恰恰他们在法律这方面的培训是有很大的缺陷的。

张玉敏：历史上最初的《专利法》并没有行政执法这一块，现在加进去的，最初是《商标法》，你把《专利法》翻出来，哪个地方的管理机关能干什么是没有的。

朱谢群：第2版的《专利法》有，可以裁定判定侵权。2001年取消了，1992年的那一版是有的，而且能够确定赔偿。

还算一个小小的进步，我们当时再不把法改了，就过了加入世界贸易组织规定的时间了，所以是非改不可。以前行政机关的权力是很大的，大家知道现在我们确权都是要经过法院的，那个时候不全是这样的，对了就对了，不对就不对，后来是有了TRIPS第41条。都是因为当时有巨大的压力才改过来的，其实很多人未必真的服气。

我想说所谓的行政执法效率高、成本低、懂专业的优势，曾经在历史上存在过，现在也成为过去式。他们讲优势互补，实际上是他们的优势。反过来他们认为司法的保护不公开、赔偿低、周期长。为什么赔偿低？很大的原因就是中国的专利那么值钱吗？现在除了华为有多少能进入全世界都成为必要专利，随便简单的垃圾专利动不动无效掉了，让人家赔几千万是不可能的，赔偿金还有其他的原因。从某种角度赔偿低不完全是坏事，我觉得对证据的要求是司法的生命线，司法突破了对证据的尊重，不讲证据完全由法官自己来判案，司法可能变得非常可怕。

文字校对：刘爽

整理说明：根据现场速记整理，已经过主讲人审阅。

第十四讲

情势变更的是与非
——以商标行政授权确权为背景

主　题：情势变更的是与非
　　　　——以商标行政授权确权为背景

主讲人：李　扬　中山大学法学院教授、博士生导师

主持人：易健雄　西南政法大学知识产权学院副教授、
　　　　　　　　知识产权研究中心副主任

与谈人：邓宏光　西南政法大学知识产权学院教授、博
　　　　　　　　士生导师

周清林　西南政法大学民商法学院副教授、硕士生导师

周　洪　超凡知识产权服务股份有限公司副总裁、超凡知识产权研究院理事

姚欢庆　中国人民大学副教授、中国知识产权法学研究会副秘书长

时　间：2016 年 11 月 26 日

地　点：西南政法大学致理楼民商法学院会议室 3019

易健雄：各位同学、各位老师、现场以及线上的朋友们，下午好！欢迎来到中国知识产权名家讲坛第十四讲，我是主持人易健雄。今天讲座的主题是"情势变更的是与非——以商标行政授权确权为背景"。本次主讲人是著名的李扬教授，大家欢迎！

李扬教授现任教于中山大学法学院，是中国知识产权法学研究会副秘书长，同时还是最高人民法院知识产权司法保护研究中心兼职研究员，曾多次在日本、芬兰、美国等地访学、工作。李老师极富才情与激情，除了在《法学研究》《中国法学》等刊物上发表过 100 多篇论文以外，还出版了诗集《献歌》，估计可能是知识产权学者里面最好的诗人。

围绕今天的讲座主题，以李扬教授为核心，还匹配了几位与谈人。一位是西南政法大学知识产权教授邓宏光老师。邓老师是中国知识产权名家讲坛创始人之一，也是"西南 IP"群的群主。另一位是西南政法大学民法教授周清林老师。周老师是西南政法大学公认的才子，对民法有很深入的研究，是《中国民法哲学》系列丛书的主编，同时也是"史上最牛民法版毕业典礼致辞"的作者。还有一位是超凡知识产权股份有限公司副总裁、超凡知识产权研究院理事、资深律师周洪先生。周总具有丰富的法律实践经验，承办过与今天主题相关的多期知识产权案件，对今天的主题有自己独到的理解与思考。此外，今天的讲座还有一个惊喜，就是中国人民大学的姚欢庆老师也作为与谈人来到现场。姚老师是中国人民大学教授，也是中国知识产权法学研究会副秘书长。在此对各位表示热烈的欢迎！

下面把时间交给李扬老师！

李扬：非常高兴有这个机会，就这个主题来与各位作交流。

一、问题的提出

在艾德文特软件有限公司与商标评审委员会行政裁决审判监督案、耐克国际有限公司与商标评审委员会行政裁决审判监督案中，最高人民法院适用情势变更原则，撤销了法院一审、二审判决，责令商标评审委员会重新作出决定，从而使与申请注册在相同或者类似商品上的已初审公告或者已注册商标相同或者近似的商标获得注册。最高人民法院在上述两个案件中，适用情势变更原则的理由是，二审期间引证商标被撤销，申请商标获得注册的障碍已经消失，不让申请人获得商标注册显示公平，也不符合商标权利是一种民事权利的属性，以及商标法保护商标权人利益的立法宗旨。

另据商标评审委员会 2016 年 9 月 20 日发布的《2015 年商标评审案件行政诉讼情况汇总分析》统计，2015 年，此类案件的专属管辖法院在 178 件一审商标行政授权确权诉讼案件中适用情势变更原则判决商标评审委员会败诉，较 2014 年的 66 件增长了 169.7%；在 101 件二审商标授权确权行政诉讼案件中适用情势变更原则判决商标评审委员会败诉，较 2014 年的 23 件增长了 339.1%。

由此可见，情势变更原则在商标授权确权行政诉讼案件中，已经有被此类案件专属管辖法院和最高人民法院越来越频繁适用的态势。具体适用的条件，则集中在 2014 年 10 月 14 日最高人民法院发布的《最高人民法院关于审理商标授权确权行政案件若干问题的规定（征求意见稿）》第 23 条之如下规定："商标评审委员会作出驳回商标注册申请，不予核准注册或予以无效的裁决后，人民法院审理商标授权确权行政案件的过程中，诉争商标不予注册或者宣告无效的事由不复存在的，人民法院可以情势变更为由判令撤销商标评审委员会相关裁决，并判定其根据变更后的事实重新作出裁决。"

对此，我认为，问题点在于此类案件应不应当适用情势变更，从而进一步追问：商标授权确权行政诉讼案件之中应不应当适用情势变更？我查阅了相关资料，基本持赞成的观点，没有提出进一步思考的相关文献，也就是说相反的观点几乎没有，大都认为最高人民法院案件判决合理。

二、情势变更的含义、源流和适用条件

梁慧星先生曾在 1980 年发表过一篇研究合同之中的情势变更的文章，先生在文章中谈到，合同发生法律效力之后，非因当事人过错而发生了情势变更，导致合同订立之时的基础不复存在，此时，如果继续履行合同将会造成显失公平的后果，因此应当允许当事人请求法院变更或者解除合同，以便消除情势变更之后产生的不公结果。王利明教授也基本持此观点。关于此观点，应该是毫无争议的。

然而，从法律史和比较法的角度来看，发生了不可归责于双方当事人的情势变更之后，合同能否变更或者解除？情势的变更要达到何种程度合同才可变更或者解除？各国做法是不一致的。

罗马法坚持合同必须得到严格履行的原则，不能因为情势变更而变更或者解除合同，信奉情势不可变更的信条或原则。

法国民法典第 1134 条继承罗马法，信奉契约至上的近代法治理念，因此原则上也不承认情势变更。一直到 1950 年法国最高法院仍然坚持适用法国民法典第 1134 条规定的精神，并明确指出法官无权确定或者认可一项提高的价值而使合同当事人得以不按照其订立的合同条款来履行义务。然而，法国学术界却主张在特定情况下，有必要承认情势变更。但承认的方式不是在立法中直接规定情势变更，而是容许法官在裁判个案时谨慎地、斟酌地适用情势变更。

1910 年的德国民法典规定了不安抗辩权，包括赠与人因经济情况恶化而请求返还赠与物，但是当时并没有关于情势变更的一般性规定。之后经过学术界的推动以及判例法的发展，才于 2002 年修改债法之时，将情势变更正式规定在第 313 条之中。

至于英美法，虽然没有大陆法系所谓的"情势变更"这一表达，但却有着与之实质相同的"合同受挫"，比如 1903 年的国王加冕典礼案。在该案中，被告租用原告的房间，打算观看爱德华七世加冕典礼之后的游行。但非常不巧，由于爱德华七世生病，游行不得不取消，被告没有欣赏到游行，因此拒付租金给原告。上诉法院经审理认为，爱德华七世加冕典礼后的游行是原告和被告订立合同之时的基础，而该基础由于爱德华七世患病丧失，因而原、被告之间的合同受挫，应当被解除，被告不应当交付租金。

国际立法上，《联合国国际货物销售合同公约》第 79 条规定，如果当事人能够证明不履行义务，是由于他不能控制的障碍造成的，而且没有理由预计订立合同之时能够考虑到，或者能够避免，或者能够克服该障碍或者该障碍造成的后果，则不负责任。同时，国际私法协会也在 1994 年制定的《国际商事通则》中规定了艰难情形（hardship）的概念，并在第 6.2 条和第 6.3 条对情势变更作出专门的规定。

而我国的情势变更则规定于《最高人民法院关于适用<中华人民共和国合同法>若干问题的解释（二）》（以下简称《合同法司法解释（二）》）第 26 条之中，具体规定为："合同成立以后客观情况发生了当事人在订立合同时无法预见的、非不可抗力造成的不属于商业风险的重大变化，继续履行合同对于一方当事人明显不公平或者不能实现合同目的，当事人请求人民法院变更或者解除合同的，人民法院应当根据公平原则，并结合案件的实际情况确定是否变更或者解除。"

基于上述的梳理及《合同法司法解释（二）》第 26 条之规定，我认为情势变更的适用应当符合以下六个严格的要件。

1. 情势变更发生在合同成立之后

情势是指合同的基础，或者说是法律行为的基础。如果合同成立之后，情势发生的变更足以动摇合同关系的基础，那么应当适用情势变更加以调整。某些民法学者将情势变更案件类型归为三大类：第一大类是对价关系障碍，具体包括因法律或者政策变化导致的对象关系障碍、因市场环境导致的对价关系障碍、因不可抗力导致的对价关系障碍；第二大类是合同目的障碍，具体包括因行政行为导致的合同目的障碍、因第三人原因导致的合同目的障碍；第三大类案件是共同动机的障碍，即作为合同基础的动机无法实现。

2. 当事人订立合同之时无法预见情势变更的发生

如果当事人订立合同之时已经预见客观情况的发生仍然选择订立合同，

或者履行合同时能够终止而不终止，那么当事人应当自行承担情势发生变更的风险，不得适用情势变更。这表明当事人对情势变更的发生不应当存在主观上的过错，情势变更本身属于一种客观现象。同时，情势变更的发生与当事人的客观行为也无关。如果当事人通过自己的行为，或者变相通过自己的行为，特别是竞争性的行为有意促成事实的变化，是不得适用情势变更的。

3. 情势变更不属于不可抗力

按照《合同法》和《民法》的相关规定，不可抗力是指不能预见、不能避免、不能克服的客观现象。其与情势变更的第一个区别在于，不可抗力属于法定的合同变更或解除事由，而情势变更属于酌定的合同变更或解除事由。第二个区别在于，不可抗力是基于当事人行使解除权解除合同；而情势变更则要求当事人向法院请求，由法院审理之后确定是否解除合同。第三个区别在于，法律对因不可抗力是否可以变更或解除合同这一问题未有明确规定，而《合同法司法解释（二）》第26条明确规定，因情势变更当事人可以请求法院基于公平的原则变更或解除合同。

4. 情势变更不属于商业风险

何谓商业风险，界限很难区分。商业风险是经济活动中存在的一种客观现象。商业主体有可能因此获利，也有可能因此遭受重大损失。造成商业风险的因素多种多样，比如物价的变化、市场的浮动、市场的兴衰、竞争的加剧等。最高人民法院主编的书曾对《合同法司法解释（二）》作过解读。按照该解读，以上所列因素既可能成为商业风险的原因，也可能成为情势变更的原因。以价格变化为例，买房时一平方米一万元，之后一平方米涨到一万五千元，此时就不能简单地将这种价格变化理解为情势变更，而应当分析价格变化的具体原因。只有当正常的价值规律的运行，因受到外力因素的强力破坏，发生不正常的价格巨变之时，才有可能考虑情势变更。比如买房时一平方米一万元，之后涨到一平方米十万元。

5. 继续履行合同对于一方当事人明显不公平或者不能实现合同目的

即使出现情势变更，但如果情势的变更尚未达到"继续履行合同对于一方当事人明显不公平或者不能实现合同目的"这一程度，也不可轻易适用。

6. 合同变更或者解除必须由当事人向法院请求，不能直接行使解除权

鉴于此，可以看出，即使在只涉及"点对点"、两方利益的合同法领域，

基于合同必须信守的民法理念，情势变更的适用条件也非常苛刻，法院适用的时候，也必须持一个非常慎重的态度。

三、商标授权确权行政诉讼案件中是否应当适用情势变更

经过反复的思考，本人倾向于商标授权确权行政诉讼案件中不应当适用情势变更的观点，大概有以下几个理由。

1. 情势变更的适用领域

我通过在知网上分别以"情势变更原则"和"情势变更"为关键词检索文章，发现检索出的全部文献有一个共同之处：均在合同法领域探讨情势变更，基本未见在行政诉讼法领域研究此问题的文献。也就是说，从目前所掌握的资料来看，情势变更基本上限于合同法领域的研究，只适用于解决合同变更或者解除的问题。据此，我认为，情势变更恐怕只适合于用来解决特定情况下合同的变更或者解除的问题。

而且，从《德国民法典》来看，该法典将情势变更规定在第 313 条，该条位于第二编"债务关系法"之下的第三章"基于合同而发生的债务关系"，既没有规定在第一编"总则"之中，也没有规定在第三编"物权法"、第四编"家族法"或者第五编"继承法"之中。同时，该条即使规定在第二编"债务关系法"当中，也仅仅限于"基于合同而发生的债务关系"这一章，在该编之下的第八章"各种债务关系"第 27 节"侵权行为"中均未作规定。众所周知，《德国民法典》在法典编纂技术与民法学发展这两方面作出的历史贡献极其巨大，而该法典只在第二编第三章"基于合同而发生的债务关系"规定情势变更，说明情势变更的使命仅仅在于解决继续履行合同对于一方当事人不公平或无法实现合同目的的问题。

那么，为何无论是我国还是德国，都基本上选择将情势变更置于合同法领域而非其他领域进行探讨？我认为，因为合同只涉及双方当事人的利益，因此如果依照变更了的情势变更或者解除合同，既可以避免继续履行合同给一方当事人造成显失公平或者合同目的不能实现的困境，实现个案的实质正义，又不至影响任何第三人的利益或者公共利益。而商标授权确权行政程序当中的法律关系，并不同于只涉及双方当事人利益的合同关系。

鉴于我国商标注册申请制度，申请注册的标识本身既要接受《商标法》

第 10 条、第 11 条和第 12 条的检验，还要根据《商标法》第 33 条和第 45 条的规定，接受在先权利人、利害关系人和任何人的挑战，同时不得违反《商标法》第 50 条等其他的规定。另外，不管从理论上还是从实务上，这里所提的在先权利人、利害关系人或者任何人既可能是特定的多数人，也可能是不特定的人。无论如何，数量上都不大可能限于某个特定的人。

因此，商标注册申请人与在先权利人、利害关系人或者任何人形成的是"点对多"的关系，而非"点对点"的关系。这种"点对多"的关系不仅可能表现为私人之间的利益关系，也有可能表现为私人利益与公共利益之间的关系，并不同于"点对点"的关系中所表现出的纯粹的私人之间的利益关系。基于此，如果不考虑合同领域与商标授权确权行政程序中利益关系的不同，而将只适用于"点对点"合同关系的情势变更，适用于商标授权确权行政诉讼案件中，并不妥当。

2. 情势变更与在先申请原则的关系

一是商标授权确权行政诉讼案件中适用情势变更，可能会冲击商标注册申请在先原则，对原商标权人造成不公。

立法者为了弥补注册主义制度缺陷，确保他人申请和使用商标的自由，规定了注册商标的撤销、无效宣告等制度。为了防止注册商标被撤销、被宣告无效等，作为维权和竞争手段，原注册商标权人完全有可能在其注册商标被撤销、被宣告无效或被注销之前，就相同或近似的商标在相同或类似的商品上重新提出注册申请，从而在申请日上占据优先地位。在这种情况下，如果适用情势变更，容许诉争商标申请人获得注册，就极有可能违背先申请原则，对原注册商标权人造成竞争上的不公平。

二是商标授权确权行政诉讼案件中适用情势变更，可能会冲击商标注册申请在先原则，对原注册商标权人以外的其他商标注册申请人造成不公。因为与对商标权人造成不公的假定相同，此处不再赘述。

3. 适用法律的逻辑性解释方法

在商标授权确权行政诉讼案件中适用情势变更，是对法律解释方法中的逻辑解释方法的不恰当运用。

解释法条应当按照逻辑性解释，也就是体系性的解释，不可孤立地看待每一个条文。按照这种体系性的解释方法，《商标法》第31条的先申请原则应当与《商标法》第50条结合起来进行解释。即当两个或者两个以上的注册商标申请人，就《商标法》第50条所规定的被撤销、被宣告无效或者期满不再续展的商标提出注册申请时，即使在先申请的一方，也要按照《商标法》第50条的规定，自撤销、宣告无效或者注销之日起一年内，不得获得核准注册。❶ 因为这些商标即使被撤销、被宣告无效、被注销，也依然残存着原商标权人的信用，仍然有可能导致相关公众的混淆。信用的消失是需要时间的，不会突然之间便消灭殆尽。

依此，即使诉争商标申请在先，也要遵照《商标法》第50条之规定。如果仅仅以情势变更为由，而不考虑该条规定，将会出现明显违反《商标法》第50条的诉争商标获得注册的现象，又因为商标上仍然有原先信用的残留，如此一来，极有可能造成相关公众的混淆。

4. 情势变更的适用要件

即使退一步讲，假设情势变更可以适用于商标授权确权行政诉讼案件之中，适用的要件也是无法成就的。

首先，从上述提到的《最高人民法院关于审理商标授权确权行政案件若干问题的规定（征求意见稿）》的第23条以及最高人民法院在上述两个案件(艾德文特软件有限公司与商标评审委员会行政裁决审判监督案、耐克国际有限公司与商标评审委员会行政裁决审判监督案) 中对情势变更的适用情况来看，构成商标授权确权行政诉讼案件中所谓的情势变更的情形包括：引证商标被宣告无效、引证商标被注销、引证商标被撤销、引证商标被驳回申请、引证商标被成功异议。但在我看来，这五种情形皆不符合情势变更的适用条件。

根据上述第二部分对情势变更适用要件的梳理，情势变更必须是当事人

---

❶ 《商标法》第31条规定："两个或者两个以上的商标注册申请人，在同一种商品或者类似商品上，以相同或者近似的商标申请注册的，初步审定并公告申请在先的商标；同一天申请的，初步审定并公告使用在先的商标，驳回其他人的申请，不予公告。"《商标法》第50条规定："注册商标被撤销、被宣告无效或者期满不再续展的，自撤销、宣告无效或者注销之日起一年内，商标局对与该商标相同或者近似的商标注册申请，不予核准。"

在作出某种法律行为之时无法预见的客观情况，与当时人的主观意志和客观行为无关，双方当事人对于情势变更的发生没有主观上的过错。但是，通过分析实际发生的案件发现，商标授权确权行政诉讼案件中的情势变更（上述五种），基本上是诉争商标申请人以竞争为目的，主动向引证商标权人出击的结果，尤其是主观过错方面。

以 airforce1 案为例，诉争商标申请人申请注册商标时，进行常规检索是其作为理性人的一般义务。该案中，如果诉争商标申请人履行了一般检索的义务，就会发现已经有相似商标注册在先。但诉争商标申请人选择在与注册商标权人类似的商品上申请注册相似的商标，显然是出于竞争的目的，很难排除他主观上的过错。因此，商标授权确权行政诉讼案件中的情势变更与上述第二部分所谈的情势变更是完全不符的，前者是诉争商标申请人出于竞争的目的，在主观上可能具有过错；而后者与当事人的主观意志和客观行为无关，是一种客观存在的现象。再比如，期满未续展的情况，尽管诉争商标申请人对此没有过错，但难以排除引证商标权人忽视自身商标权、未及时申请续展的过错。

所以，在商标授权确权行政程序中，将诉争商标申请人因有意追求商标竞争行为所引发的结果，或者是引证商标权人过失导致的结果，作为客观发生的情势，是对情势变更的误解。

其次，由上述论述可知，情势变更是用以确定合同双方当事人哪一方承担因情势变更带来的损失风险更为合理，也就是将风险分配给谁才能实现公平正义的客观情况。但是，商标授权确权行政诉讼案件依旧是行政诉讼案件，案件当事人双方为诉争商标申请人和商标评审委员会或商标局。无论诉讼结果如何，作为被告一方的商标评审委员会或者商标局都不存在承担损失风险的情况。因此，若法院将情势变更引入非合同领域，尤其是商标授权确权行政诉讼之中，将给人一种强烈的不和谐之感。

最后，诉争商标申请人不能获得商标注册的情形，属于正常的商业风险，不应适用情势变更。如上所述，申请商标注册时，标识本身不但要接受《商标法》第 10 条、第 11 条和第 12 条的检验，还要接受在先权利人、利害关系人以至公众任何人的挑战。而且当申请人申请注册的商标和他人已注册的商

标相同或者近似，指定使用的商品与他人的商品相同或者类似时，应该预料
到有可能无法获得注册的后果。《商标法》第 30 条规定："申请注册的商标，
凡不符合本法有关规定或者同他人在同一种商品或类似商品上已经注册的或
者初步审定的商标相同或者近似的，由商标局驳回申请，不予公告。"《商标
法》第 7 条规定："申请注册和使用商标，应当遵循诚实信用的原则。"以上
法条均表明，申请人申请商标注册时，应按照经济理性人的标准赋予其一般
社会义务，要求其进行商标检索，避免选择和已初审公布或注册商标相同或
近似的商标在相同或者类似商品上申请注册，否则，其应当承担无法获得注
册这种正常的商业风险。

需要强调的是，切莫将诉争商标申请人因其自身的过错而无法获得注册
的情形，视为其承担了非实质正义的结果。恰恰因为预留了引证商标申请人
的申请日，令诉争商标申请人无法获得注册，才使实质正义得到声张、得到
实现。

5. 行政案卷排他性规则

商标授权确权行政诉讼案件中适用情势变更，违背了行政诉讼法当中的
行政案卷排他性规则。所谓行政案卷排他性规则，按照王名扬先生的观点，
是指行政机关的行政决定只能以案卷作为根据，不能在案卷以外，以当事人
不支持为论证的证据和文件作为依据。确定行政案卷排他性规则的国家，要
求法院审理行政诉讼案件时仅审查具体行政行为的合法性。评判具体行政行
为是否合法要以具体行政行为作出之时已经发生的案件事实为依据，而不能
以具体行政行为作出之后新发生的事实为依据。

但是，第一部分所述的两个案件中，最高人民法院以二审期间引证商标
被撤销，申请商标获得注册的障碍已经消失，不让申请人获得商标注册显示
公平为由适用了情势变更。也就是说，最高人民法院是以商标评审委员会作
出具体行政行为之后发生的新事实作为评判标准，显然违反了行政案卷排他
性规则。当然，有人提出，《行政诉讼法》规定了可以补充新的证据，但是所
谓新的证据，也必须是具体行政行为作出之时已经发生的。因此，如果在商
标授权确权行政诉讼案件之中适用情势变更，将会违背行政诉讼法当中的行
政案卷排他性规则。

6. 适用情势变更可能否定其诞生初衷：公平原则和诚信原则

适用情势变更可能否定其最先诞生的初衷，背离公平原则和诚信原则。按照民法学者的观点，设计情势变更制度的初衷是解决实现公平原则、诚信原则的问题。但是，在商标授权确权行政诉讼案件中，诉争商标申请人基本上是以竞争为目的，且其本身可能存在主观上的过错，一旦通过情势变更的适用对其进行鼓励、提倡，将有可能导致抢注等违背诚实信用原则的行为日益增多。因此，在商标授权确权行政诉讼案件中适用情势变更，将会严重背离其诞生的初衷，偏离公平原则和诚信原则的轨道。

7. 最高人民法院的角色定位

最高人民法院的初衷是通过适用情势变更，实质性地解决案件，它对此也是认可的。但是，通过审判监督这样一种方式审理案件，会给最高人民法院造成负担。如果不作出一个示范的方式来掐断法院在商标授权确权行政诉讼案件中对情势变更的适用，申请再审的案件将会越来越多，最终超出最高人民法院可承受的工作范围和力度。

所以，我的结论：不倾向于在这样的案件中适用或者考虑情势变更。谢谢大家！

易健雄：感谢李扬教授。李扬教授的观点很明确，论据很清晰，但论证是否站得住脚，就看下面与谈人的评判了。

邓宏光：谢谢李扬教授。李扬教授很有激情，而且选了一个有挑战性、能够引发思考的话题一起讨论，这是非常好的。但也正因为给了大家思考，每个人思考的角度不同，所以，可能同样的素材得出的结论是不同的。我谈一下我的几点感受。

第一，李扬教授谈整个问题的时候，大的立论点有所欠缺，缺在"得形忘意"。在李扬教授眼中看来，情势变更只能适用于合同法，因为他查了3000多篇文章没有一篇文章讨论合同法之外的情形，由此得出这样的结论。合同法之所以要适用情势变更，就在于调整合同订立之后履行之中可能出现的不公平的状况，似乎陷于这里面了。如果进一步把视野放开一点，所有法律制度很可能源于一个法律制度、一个部门，这是要以动态的眼光、以全面的眼光看待新生事物。就像诚信原则，起源于合同法，但很快就被所有部门法所认可。情势变更作为我们调整合同在运行过程中的一种规则，背后所体现的理念是公平公正。因为合同在订立之后，由于合同基础丧失，当事人如果继续履行合同将会显失公平或无法实现合同目的。这时，为了公平公正应该作出矫正，这是分配正义或者矫正正义在我们这里面的体现。

与此同时，在其他内容里面，包括商标授权确权里面是不是也会出现类似的情况，即行政机关作出具体行政行为之时，情势还未出现，但是在后续的诉讼过程中情势出现，我们是不是只看待当时的情况，而不根据动态、客观的情况，寻求一个更公平、更客观、更公正的结果。答案显然是我们需要公平公正。因此，我们讨论情势变更，应该追根溯源，回到原点，以法律追求的公平公正作为基础。我认为，情势变更可以用，但是要少量适用、谨慎适用、个别性地适用。

第二，我们讨论问题绝对不能刻舟求剑，因为一个法律制度，在合同法领域要发展，在其他领域势必也要发展。因此，我们讨论的时候，不能仅仅只看合同法领域适用情势变更时的要件，我们应该回到商标授权确权行政程序的背景之下，讨论适用情势变更是不是公平合理，这是避免刻舟求剑的第一个建议。第二个建议是在具体个案行政授权确权过程中，也要根据社会的发展作出一个动态的平衡。因此，我们不能仅仅考虑行政案卷排他性规则，考虑法院审理行政诉讼案件只能以行政机关作出具体行政行为之时的事实为依据，我们应当回到诉讼解决纠纷的目的，通过程序上的公正，最终达到实体上的公正。因此，从公正的角度来看，如果须终局性、公平地解决问题，不能刻舟求剑，应该随着时代的发展不断发展。

第三，逻辑上有些地方还可以更紧密一点。李扬教授提到，商标授权确权行政诉讼案件中适用情势变更，可能会冲击在先申请原则。是否冲击在先申请原则的核心在于怎样界定在先申请，在李扬教授看来，分两种情况，一种是引证商标人自己的在先申请；另一种是案外第三人的在先申请。但是，所谓的在先申请，只有一个标准，即谁先申请，谁就是，不会只考虑引证人或者案外人，争议人也是不特定的人，也是公共利益，因此，他的申请显然也属于在先申请的一个方面。

易健雄：下面有请姚欢庆老师。

姚欢庆：关于这个问题，我个人认为，一是情势变更适用领域行政法上到底有没有适用空间；二是从法解释学或者法教义学角度来讲，还是要探讨行政法上适用情势变更，到底可行不可行。首先，商评委作出的行政行为是合法的。在这种情况下，因为事实基础的变化，法院能不能作出撤销原来行政行为的裁决。也就是说，合法的行政行为，因为事实基础的变化，到底可不可以撤销。

我个人认为，从行政法的变化角度来看还是有可能成立的。1989 年的《行政诉讼法》和 2015 年的《行政诉讼法》中间是有变化的，变化里面涉及对撤销的可能性，其中，1989 年的《行政诉讼法》规定，行政行为不合法才会撤销，而 2015 年的《行政诉讼法》规定，"明显不当"也是撤销行政行为的理由，这时就没有强调一定要行政行为不合法，而是可能包括了事实基础发生变化导致权利义务显失公平的情况。这一点，从法院的情况来看，在以往的诉讼中也出现过，由于事实基础发生了巨大的变化，而要求撤销行政行为，重新作出处理。所以，从这个角度来讲，首先大前提是有可能的，即行政行为合法，但是撤销行政判决的可能性存在。

然后，再回到商标案件里情势变更的适用，我比较同意邓宏光教授的意见，我们不能严格地套取情势变更本身的定义要件，而应当考虑最高人民法院假如不是援引情势变更，而是援引其他名词，比如说公平原则、明显不当的理由、诚实信用原则，是不是就可以解决这个问题，不用再讨论这个话题，把整个大前提都架空了。所以，阐述这个问题的时候，我们需要更多的理由、更多实质性的理由来决定到底要不要在这样的行为中作出判断。

这一点上，我更同意这里面要区分情况。就是说，在行政决定已经生效的情况下，还在再审里面以事实基础发生变化为理由，对行政决定进行推翻，这是有很大问题的。这又回到了李扬教授的第七个理由，最高人民法院的角色定位。但是，如果行政决定本身还没有生效，整个情势还在发展之中，这样的纠正机制是能够发挥作用的，应当允许基于后面的事实基础，对这样的行政决定重新作出决定的判决。这对双方当事人，对整个社会来说都是有价值的，在这种情况下作这样的处理，可能是一个很好的意见。

第三个问题我还没有想好，商标法权益关系中，到底应当作怎样的利益平衡，在先申请原则到底怎么看待，公共利益到底怎么看待，它们与情势变更之间是不是失衡了或者没有失衡。就是说，是不是适用了情势变更，就会导致社会公共利益或者其他人利益显著失衡，还是说适用了情势变更可能更好地保证了社会正当性。刚才李扬教授提到，情势变更只能适用于合同相对人，但要考虑到，将来有可能通过"稻草人"的方式来提"撤三"的问题，而不是自己来提"撤三"。因为我是刚刚接触这个话题，还没有想好，只能说是抛出问题，希望和大家一起交流。

易健雄：姚欢庆老师令我印象最深的是，认为情势变更的要件不能机械适用，要考虑行政机关和司法机关的权威性对接问题，还有情势变更之中利益如何平衡的问题。下面我们把时间给周洪先生。

周洪：听了两位教授的发言，很多方面我感同身受。第一方面，借着姚老师的话，我们在这里面是不是一定要用"情势变更"这个名词去纠结，可不可以换一个名词，这样这个话题也就不存在了。

第二方面，我之前也专门查了《商标法》第36条的规定，商标局和商标评审委员会作出的裁定不是即时生效的，一旦提起诉讼，它要等到人民法院判决后才能生效。而《行政诉讼法》第56条规定，诉讼期间不停止行政行为的执行，它和《商标法》的规定明显有区别。我们既然是在法院阶段，虽然名义上是行政诉讼行为，但实际上解决的是民事权利。在这个过程中，如果真的出现明显的事态变化，我们希望有纠错的机制来解决这个问题，没必要等它错上加错，一直错下去。

在这个过程当中，我们可以对标一个事，股东登记设立的时候，伪造了其他股东的签字，工商局登记之时没有办法鉴定。之后到法院阶段，进行司法鉴定，鉴定出签字是伪造的。根据行政案卷排他性规则，工商局没有错，但实际上有问题，这时就可以适用无过错败诉对登记行为予以撤销，而不能再错下去。我经历的一些案件，很多都是认定了要商标评审委员会或一审法院改判，但也明确提到，它们当时裁定或判决的时候并没有明显过错，只是因为情势变更导致，考虑到公平公正的立场，需要对案件的结果进行重新裁定。而且，诉讼费由原告承担。这是可以参考的。

目前为止，为什么会出现大量的情势变更情况。因为中国商标申请基数太大，而中国汉字只有 8 万个，其中，常用的只有三四千个。由此，申请注册的商标中肯定会有大量的驳回，还有些商标并没有真正使用，我们没有必要保护没有使用的商标。我国《商标法》规定，如果注册商标无正当理由连续三年不使用，可以申请撤销。这说明我国不鼓励占用社会资源，这种"闲置"的在先权利没有必要保护。而且，从目前来看，法院在商标授权确权领域适用情势变更可能还没有出现过对社会公平秩序有影响的情况；恰恰相反，从最终结果来说，对公平正义、诚实信用的经营者带来了相当大的好处。

当然，李扬教授说得同样有道理，商标持有人为何不事先自己查询。但要考虑到，企业中一半是律师，一半是商人，他们要考虑商业问题，进行的是多类别的同时布局。李扬教授说得有道理，我是赞同的，但我说得也有道理，最终我们要寻找一个平衡，回到邓教授所说的立法的本源，要鼓励正当、公平的商业行为。所以，从这个角度来讲，商标行政授权确权过程中，可以适用情势变更，没有任何问题。

易健雄：谢谢周洪先生。从周总身上我看到了强烈的实务精神。以上是我们知识产权界的教授、实务人士的观点，下面我们听听民法界代表周清林老师是怎么看待这个问题的。

周清林：首先，我很赞同李老师的观点。同时，最高人民法院的这个案件，我觉得问题出在程序上，而不是实体上。最高人民法院根本就不应该接受再审，它不符合申请再审的条件。

第一，我们来看最高人民法院的两个观点：（1）商标评审委员会在一审、二审时均没错；（2）本案还在诉讼程序中，没有完结。这实际上是整个判决最重要的一点。法院认为诉讼程序还没有完结，既然还未完结，事实基础已经发生改变，权利障碍已经消除，基于此，如果再认定原来的裁决生效，实质上已经不可能。所以，法院要求商标评审委员会重新作出行政行为。但是，最高人民法院忽略了最重要的逻辑问题：它符不符合申请再审的条件，如果诉讼程序已经终结，后面问题也就免谈。所以，最高人民法院的逻辑是建立在已经符合再审条件的基础之上的。

那么，我们来看一看它符不符合再审的条件。实际上，最高人民法院的判决书做得很不好。第一，它将诉讼争议焦点集中于实体上而非程序上，而实际上商标评审委员会和赖特公司都对申请再审进行了交锋。赖特公司认为，基于以下两点原因，最高人民法院应当接受申请要求：一是赖特公司已经使用了该商标，不会造成混淆，且他人未使用。这个观点被否定了，很明显是不成立的；二是在先权利障碍已经消失。当然，商标评审委员会认为已经过了两年的反驳很明显没有道理，它未过两年。无论怎么样，商标评审委员会和赖特公司就关于是否申请再审的问题已经出现了争议，但最高人民法院未对此争议予以回应，这显然脱离了问题的实质。

我们再来看旧《行政诉讼法》第63条第2款的规定，上级法院对下级法院已经发生法律效力的判决，违反法律、法规规定的有权进行再审。关于什么是"违反法律、法规规定"，《最高人民法院关于执行〈中华人民共和国行政诉讼法〉若干问题的解释》第72条规定了四点：事实主要证据不足；适用法律错误；违反法定程序，可能导致案件不公平；其他违反法律法规情形。很明显，无论是商标局、商标评审委员会，还是法院一审、二审，都未出现违反法律和行政法规的情形。对此，最高人民法院也是认可的。所以，最高人民法院正确的做法不是接受这个案件，而是应该驳回再审的申请请求。从这个角度来讲，最高人民法院的问题出在程序上，而非实体上。由此，我既同意李扬教授的观点，也不同意李扬教授的观点。通过这个案件讨论情势变更没有意义，因为这不属于情势变更的问题。

第二，能不能在判决中得出这里有情势变更的适用？我觉得，我们都在过度解释。判决书上从未提及适用情势变更，只是说客观情势发生了变化，现在要撤销这样的一些行政行为和裁判，并未出现"情势变更"的字句，而是使用了"客观情势发生变化"这样的表达。

第三，就情势变更原则而言，我觉得法教义学在我国可能还需要更加重视一点。情势变更是履行体系里面的一个小规则，为何它是诚实信用原则的一个体现？这是因为当事人订立合同时，难以将所有情况都写入合同，但当出现了他们以之为当然的客观情势发生变化时，双方就可以将情势变更作为利益的一个平衡。情势变更所追求的公正，仍然需要回到当事人意思上认定。也就是说，这一点实际上是当事人考虑到的，以之作为前提，只是没有放在合同里约定。所以，公平仍然需要考虑当事人的意思，应当从这个角度去认定正义的标准。

另外，对于情势变更，要受到已经生效行为的约束。当行为对个人约束而产生不公平时，由于个人没有能力改变，只能求助于公权力。很明显，对此案而言，首先这个行为已经没有约束力，因为它已经连续三年无正当理由没有使用，已经被撤销了。所以，个人不需要再求助公权力将约束力解除掉，或者改变约束力中对个人不公平的部分，也就没有情势变更适用的余地。而且，《合同法司法解释（二）》出台后，对于如何适用情势变更，最高人民法院有专门发文。对待情势变更原则，基本上相当于死刑制度，即只允许个案中适用，如果一定要适用，还需高院进行核准。

易健雄： 我们感受到了不同于知识产权界的声音，它的第一刀很厉害，也是我们往往遗忘的问题，对于最高人民法院的程序问题，周清林教授认为两方都有过度解释的嫌疑，当然他的内容不仅仅是这些。下面我们把时间再交回给李扬教授作统一回应。

李扬： 感谢各位专家给了我很多启发。首先是姚欢庆教授谈到的合法的行政行为，能不能由于事实的变化被撤销的问题，这可能也是非常重要的一个问题。

第二个是周洪先生谈及的比较好的商标，选择范围有限，导致商标注册申请人难有选择余地，或者选择起来特别艰难，这也是客观事实。确实，比较好的商标，组合是比较有限的，这客观上是存在的。但是，会不会因此导致后面我们要谈的某些案件中的当事人以情势变更为由申请再审？从这些案件中看，最重要的申请再审的理由即是情势变更。从这个角度来看，除了要看到程序问题，实质问题也非常重要，不容回避。而且，实务界内部也很清楚，判决书要表达的就是适用情势变更的意思，包括北京高院、北京一中院也用了所谓的情势变更，意思非常明确，不仅是字面意思的问题，其实质便是如此。所以，这个问题不是一个假问题，而应当是特别值得讨论的问题。

另外，我特别同意周教授刚才谈及的一个观点，即在什么情况下要借助于情势变更，求助于公权力，来改变自己无力改变的不公平状态。我们知道，适用情势变更很重要的一点是保留商标注册申请人的在先申请日，比如二审判决已生效，商标评审委员会裁定也已经生效，此时就该商标而言，任何人都可以申请注册。这种情况下，如果通过适用情势变更相当于保留了系争商标申请人的权利。如果假设有第三人提出注册申请，并且申请在先，那为何不给予第三人权利？其实，在这样的案件里大家有一个预设前提，认为系争商标注册人就应当获得注册，而这个前提本身就值得研究。

回应一下邓宏光教授，他谈及了几个大的问题。邓宏光教授认为我将情势变更只限定于合同法领域不合适。事实上，从我掌握的资料来看，仅在合同法中考虑情势变更适用的情况，否则就要有足够的法学理论支持。

就抽象正义而言，案件中最高人民法院适用情势变更的做法往往可能违背程序正义，即可能本来不用再审理的仍继续进行，这是最大的问题。抽象的正义，不考虑程序正义的做法是非常危险的。如果个案中要进行利益平衡，那么一定要通过很好的解释问题的方式，找到法律依据。

至于会不会冲击在先申请的原则，现在很难下结论，但未来不排除这种情况的发生。情势变更在合同法里适用得如此谨慎，如今要超越合同法领域，在行政诉讼中大规模适用，其法理基础何在？用抽象的正义或者实质的正义是很难说服我的。况且，申请人申请的时候也有过错，他没有作基本的检索，尽到合理的理性人的义务。实际上，现实中商标的"恶霸"行为非常厉害，过分不尊重注册制度的行为非常多。如果从整体上考虑，对现行的制度，如在先申请制度，要有一定的敬畏之心，在实在没有办法解决的时候，再交由立法解决。

易健雄：谢谢李扬教授。李扬教授在第一轮回应时，经过前面的主讲讨论，大家应该也能感受到情势变更是与非的问题，实际上就是实质正义和程序正义关系的问题。另外，邓宏光教授和李扬教授之间的差别在于，邓宏光教授认为原来合同领域的情势变更，出于实质性的需要不能局限于此；而李扬教授认为要对现行制度有所敬畏，否则会出现以实质正义践踏法治的现象。另外，李扬教授提到，情势变更如果适用了会有一个忧虑，会让争议人有一个保留申请的优势，而周总认为必须给他这个优势。我们把这个问题交给周总回应。

周洪：这个问题我先举个例子。2009 年我们为 UC 浏览器代理申请商标，由于北京一家公司在很早之前也申请了 UC 商标，所以我们的申请被驳回了。于是我们马上提出北京那家公司的商标连续三年未使用，请求撤销。在这里，为什么 UC 明知道在此之前有相同的英文字母却还去申请该商标？因为没有办法，由于它不是一个类别，所以不可能 45 个类别统统没有障碍。结果，2013 年驳回复审没有成功，因为两个商标商品、服务类似甚至相同，商标也近似甚至相同。2015 年北京知识产权法院仍判决不能核准该商标。终于，2016 年二审的时候，北京那家公司的商标被撤销，我们胜诉，才将核心类别保护下来。这里，如果不适用情势变更，UC 浏览器一方还是会败诉，它需要再去申请商标，而且北京那家公司也在 2009 年我们申请之后申请了商标。如果北京那家公司的商标有较高的知名度且申请了 UC 商标，法院不会判决将北京那家公司的商标撤销掉。那么，UC 就要另找方法。

至于究竟应该保护哪一方的利益，最高人民法院在《最高人民法院关于审理商标授权确权行政案件若干问题的规定（征求意见稿）》中对情势变更的规定，我认为，实质上并没有颠覆立法本性，恰恰是按照立法的本意在向前推进。尽管程序上可能出现了一些矛盾，但在实质上是没有问题的。对于此案，可能在程序上违反相关规范，但是实际上确有为我们整个法院系统带来益处。

李扬：刚才周总反复强调，由于商标注册申请人在很多情况下已经开始使用商标，所以这些申请人就把已经注册的，但是有可能连续三年没有使用的商标申请撤销，然后自己进行注册，在这种情况下可以适用情势变更。但考虑到现行《商标法》的规定，申请人其实并不一定要获得商标注册，才可以受到法律保护。比如《商标法》第 59 条规定的在先使用抗辩，对于商标的使用，如果达到一定知名度，可以在原有范围内继续用。从这个角度讲，不一定需要通过违背程序正义的方式获得商标注册。

姚欢庆：对于情势变更到底适用不适用的问题，我非常同意从法教义学的层面上探讨。在行政诉讼里面，是否有情势变更适用的可能性，这实质上是一个名词的问题。对这样的问题，应该在理论建构上考虑行政行为合法，事实发生变化时，应当怎么办？从《行政诉讼法》规定的变化来看，有可能能够纳入到《行政诉讼法》第 70 条第 6 项里来考量。

现实生活中确实出现了太多的问题，比如在中国专门有一群人通过商标异议进行敲诈勒索以获取不正当利益，由于我国有这样的现状，立法就应当作相应的修改。同样，在实践中，申请人知道他人的商标肯定能以无正当理由连续三年不使用而撤销成功，但如果申请人不注册，仅仅申请撤销，那么就会有其他人早早申请注册该商标。所以，在实务中，很多人同时申请商标注册并通过连续三年不使用撤销制度申请撤销他人商标，这是一个客观存在的现象。如果法律不对这样的事实作出回应，仅仅简单地作出处理，是存在问题的。对于该问题，我们要在实然的层面上探讨未来应该怎么走，也要在应然的层面上探讨未来应该怎么走，而我可能更多地是在应然的层面探讨这个问题。

邓宏光：第一，我认为分析问题的时候，应当一个问题一个问题地讨论，不能纠缠在一起。比如讨论情势变更原则能不能适用时，要分开讨论，在一审、二审过程里能不能适用情势变更和二审结束后最高人民法院能不能适用情势变更，这是两个不同的阶段，要分开来讨论。因此，如果在讨论的时候，将最高人民法院能不能适用情势变更套过来讨论情势变更能不能适用的问题，可能并不合适。

至于一审、二审过程中，有没有适用情势变更的空间，因为李扬教授一直强调在行政诉讼里面没有，但实际上是有的。2009年《最高人民法院关于当前形势下做好行政审判工作的若干意见》里专门提到，要考虑到因金融危机导致的情势变更因素，充分考虑特别时期行政权的运行特点，妥善处理好国家利益、社会利益、人民利益各种利益关系。因此，行政诉讼里是存在情势变更的。

第二，李扬教授提到解释适用法律时的逻辑性解释方法，似乎很难破解。但是在李扬教授逻辑性解释里面，用《商标法》第30条和第50条两个条文对照起来存在一些问题，建议李扬教授还要考虑《商标法》第47条。如果说商标无效，自始无效，那么还要考虑一年的期限吗？这说明，法律条文之间本来就有一些缝隙，体系解释里面，不仅仅要考虑这两个条文，还要对多个条文进行解释。

逻辑性解释方法里还存在第二个问题，即行政机关在作出是否给予商标注册的决定时，考虑的是当时的情况。在合同法中，双方当事人所订立合同的目的落空时，可以解除合同。在商标授权确权案件中，障碍已经不存在，按照合同法来说，即原来订立合同的目的已经落空，可以解除合同。对应过来，行政诉讼里面障碍已经解除，举重以明轻，显然也可以适用情势变更。

周清林：我基本上明白了大家的意思，它真正的实际意义只有一个，即通过适用情势变更原则撤销商标评审委员会的行政行为之后，认定在先申请日。然而，为什么一定要通过违背程序的方式如此高成本达到这一点？难道《商标法》不能在实体法上构建制度，认定在先申请日？

当然，2015年的《行政诉讼法》增加了"明显不当目的"的考虑，但这些案件中适用情势变更的行为明显是通过违背程序的方式达到目的，这就相当于知识产权法学界为行政诉讼法学界构建一个制度，让其接受情势变更原则的适用，这让行政诉讼法学界情何以堪。

易健雄：因为时间原因，我简单地作个总结，不一定准确，但这是对我有冲击效果的。对于周清林教授的观点，以高昂程序成本代价实现实质正义，可能是不可取的行为，我是高度赞同的。实务界往往有这个思路，为了解决问题，按照便捷的方式来，有一种"将在外，君命有所不受"的感觉，但是如果有其他可以不违背程序的方法，应该采用其他方法。这也是李扬教授所说的要对制度有所敬畏，制度一是用来遵守的，二是可以用来打破的，但是，三不是随意用来打破的。所以，对于周清林老师的观点我很赞同。

第一，邓宏光教授谈到审判要分阶段，这个观点我也高度赞同，程序问题可能把最高人民法院排除在外，但不妨碍下级的讨论。第二，邓宏光教授讲到行政诉讼中也有情势变更的问题，提了2009年的文件，其实那个文件是一个司法政策文件，不是司法解释文件。司法政策和司法解释有很大的距离，所以，宏光教授讲的行政诉讼领域是否存在情势变更，至少到今天来说还是存疑的。第三，逻辑性解释的问题，邓教授认为应该多看几个条文，这个思路我也完全赞同。研究法律，不单单是读字面意思，而且要能够协调各法条之间的关系。梁慧星老师也提出标准，只有从体系上协调各个法条的关系进行解释的时候，才算是对法解释学入门。虽然这并不很高深，但确实有难度。

另外，对于周总和李扬教授谈论的问题，我感觉三位嘉宾周总、姚欢庆老师、宏光教授讲这个问题的时候都是站在自己利益的角度，很多时候是代表当事人的利益。我想，李扬老师是不同意的，他是站在法官的角度，代表公共利益。对于这个观点，我更倾向于李扬教授的观点。当然，几位嘉宾回应时肯定会举出一大堆实务的麻烦，最后连接到周清林教授所说的如何实现的问题。如果以这样的理由能够超越现行制度的规定，可能是很大的问题。所以，我们要从长计议，必要的时候，不但从法律角度解释，还要从立法解释上考虑，或者作一个立法改革，怎么采取一个不要付出这高程序代价的方式来实现。

此外，我还注意到，今天下午讨论的时候，只讲了一个问题。情势变更是指之前有某一基础，但在履行后期阶段情况发生了变化，这里的情况变化分为两种，一是先不可后可的情况，二是先可后不可的情况，后者没有重点讨论，如果要作情势变更专题化研究的话，后者也是必须考虑的。对于先可而后不可的情况，中国知识产权名家讲坛第七讲曾经讨论过，孔祥俊教授讲述微信案时曾讲过这个情况，开始可以后来不可以，他也提到在此处要适用情势变更。之前"微信"作为一个标识可以区别，可以申请，但后来在审查判断阶段现实情况已经发生变化，那么，判断基础是以申请日为准还是以审查日为准。事实上，这个问题和李扬教授讲的在先申请人是有联系的，即以何时的事实为准。如果持务实的观点，可能是后者，就是周总、姚老师的观点；如果从敬畏规则来讲，或者全局性考虑整个商标的规则价值，有可能是另外一种结论。

当然，这里并没有标准答案，只是看能达到一个什么程度的共识。下面我们留一点时间看同学们和律师有没有要提问的？

提问 1：请问，情势变更导致显失公平，那么，情势变更是不是显失公平的一种情况？能否纳入到显失公平当中？显失公平能否涵盖情势变更？假如涵盖它的话，讨论这个话题的意义何在？如果把情势变更纳入到显失公平当中，这个话题我觉得没有什么意义了。

周清林：这个问题其实很简单，情势变更可能会导致显失公平，但是如果从法教义学角度来讲，其和显示公平是两个完全不同的制度。因为发生的原因是不同的，情势变更导致显失公平是因为情势发生变化，但显失公平是因为一方利用自己的优势地位或者对方没有经验。

姚欢庆：补充一点，我们所讲的显失公平，一定是在订立合同时显失公平的，但是情势变更一定发生在订立合同之后，合同履行之中，时间节点上分别作了区分，所以肯定要分别解决，不能放在一起。

提问 2：今天这个话题是否能考虑一下优先权，我们一直在讲申请日，但能否在优先权的框架下解决这个问题？优先权有一个目的就是保留申请日，能否从立法的角度扩一下优先权来保护申请日？

易健雄：这不是个问题，是一个建议，用优先权的方向解决一下这个问题。

邓宏光：在《商标法》里面，优先权有特定的含义，与本次讲座要解决的问题，两者之间差别比较大。这里讨论的，是在前注册成功的商标，因为三年不使用被撤销，申请人的申请日是否保留。如果被撤销后有他人申请该商标，在前申请人的申请日能否保留以便与在后申请该商标的他人竞争。你提及的思路与在这里讨论的矛盾，两者之间解决的不是一个问题。

姚欢庆：在时间跨度上，商标的优先权一般为 6 个月，而此处讨论中出现的情况，时间跨度经常长达三五年，甚至 10 年以上。所以，通过优先权制度，稳定性没有办法得到保障。

易健雄：不管怎么说，这也是一个思路，甚至可以考虑对优先权进行制度改造，出现问题的时候，往往需要提出多种思路，研究哪一种可行。时间关系，我们今天的讲坛到此结束，感谢各位！

文字校对：张欣

整理说明：根据录音及现场速记整理而成，未经主讲人审阅。

审校说明：李扬教授关于该问题的观点以其发表于《法商研究》2017 年第 5 期的论文《论商标授权确权行政案件中情势变更原则的不可适用性》为准。

第十五讲

知识产权与创新型经济结构
——挑战与机遇

主　题：知识产权与创新型经济结构
　　　　——挑战与机遇

主讲人：袁　杰　中共重庆市委科技工委委员，重庆市
　　　　　　　　　科学技术委员会副主任，重庆市知识
　　　　　　　　　产权局党组书记、局长，重庆理工大
　　　　　　　　　学兼职教授

主持人：张玉敏　西南政法大学知识产权学院名誉院长、
　　　　　　　　　教授、博士生导师

嘉　宾：李雨峰　中国知识产权法学研究会副会长、西
　　　　　　　　南政法大学教授、博士生导师
　　　　　邓宏光　西南政法大学教授、博士生导师
　　　　　姜丹明　超凡知识产权研究院院长、国家知识
　　　　　　　　产权局条法司原副司长

时　间：2016 年 12 月 29 日

地　点：西南政法大学渝北校区毓才楼三楼报告厅

张玉敏：今天我们非常荣幸邀请到了重庆市知识产权局袁杰局长来作报告。近几年重庆市知识产权工作在袁杰局长的带领下有了积极的发展，取得了很好的成绩。袁杰局长尽管长期从事行政管理工作，却有着强烈的学术情结和学者风范。袁杰局长在组织实务工作的同时还对知识产权理论进行了深入的研究和思考。今天就让大家来分享袁杰局长的心得。下面让我们以热烈的掌声欢迎袁杰局长给大家作报告！（掌声）

袁杰：老师们，同学们，大家晚上好！非常荣幸能够跟大家一块来交流学习心得，很是期盼。本人一直很崇拜张（玉敏）老师，很多年前就想读她的博士。虽然我未能如愿成为张老师的博士，但学生与老师的关系，不一定局限于读博，看老师的书，向老师请教，听老师的课，那么实质上也是她的学生了。在业界，西南政法的名气比其他任何政法院校都更强，而张老师也经常参与到国家层面民商法制定以及修改的讨论。因此，请大家以热烈的掌声对张老师表示最崇高的敬意，也希望大家能珍惜今天的平台和机会。

今天主要想带领大家从金融、贸易、政治等其他层面而非常规的法律视角看待知识产权问题。我以这几年各级党政领导人、企业家对知识产权的看法为切入点，来与大家进行交流，然后反思我们能够为国家和社会做些什么。今天，我分享交流的主题是"知识产权与创新型经济结构——机遇与挑战"。

我的报告主要分成三个部分：一是背景；二是机遇；三是挑战。背景部分先谈成绩后谈形势；机遇看国家战略和经验；挑战有三个小问题：改革深

水区、专业多接口、IT 革命冲击以及 IP 分散管理与大保护。

一、背景

全国知识产权迅猛发展，以重庆为例，虽然处于欠发达地区、欠发达阶段，大农村、大库区、大山区并存，但这几年知识产权工作有显著发展。在全国取得了"八个率先、三个倍增、两个前十"的好成绩，有很多省市，包括发达城市、沿海城市都到重庆来交流。三个"倍增"：即万人发明专利拥有量增长 3 倍，十大战略性新兴产业专利授权量增长 3 倍，规模以上企业专利产品产值增长量三倍。"两个前十"：一是知识产权指数始终保持在全国前十位；二是打击侵权假冒工作连续四年全国前十。

从全球范围来看，如今面临的问题和形势，不论国内经济如何进入新常态，全球的并购交易和中国的并购交易均非常活跃。有人说这是进入了第六次并购大潮，但同时这也是机会。因为全球并购里面有很大一部分都是知识产权的并购交易。而怎样的人来进行这些并购操作呢？主力军就是会计师和律师。未来除了打官司以外，实际上还有很多工作可以做。虽然目前中国并购交易总额占全球比重较小，但正是如此，未来才有较大上升和发展的空间。

从案件数量来看，全国的知识产权诉讼案件已经超过 11 万件，非讼案件也超过了 8 万件。显然在社会生活中，知识产权相关的工作需求越来越大。

那么，如何开展这项工作？全球并购为什么会跟知识产权有关？既然有关，该如何处理亟待解决的问题？原日本松下电器的一个部长曾说过一句话，他说松下电器做的最重要的事情就是专利地图。专利地图以后才能知道竞争对手在何处，发展空间在哪，竞争对手的长处和自身的短板有哪些，以及如何解决这些问题。在专利地图的指引下，再去安排研发、生产以及销售，所有的战略和计划都是在知识产权战略制定后才进行的。

专利地图的作用如此强大，下面我们以专利作为切入点，来剖析知识产权在产业结合调整、国际并购和诉讼案件方面如何发挥作用。

专利制度产生初期是没有专利文献的，后来第一篇专利文献产生于美国。最初的专利法授予专利权人 20 年的垄断权，代价是将专利公开，但这与我国的传统相悖。我国古代对知识产权保护最常见的办法是祖传秘方，且传男不传女。而专利法授予权利是要将秘方拿出来，让公众都知晓，且继续研究秘方并使其不断发展，专利法就是以这样一种方式来进行技术的交流。后来，交换技术以文献的形式出现，并逐渐将其规范化。之所以说专利文献比其他文献更有用，是因为专利文献更规范。有人统计发现，专利文献比普通科技文献至少早公开 5 年以上。即使是那些周期短、出版迅速的科技期刊对新技术的报道也滞后于专利文献。因此可以看到，很多技术文献尤其与产品相关的，不会出现在普通科技文献里，而只会在专利文献中看到，所以掌握了专利文献的信息就掌握了主动权。

透过分析专利文献，可以发现相关技术领域内的竞争对手（包括潜在的竞争对手），甚至可以了解对手的最新动态、技术路径、竞争态势，以及中间引发的一些变迁。有了专利地图以后才可能下降。一个专利文献如果被多次引用，说明这个技术就是核心技术。专利地图由日本人发明，被美国人优化，各种各样的专利地图，发挥了各种各样的作用。如果在座的各位到企业工作，企业需要使用专利地图这个工具以帮助企业整合外部资源的时候，那么在座各位就要明白如何去操作，它有哪些功能。企业与他人合作，有些信息在报纸上是查不到的，其他文献也看不到，而专利文献有。但专利文献的分析也要讲求方法，否则也难以了解。

举个很精彩的例子。2002 年，国家在上海花了 5 年时间研究出一种纤维材料，并申请了专利。这种材料属于上游对核心技术的突破。美国的杜邦公司发现该材料可以广泛应用于航空航天等国防民用领域，而这将会对杜邦公司的现有产品和未来市场产生极大的冲击。于是杜邦公司就制作出一张专利地图。我国在作研发该种材料时，花 5 年时间都不知道怎么去画专利地图，但是杜邦公司发现这个技术以后，第一件事情就是画专利地图。杜邦公司从 2007 年的 4 月 12 日到 2007 年的 12 月 21 日，仅仅只用半年多的时间就将该种材料上、中、下游产品全部申请专利。很多人没有这样一种意识，即在研发准备阶段，一定要把研发的路径和未来可能发展的产品先有一个布局，然后去占领相应的位置。如同杜邦公司，仅用半年的时间就把专利申请了，即使技术还没有掌握到，产品也根本没有设计出来，但这就是专利战略。

张玉敏：提一个问题，后面这些专利的使用是否需要进行许可？

袁杰：对，张老师说得很好。杜邦公司使用专利包围，如果我国相关企业要生产这些产品要用其技术，那么必须要跟杜邦公司进行专利交换，就是交叉许可。

嘉宾李慧敏：要解释一件事情，刚才袁杰局长说的是中国企业提交了几个专利申请后，杜邦公司在半年之内迅速地进行了全链条的技术方案的专利布局。而没有生产怎么布局呢？实际上，专利的实质是理论上行得通的技术解决方案就可以申请专利，所以刚才张老师所提的应该是指理论上已经把相关的技术方案全部行得通，此时不考虑产业化。而杜邦公司的专利布局的目的恐怕是"圈完地"以后，中国的企业要想在其所布局的某一个技术领域规避掉"跑马圈地"的方案可能比较难。

袁杰：介绍一下刚才与谈的那位女士，以前是重庆力帆集团知识产权部的部长。现任重庆咨询集团部门领导，让我们以热烈的掌声感谢张老师和李慧敏女士。

李慧敏：谢谢各位。

袁杰：是否还有其他问题？前面谈及的内容说明了一个道理，即充分利用规则。甚至在专利申请文献都没有写得很好的情况下，利用了一个时间差不断地完善自己，就是要学会占位置抢地盘，而事实上也确实如此。后来经过杜邦公司的不断完善，从 2008 年、2009 年到 2010 年 1 月，后续的研发跟上去后就将那个专利布局落实，把我国相关公司牢牢困住了。再提一个问题，大家觉得后面的结果是怎么样的？

观众：最后全部中国公司跟杜邦公司达成了交叉许可协议。

袁杰：对，但是最后结果还往下面走了，经济效益呢？

观众：应该是杜邦公司占了大部分，而中国的公司占极小比重。

袁杰：讲得很好。实质上是 1 : 375，中国公司赚 1 块钱而杜邦公司赚 375 块钱，这就是差距。了解到这些，意味着今天大家要建立起一个重要概念。中国企业的布局和外国企业的布局是不一样的，理念不同，落差很大。

大家看这张图（见图 1），有大量的交叉授权许可，相互的投资、合资、诉讼和解，单方授权也有，体现的是 5 个龙头企业占领了全球 LED 核心技术，市场份额高达 LED 市场的 90%。而其中没有中国大陆的企业，中国仅有台湾的一家企业在支撑。台湾这家企业靠单项授权，虽然利润没有其他几家企业多，但是也发展了。实质上国内的 LED 企业，经营得很艰难，企业利润大部分都被外国公司拿走。这还说明一个问题，即企业的竞争不再是过去的单打独斗，而是一个企业生态跟另外一个企业生态在竞争。想要在这个产业里面占据优势地位，就必须加入一个企业生态、企业群里面才能生存，否则连生存的空间都没有。那么，这给在座的同学们、老师们提供了什么机遇呢？这种需要跨企业的交叉许可由哪些人去谈判？就是在座的各位，而这就是机遇。

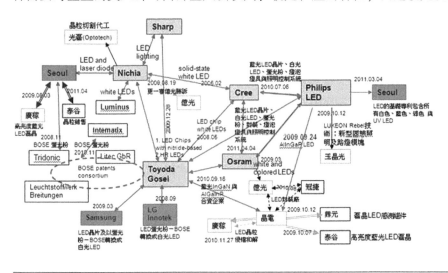

图 1　全球 LED 前 5 大厂技术授权与竞合关系（2008~2011 年）

资料来源：科技政策研究员资讯中心—科技产业资讯室整理，资料统计至 2011 年 4 月 13 日。

中国原来想用市场换技术，但实质上效果不理想。因为在中国的合资公司，其创造发明并非以合资公司的名义申请专利，而必须以母公司名义申请。合资公司没有权利，这就是以市场换技术的悲哀，要不然怎么现在还在讲转型呢。另外，发达国家用的资源仍然是人力资源，用的自然资本反而很少，但却占了世界财富的80%。中国作为一个发展中国家，还是有人力资源，只不过中国的人力资源是用在生产线上，是低水平的人力资源。所以中国要把低水平的人力资源要变成高附加值的人力资源。那么，如何做呢？这就要走一条新路。

中国要进入创新型国家，有一个指标就是知识产权优势。目前有知识产权优势的有哪些国家？美、德、日、韩。"万人发明专利拥有量"是国务院考核各个地方政府的指标。从这个指标来看，我国与前述几个国家的差距非常大，数据分析得出，拥有专利的企业和没有专利的企业，其利润率在重庆差7倍，在北京、上海差10倍。因此，一家企业在消耗能源和环境资源都相差无几的情况下，如果有自己的发明专利来保护市场，即能够让企业的利润提高10倍，是不是转型就转过来了？这是很多企业梦寐以求的，也是政府梦寐以求的。

再举一个例子，超硬材料。中国河南是全球的产业上游提供者，我们以为掌握了上游材料技术的提供就掌握了核心竞争力，然而后来发现，当我们掌握了上游技术以后，外国人就移到中下游去了。外国人靠什么去移动的呢？还是知识产权。重点专利申请人排在前列的全是国外企业，超硬材料还进行了几次转移，第一次从美国转向日本到欧洲，第二次是从日本、欧洲到中国，第三次又从中国转出去，利润最多的地方就布局了大量的专利保护起来。当其他人全部研究上游技术的时候，美国研究中游、下游技术，整个产业链哪一个板块利润最高，美国就在哪里布局。全世界最大的产业群都在中国河南，但利润率却是全球最低的，这是我们的悲哀。

苹果公司这张图（见图2）也很著名。有没有发现其中最突出的特点是什么？

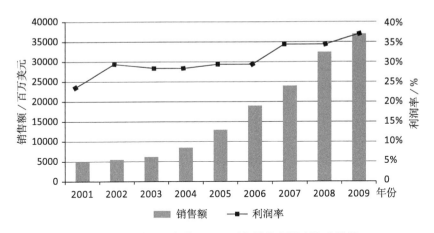

图2　2001~2009 年苹果公司财年销售额及利润率增长

观众：销售额不断提高，虽然利润率提高不明显。

袁杰：是的，当销售额快速上升的时候，一般来讲企业利润率是下降的。因为规模扩大以后单件的利润率会下降。但是苹果公司利润不降反升。这是为什么呢？

苹果公司和三星占整个市场利润的 90%。苹果公司在每一个很细小的技术环节都布局了专利，在每一个国家和市场都布了局，并且跟每一个竞争对手比拼，但能够与其竞争的只有三星。此外，苹果公司还利用专利地图去监控竞争对手。目的是第一时间就可以发现其前沿技术，当发现苹果公司都还未研究出来的技术，其他人居然研究出来了，那就将该技术买下，所以苹果公司每年都在进行收购。有的是直接收购公司，有的是直接收购专利。最后形成一个怎样的局面？当苹果出播放机的时候索尼被边缘化了，当出苹果商店的时候微软被边缘化了，当出手机的时候诺基亚和摩托罗拉被边缘化了，当出平板电脑的时候惠普被边缘化了，所有这些巨头联合对抗苹果的时候发现对付不了，统统败下阵来，眼睁睁地看着原属于自己的市场份额被苹果拿走。除了苹果以外，还有丰田公司也是如此，多年以前就开始布局专利，随着专利的增长其市场也跟着增长，不断地扩大。

二、目标与机遇

创新型的经济结构、区域创新能力和创新生态更加优化是创新发展的三大目标，实现这些目标能给我们带来机遇。重庆到 2020 年要完成小康社会建设，进入创新型城市行列，国家自主创新示范区要取得重大进展，初步建成西部创新中心。

创新驱动的三个目标怎么完成？这需要定三个方向：第一是创新型经济结构要基本形成，这是我们今晚需要通过讲座交流的；第二是区域创新能力要大幅提升；第三是创新生态更加优化。这三个重点来支撑重庆的创新驱动发展，而且目标很明确。

通过第一张图（图3（a））数据对比可以看出日本的第一、第二、第三产业在半个多世纪的时间里面发生了分化。农业下降，第二产业先升后降，第三产业不断上升。日本的第二产业之所以下降得如此之快，是因为日本把生产部分转移出去，而将研发部分保留手中。再看第二张图（图 3（b）），传统的制造业不断地下降，技术及结构升级的产业占 GDP 的比重不断上升。股票市值从 1973 年到 1983 年经济转型 10 年间发生了变化，出现了第一个最大的产业叫支持服务。什么叫"支持服务"？比如规划专利地图。当然不只这些，还有企业支付费用，就是制作专利地图后，去当地政府以及中央政府申请补助。若申请补助以后发现资金仍有不足，就请投资机构、银行帮其融资。结果出现这样一个现象：到美国去买电视机、电冰箱、洗衣机、空调等技术的核心专利，买回来后变成了自己的产品。而服务企业完成这一整个操作就是支持服务业。这些支持服务业促使日本技术更新，在那个年代所看到的收音机、电视机、录像机、家电都是日产，但其原创都不在日本。正是因为有支持服务业的发展，才带来了工业的转型。因此日本就在 2002 年的时候，确立了知识产权立国理念。原先日本有很多的立国理念，但最后确定为知识产权立国。

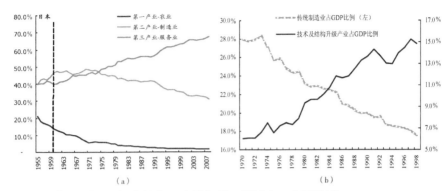

注：①日本经济转型以来，制造业占 GDP 比重持续下降，而服务业占 GDP 比重持续上升。
　　②从制造业内部来看，采掘、化工、石油石化、非金属矿、钢铁、有色、金属制品等传统制造产值占 GDP 比
　　重也在持续下降，而通用机械、电子设备、交运设备、精密仪器等技术及结构升级的产业占 GDP 比重在不断
　　上升。

图 3　日本经济转型以来，三次产业占 GDP 比重变化情况

数据来源：平安资产管理公司。

再来看美国，其创新战略首先是要改变专利制度。1935 年时世界财富的 50% 以上都是美国人创造的，那时美国人口总数占全球人口的 6%，土地占 5%。美国靠的是什么？靠的还是知识产权。

从图 4 来看，战略性新兴产业，比如节能环保，美国几乎占到全球 30% 的专利，而中国还不到 2%。新材料也如此，美国占 25%，中国还不到 3%。

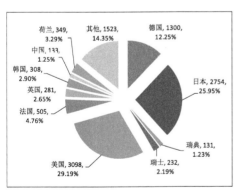

（a）节能环保产业国际专利申请量分布
美国复兴与再投资计划：未来 10 年投资
1500 亿美元的新能源开发计划

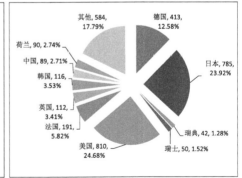

（b）新材料产业 PCT 申请
美国、欧洲和日本企业掌握着化工新材料 90%
的市场份额，垄断了先进的产品生产技术

图 4　美国经济转型：美国战略性新兴产业——知识产权保障

电子、通信、计算机行业（见图5）同样也是如此。美国是全球专利资源掌握得最多的国家，尤其是战略性新兴产业。知识产权贡献率占美国GDP的34.8%，其中知识产权密集型产业，包括商标密集型、专利密集型、版权密集型，贡献超过了5万亿美元。产业结构如何改变？从图6可以看到什么？有没有同学能够回答一下，这个问题稍微复杂。

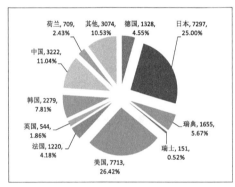

（a）电子通信产业PCT申请

2011年，美国电子信息产业累计出口金额为2429.6亿美元，同比增长6.6%

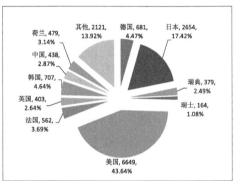

（b）计算机产业国际专利申请量分布

2011年，美国计算机出口金额12.3亿美元，同比增长15.1%

图5 美国经济转型：美国战略性新兴产业——知识产权保障

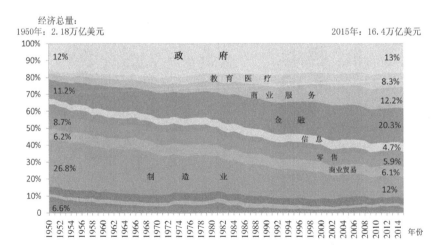

图6 1950年以来美国经济结构变化

观众：以金融为代表的服务业第三产业有所上升，比如金融从 11% 上升到 20%，商业服务也上升到了 12.2%，还有信息也有所扩张，达到 4.7%，在这样一个产业转型中第三产业上升得比较明显，制造业第二产业下降得比较明显。

观众：创新型经济结构金融占比提高是接近 1 倍，政府这个作用保持基本不变，而且制造业呈下降趋势。创新的来源动力更多地是依靠金融或经济的推动，这个过程中政府主导力量较少，且其他行业的影响并不大。那么产生一个问题，创新过度依赖资本和金融的力量，可能会产生一种产业泡沫，也就是形成过多没有用的专利集群，但是最后你的研发没有跟上，这就形成了一些没有用的专利障碍，就像张玉敏老师讲的专利障碍或者专利霸权，这可能就是泡沫经济的来源之一，这是有问题的。

观众：美国的制造业由于金融、商业服务以及教育的大幅度增加，在 2000 年左右的时候达到了 15% 左右。美国在走进创新型经济的过程中投入了大量的教育、医疗、商业服务等经济型投入，包括金融也在产业转型上做了大量的文章。因为全球化需要让制造业走向第三国家，金融业能否跟进与此是有紧密联系。从动态来讲 1980 年是一个结构，2000 年美国走向创新型的结构，用了 20 年的时间，主要体现在教育医疗和商业服务上，金融只是配套的。

袁杰：同学们讲得非常好，尤其是后面这位同学，他看到了金融里面很大一个板块是用于产业里面的投入，有的是投到国外去，把那一块的收益放到金融里面去了。再看制造业，比例似乎是下降了，但总量并不少，同时制造业是把低端的转移出去，高端的留下来。如果对比过去与现在的制造业总量，如今远远大于最初的总量，且将低端制造业转移到了其他国家，调整成高端制造业结构。还有刚才所提到的教育医疗，美国是将其作为一个产业来发展的。

而我国还没有到那个地步，所以我国提出了战略性新兴服务业战略，就跟这个有关，很多都是战略性新兴服务业和战略性制造业。刚才有一个同学讲政府，大家可能要问这个问题，政府的钱都用在何处？作为 GDP 来讲，政府的钱用在了航空航天、军事领域，中国没有把教育医疗算作一个产业放进去，制造业比例虽然在下降，但我国的制造业与美国的制造业差别很大。从图7可以看出中美差别，高端服务业的效益占GDP比重不一样，农业虽然有所下降，但是我国农业占比还比较大。

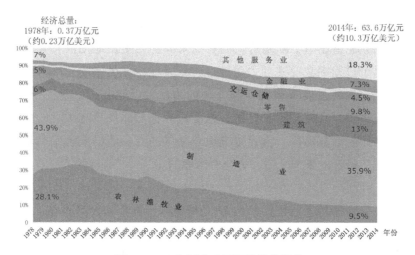

图7 1978年以来中国经济结构变化

那么中国重庆的情况（见图8）如何呢？中国重庆的农业占比也在下降，结构在优化，发展的结构跟美国的结构差距还是非常大。

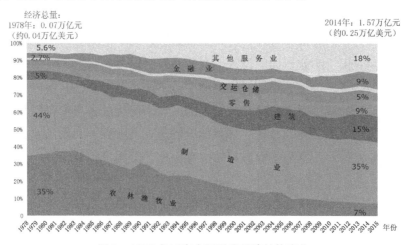

图8 1978年以来中国重庆经济结构变化

股票市值大家看到了什么问题（见图9），这些圈是什么？金融占的GDP已经很小，压缩了。上面一个圈（右上）——能源，在这里发生了什么？以页岩气为代表的新能源被发现了。前面那个圈呢（左下）？很明显是互联网泡沫。但是信息技术、金融、医疗、消费产品，这些都是新型战略性产品，包括工业这个板块，以及消费服务都是新型的战略性产业。

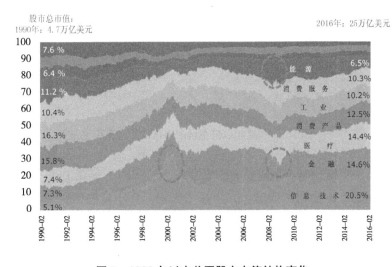

图9　1990年以来美国股市市值结构变化

比较一下与中国的区别（见图10），这是中国的股市，比美国的金融危机还难看。中国股市制造业占比很大，但是金融极不合理，这让实体性产业不堪重负。我国的金融系统有很多值得修正的地方。与美国进行比较，可以看到美国的大部分都是新兴产业，而且信息技术占了很大一个板块，而我国几乎看不到。所以在我国，金融业过多地侵占了实体产业的利润空间。

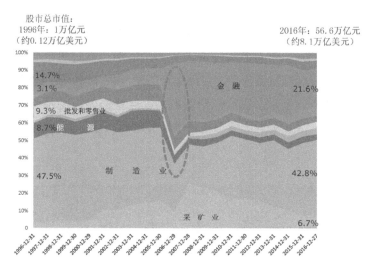

股市总市值：
1996年：1万亿元
（约0.12万亿美元）

2016年：56.6万亿元
（约8.1万亿美元）

图10　1996年以来中国股市市值结构变化

创新型经济结构基本形成还有一个背景，这张图（见图11）讲的是顺差和逆差的问题。在专利申请量上，为什么美国、日本到中国来申请的专利数远超中国去这些国家申请的专利数呢？因为中国是一个很大的市场，中国的贸易出口都大于对这些国家的进口，但大部分利润却被这些国家取得。知识产权的逆差导致了我国利润的逆差。不管中国出口多少产品，出口的越多，虽然中国获得的利润越多，但是其他国家获益更多。

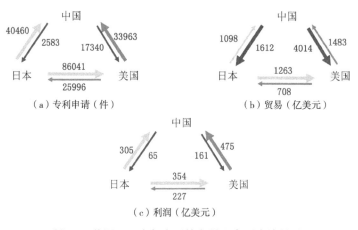

图11　美国、日本与中国的贸易及专利申请量对比

　　看这幅图（见图12），谈谈专利总量。发明专利授权数对比，红颜色是中国，最下面虚线是重庆的，还有日本和美国的，最平稳的是美国。

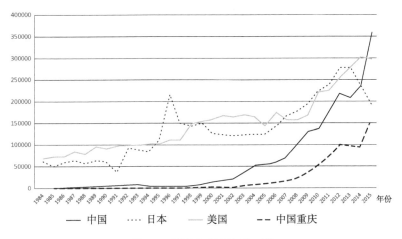

图 12　发明专利授权数对比

　　看发明专利有效量对比（见图13），美国远远高于日本，日本还远远高于中国，而中国重庆差得很远。这就是区别，从贸易背景来看，还是知识产权的问题。

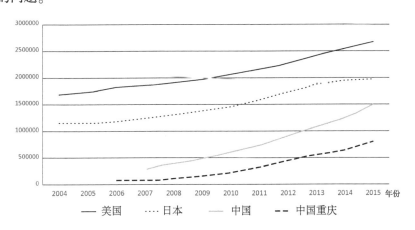

图 13　发明专利有效量对比

　　那么中国该怎么办？以重庆为例（见图14），重庆规划了创新型经济蓝图，由单点支撑变为双点支撑，再变为多点支撑。就重庆的制造业而言，先有汽车摩托车，后来增加了一项电子终端，未来还要继续增加三大领域、十大战略新兴制造业、十大战略新兴服务业以及七大特色效益农业，这是未来重庆创新型经济结构的基础和支撑。

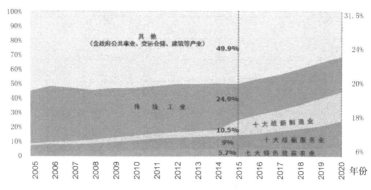

图14　重庆市经济结构蓝图

希望到2020年的时候重庆市GDP总量可以达到2.5万亿元。刚才对比了中美对比图，那么重庆未来的图应该是什么样子的呢？就是以十大战略、新兴制造业、农业和七大特色农业进行支撑，同时要不断提档升级，以保持总量增长。

其他的支撑先不谈，只讲知识产权当中最重要的一环——专利。重庆市的目标是2017~2020年全市每万人有效发明专利量达到10件，企业发明专利有效量达到17000件，工业企业发明专利有效量要达到8200件，工业企业专利产品产值达到8000亿元。（见图15）这些目标最终都需要由企业完成。国家通过制定各种政策以及施行各种办法，打造良好的环境，让企业去成长。虽然政府的工作难做，但是企业更难。最轻松的可能还数在座的同志们，目前还在读书，等出去以后就知道这其中的艰难程度。

序号	指　标	2015年	2017年	2020年
1	全市每万人有效发明专利量（件/万人）	4.3	7.0	10.0
2	企业发明专利有效量（件）	7036	10000	17000
3	规模以上工业企业发明专利有效量（件）	4074	5400	8200
4	规模以上工业企业专利产品产值（亿元）	2962	4300	8000

图 15　全市规模以上工业企业发明专利提升重点指标及目标

产业	万人就业人口发明专利拥有量			亿元主营业务收入有效发明专利拥有量		
	2015年	2017年	2020年	2015年	2017年	2020年
电子信息	2	2.4	3.3	0.027	0.035	0.054
汽车产业	6.12	12.6	19.2	0.046	0.061	0.093
装备制造	9.5	8.8	15.2	0.026	0.034	0.052
化学产业	30.1	39.7	60.1	0.053	0.07	0.107
医药产业	91.3	120.8	173.6	0.067	0.088	0.135
材料产业	35.9	86.4	131.4	0.403	0.533	0.811
摩托车及通机	5.4	7.2	10.9	0.042	0.056	0.084
食品产业	4	5.3	8.1	0.003	0.004	0.006
纺织服装	4.1	6.3	12.3	0.004	0.005	0.006
轻工产业	0.77	1.2	2.3	0.004	0.005	0.006

图 16　全市规模以上工业企业发明专利提升重点指标及目标

第二个问题，就区域创新能力大幅提升而言，从图 17 中可以看出什么问题？说明了什么？有什么规律？从图中可以看出，人口专利密度和 GDP 的专利密度排位几乎一样。那么，哪个因素是原因？哪个因素是结果？其实，如果不看后面，两个都是原因，两个都是结果。

名次	省区	人均GDP(元)	名次	省区	人口专利密度（项/百万人）
1	上海	52378	1	上海	1985.79
2	北京	45652	2	北京	1707.78
3	天津	35791	3	天津	1237.12
4	浙江	28318	4	浙江	1063.86
5	广东	26134	5	广东	976.85
6	江苏	24584	6	江苏	705.57
7	山东	20118	7	山东	412.63
8	辽宁	18781	8	辽宁	401.60
9	福建	18476	9	福建	290.92
10	内蒙古	16032	10	湖北	256.03
19	重庆	12457	11	重庆	230.45

图 17　2006 年人均 GDP 及人口专利密度排名前 10 位的省区比较

现在来看看后面（见图 18），重庆 GDP 位列第 19 位，人口专利密度是第 11 位，在 10 年以后发生了什么变化？除了重庆外，其他不少省份的数据也比较有趣。从图上可以看到，重庆人均 GDP 上升了 8 位，人口专利密度上升了 3 位，进入了前十，江苏和福建人口专利密度上升了 3 位和 2 位。重庆市不仅人口专利密度增幅最大，而且人均 GDP 升幅依然最大。那么问题来了，为什么天津的人均 GDP 排在第一位，但天津的人口专利密度反而还下降了 2 位呢？

名次	省区	人均GDP(元)	名次变化	增幅（%）	名次	省区	人口专利密度（项/百万人）	名次变化	增幅（%）
1	天津	106908	↑3	198	1	北京	4332.23	↑1	154
2	北京	105822	↔0	131	2	浙江	4242.34	↑2	299
3	上海	103363	↓2	97	3	江苏	3137.92	↑3	345
4	江苏	87906	↑2	257	4	上海	2509.99	↓3	26
5	浙江	77426	↓1	173	5	天津	2413.91	↓2	95
6	内蒙古	71814	↑4	348	6	广东	2223.03	↓1	128
7	福建	67673	↑2	266	7	福建	1605.13	↑2	452
8	广东	67115	↓3	157	8	重庆	1290.02	↑3	460
9	辽宁	65588	↓1	249	9	山东	996.24	↓2	141
10	山东	63980	↓3	218	10	安徽	960.98		
11	重庆	52111	↑8	318					

图 18　2015 年人均 GDP 及人口专利密度排名前 10 位的省区比较

观众：天津的整体变化是因为建了贸易港，与产业结构应该没有太多直接的关系。其数据增长的原因，更多的与对外贸易相关。

袁杰：确实，天津对外贸易比较发达。天津采取的是大项目带大产业的模式，而这些大产业是从外部引进的，可以将天津 GDP 的总量抬升，但这些大产业并没有引入专利。但这并不等于天津没有发明创造。天津人口专利密度的增幅翻了一番，总量是重庆的 2 倍，较之江苏、浙江仍有不小差距，当然与江浙相比，差距更大。

从图 19 可以看出如果将发明专利分成 14 个类别进行排名，在 2006~2010 年的时间段内，重庆排进前 10 的只有 2 个领域，即机械元件和运输。

排名 技术领域		第一	第二	第三	第四	第五	第六	第七	第八	第九	第十	重庆排名
电气	电机/电气装置/电能	广东	江苏	上海	北京	浙江	天津	山东	辽宁	湖北	陕西	18
	数字通信	广东	北京	上海	浙江	江苏	四川	陕西	湖北	山东	福建	13
	计算机技术	广东	北京	上海	江苏	浙江	四川	山东	陕西	湖北	辽宁	16
仪器	测量	北京	江苏	上海	广东	浙江	山东	辽宁	陕西	天津	湖北	13
	控制	北京	广东	上海	江苏	浙江	山东	辽宁	天津	四川	陕西	18
化学	材料/冶金	北京	上海	江苏	辽宁	广东	浙江	山东	湖北	湖南	河南	19
	化学工程	北京	江苏	上海	浙江	广东	辽宁	山东	天津	湖北	河南	18
	环境技术	北京	江苏	上海	浙江	广东	山东	辽宁	天津	湖北	黑龙江	18
机械	装卸	江苏	上海	广东	浙江	北京	山东	辽宁	湖北	河南	天津	17
	机床/工具	江苏	浙江	上海	广东	北京	山东	辽宁	天津	湖北	河南	17
	其他专用机械	江苏	广东	浙江	山东	北京	上海	湖南	辽宁	四川	湖北	22
	机械元件	江苏	浙江	上海	广东	北京	山东	辽宁	重庆	天津	四川	8
	运输	江苏	上海	广东	北京	浙江	山东	安徽	重庆	辽宁	湖北	8
其他	土木工程	湖南	北京	江苏	上海	浙江	广东	山东	辽宁	四川	湖北	15

图 19　2006~2010 年主要技术领域发明专利公布文献数量的省市排名

图 20 信息量非常大。重庆在机械元件部分名次退后了 2 位，其中有 4 项保持没变，大部分的排名增加了 1~2 位。实质上，这就是进步。进步最快的是机床工具，还有其他的专用机械。看了这张图最深的感受是似乎重庆最好的产业是制造业。但重庆只靠一两个产业支撑是远远不够的，还必须把其他的十大战略新兴制造业和十大战略新兴服务业发展起来。

排名 技术领域		第一	第二	第三	第四	第五	第六	第七	第八	第九	第十	重庆排名	排名变化 (对比 2006~2015)
电气	电机、电气装置、电能	江苏	广东	北京	浙江	上海	山东	安徽	辽宁	天津	四川	16	↑2
	数字通信	广东	北京	江苏	上海	浙江	四川	山东	陕西	湖北	福建	13	↔0
	计算机技术	北京	广东	江苏	上海	浙江	山东	陕西	四川	湖北	天津	16	↔0
仪器	测量	北京	江苏	广东	上海	浙江	山东	陕西	四川	安徽	湖北	14	↓1
	控制	江苏	北京	广东	上海	浙江	陕西	山东	四川	辽宁	安徽	16	↑2
化学	材料、冶金	江苏	北京	山东	广东	上海	安徽	浙江	辽宁	四川	天津	18	↑1
	化学工程	江苏	北京	山东	广东	浙江	上海	安徽	辽宁	湖北	天津	16	↑2
	环境技术	江苏	北京	浙江	山东	上海	广东	安徽	天津	辽宁	四川	16	↑2
机械	装卸	江苏	浙江	山东	安徽	北京	广东	上海	湖南	天津	湖北	16	↑1
	机床、工具	江苏	浙江	广东	山东	北京	安徽	上海	辽宁	四川	**重庆**	10	↑7
	其他专用机械	江苏	广东	浙江	安徽	山东	上海	福建	天津	湖北	北京	16	↑6
	机械元件	江苏	浙江	广东	山东	安徽	北京	上海	辽宁	天津	**重庆**	10	↓2
	运输	江苏	浙江	广东	山东	安徽	上海	北京	**重庆**	湖南	辽宁	8	↔0
其他	土木工程	江苏	北京	湖北	上海	浙江	四川	山东	湖南	广东	河南	15	↔0

图20　2010~2015年主要技术领域发明专利公布文献数量的省市排名

政府的作用非常重要，通过政策扶持、搭建平台、完善行政执法等方式对企业进行帮助，比如组织培训、作宣传、提供补贴等。这些都是间接的辅助方式，产业发展的工作最终需要企业落实。要发挥市场的作用，不能全部由政府包办，实质上政府也做不了。

由"中国制造"变成"中国创造"有两条路径：改造提升传统产业和发展战略性新兴产业。在这两条途径中有一个很重要的环节，就是实施知识产权战略，包括产业专利布局、专利池、专利联盟和专利运作，最后形成自己的产业竞争力。

关于搭建平台的部分，可以打造一个专利性平台，把企业所需要的各种服务接入，对接各种各样的服务机构，例如猪八戒网。重点就是整合全球的创新资源，仅结合重庆的创新资源是远远不够的，把全球的创新资源都利用起来才能更好发挥效用。

如何去发挥这个平台的作用呢？如图21所示，左边是金融机构，右边是企业。方框内容都是平台需要提供的服务，达到对接金融、项目、企业、人才服务的目的。平台的模式还有很多，其中就包括知识产权证券化、保险、质押融资、投资入股、运营基金和投贷联动等。重庆正在建立生物医药产业知识产权运营基金，收购国外一些优良的早期、中期、后期项目作优化布局。同时，建立三个联盟，再加上一个基金，再加上平台，一起运作。这样的模式预期达到怎样的成果呢？例如，目前最好的药到中国人使用的时候，美国人已经使用了10年了。希望通过前述的模式运作，可以让中美今后在药业上同步。

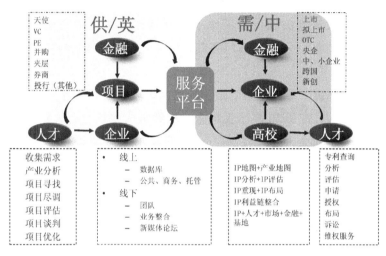

图21　中英 IP 运营模式

再来看一下图22，图22的指数是评价知识产权的数据，把它作为一个指数来评价上市公司，可以发现比其他指数都准。如果用这个指数来指导炒股，尤其是长期的投资，那是非常靠谱的。也许哪位同学今后可能也会从事类似的工作，用这个指数来炒股或者直接设计这样的指数。

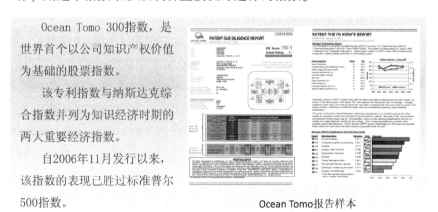

Ocean Tomo 300指数，是世界首个以公司知识产权价值为基础的股票指数。

该专利指数与纳斯达克综合指数并列为知识经济时期的两大重要经济指数。

自2006年11月发行以来，该指数的表现已胜过标准普尔500指数。

Ocean Tomo报告样本

图22　Ocean Tomo 300 指数

前面已介绍完区域创新，那么接下来讲述第三个内容：创新生态更加优化。2016 年杭州 G20 峰会大家印象最深的就是张艺谋的演出，其实 G20 峰会谈论最多的是知识产权，一些外国的高层到我国来，前后 17 次提到了知识产权。关于这方面，中国作了很多宣传，整理了很多案件，由工商、药监、质量监督、公安等部门查案件，由法院去审判案件，案件数量也成倍地增长。

在全国来讲，重庆的整体知识产权保护环境较好。有一次，美国驻华大使馆的工作人员带了 20 多个美国企业家到重庆和政府有关部门开圆桌会议，双方准备进行面对面交锋。美方还特意从广州将美国使领馆专家请过来，重庆这边将各个部门召集到一块开圆桌会议，双方坦诚沟通，有什么问题解决什么问题，对方提什么问题就解答什么问题，不作回避处理。还给外商展示了举报投诉中心、信息中心、仲裁院，最后外商坦诚地说：没有想到重庆知识产权保护的环境、体系如此完善，重庆比其想象中要开放很多，安全很多。

再举个例子，美国康宁公司在北京投资了一个厂，后来另一个省有一家企业与其发生纠纷打了官司，最后康宁公司对外称再也不会到中国进行投资。后来因缘际会，重庆方面刚好有机会和康宁公司商谈合作。由于之前的纠纷，导致康宁公司的律师与重庆方洽谈得并不顺利。康宁公司对中方存在偏见，认为重庆在知识产权保护环境方面并未达到其要求。后来重庆方通过与康宁公司的亚太区负责人进行沟通，阐明重庆在知识产权保护环境上的优势。最后康宁公司乐意在重庆进行投资，同时重庆方也提出了很多修改意见，而康宁公司也欣然接受。这说明一个问题，创新的生态非常重要。

但也有区县负责人在招商引资的时候，不懂外国人的文化。当外商问及本地的知识产权保护情况时，有些区县同志们怕说不好就回避作答。外商认为回避知识产权保护相关的问题是对其的不尊重。他们认为如此重要的问题是不应当回避的。于是后来专门组织区县同志们进行培训，强调当外国人提及知识产权问题的时候，一定不能回避，可以回答说："我们有专门的知识产权部门，这些部门能够回答你的问题，如有需要我们可以马上联系这些部门。"这些问题就解决了，这是一个文化冲突的问题。

类似的文化冲突还体现在立法上面。美国立法强调人的生命由自己掌握，人生而享有人身权利、自由权利和追求幸福的权利，还有关键的一条：财产受保护的权利。在美国人看来，如果生命没有自由，那么生命就没有价值；如果没有财产保障，自由是得不到保证的，是不牢固的。真正的自由是财务自由。因此，他们将财产看成是生命的延伸，自然资源经过其劳动而变成财产，实际上已经变成其生命的印迹，所以他们看得这么重。这跟中国人的想法是不一样的，所以在与外国人进行接洽时，需要理解这些观念。

怎样把传统的经济结构调整成创新型的经济结构呢？重庆市规划了"七大工程""十大计划""两大行动"。政府还专门出台文件，即《重庆市建设支撑型知识产权强市实施方案》，还制定了《新形势下加快知识产权强市建设的实施意见》，里面有100多项任务。这些工程计划、行动都是市场化运作，通过支持市场主体，让市场主体最终完成。这次市委全会提出"七个着力"，根据每个着力有相应的工程。比如说：着力强化企业创新主体地位，对应的有重点企业专利提升工程；着力集聚和优化配置创新资源，对应有产业集群专利引领工程；着力推动科技成果转移转化，对应有高校院所专利转化工程；着力建设高水平创新人才队伍，对应有知识产权人才培养工程；着力优化创新环境，对应有知识产权大保护工程；着力构建更加高效的科研体系，对应有专利导航工程；着力推动创新文化建设，对应有知识产权宣传和文化建设工程。

还有两大行动，主要是针对招商引资，引进来和走出去的。重庆的轻轨公司实力非常强盛。当轻轨想要走出国门时，却发现面临三个问题：一是合同问题；二是专利问题；三是管理问题。这三个问题解决不了，就拿不到订单，导致在巴西、在印尼铩羽而归。中国的企业在很多地方都签订了不平等的合同，比如签订了类似企业20年以内不能走出国门的条款。希望有了在座的同学们，今后企业手里的合同就不再是不平等的合同。

相较外国，中国专利申请起步晚。并且在专利布局上，中国企业的专利布局重点主要在国内，而外国人却注重全球布局。中国企业专利布局有问题，结构也有问题。

从图23中可以看出，中国的布局主要在国内，走出去的很少，当想到要出去的时候已经没有机会了。所以一定要有远见，不要只看眼前，要有全球的视野，要像日本人、德国人、以色列人那样。

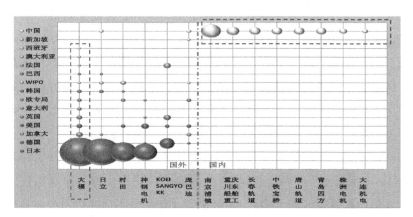

图23　国内外主要申请人的专利布局

另外，中国企业缺乏核心的标准技术，从图24、图25 就可以看得出来，外国在核心技术里面比我国要多很多。当然，国内成功的例子也有不少。比如国际复合材料，我们在全球排第三，国内排第二。有两个产品可能会落入外国的专利包围，如果不采取措施，三四亿元规模的厂就会关闭，就不可能走出去。后来，通过制作专利地图、实施专利预警、聘请专利律师、政府全力支持及国家知识产权局专家配合和帮助，打了一个时间差，最终突破重围。

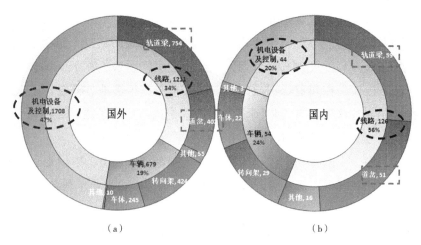

（a）　　　　　　　　　　　　　　（b）

图24　单轨交通专利技术领域国内外分布

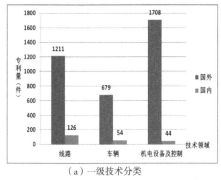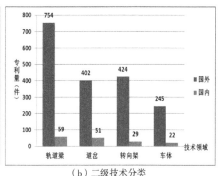

（a）一级技术分类　　　　　　　　　（b）二级技术分类

图25　单轨交通专利技术领域国内外分布

中国走出去的产品还有热水器。有一个热水器的发明专利卖到澳大利亚，世界500强企业还主动与我们谈合作。再比如，早期的力帆在世界各地到处申请专利，获得一个授权就插上红旗。在叙利亚发生战争前我曾去过这个国家，欣喜地发现到处都是力帆、长安的汽车，没有上汽和一汽，更没有美国的汽车。可见，要想走出国门还得有自己的产品、自己的专利，有自己的定价权。很多的公司合资的时候是整体拿进去的，力帆没有合资，长安为什么合资了还能走出去，是因为部分跟别人合资，但自己仍留着自有地。

"十大计划"是针对电子产业、新能源、智能汽车、机器人、生物医药、页岩气、物联网、新材料、环保产业和化工，将工业总产值、每一个产业专利产品的占比、专利产品的产值、专利产品的利润率、专利产品的授权量、产值的专利密度量化拿出来作一个五年计划。总的来讲，必须先有蓝图以及目标，再有路径。目标需要量化，路径需要明确，最后需要保障进度。

如图26所示，可以看到电子信息产业产值的专利密度完成得不错。一般来讲完成百分之七八十已经很好了，因为毕竟是一个预测值。汽车产业有几个指标都是完成得不错的，几乎达到百分之百的完成率。在关键技术上，重庆还是有优势的，发动机、变速器和汽车电子是汽车领域的关键零部件，第四名是汽车电子，变速器排第二，发动机排第六，目前重庆是全国汽车最大的产业研发和生产基地。

专利经济指标	2011年		2015年	完成情况	完成率
	重庆	全国	重庆	重庆	重庆
工业总产值（亿元）	2017	93000	10000	4076	41%
专利产品占比（%）	3.2	3.5	4.9	4.5	92%
专利产品产值（亿元）	218	10052	1950	1670	86%
专利产品利润率（%）	16.2	17	20.3	15.6	77%
专利授权量（件）	1008	50220	5000	3909	78%
产值专利密度（件/亿元产值）	0.5	0.54	0.5	0.96	192%

图26　电子信息产业专利经济指标完成情况

　　下面介绍图27，这张图被评为全国专利分析做得最好的一个案例。长安公司在意大利和英国都有研发中心。英国研发中心负责研究动力的，先作出一个技术方案供服务机构信息中心分析。重庆知识产权信息中心把专利风险的高、中、低排列出来，再经过调查可能出现的相同专利有哪些，可能发生专利冲突的有哪些，完全落入其权利要求范围的有哪些。服务机构信息中心对这些检索出的材料再进行分析，之后将分析结果和信息材料一并传送。英国的研发中心同时让英国的服务机构也作分析。经比较，我们的专利分析比英国的服务机构做得更细、更好，以后就直接采用了我们的分析报告，做完以后又传回去，然后又改。反复多次循环，7个月的时间关键零部件拿下来。

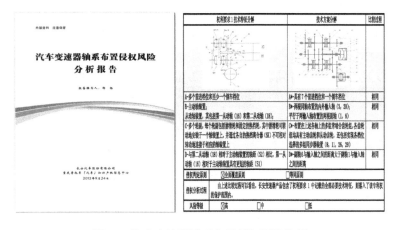

图27　汽车变速器轴系布置侵权风险分析

理工科背景的学生今后就可以做前述的这些工作。这些工作要求很高，既要懂专利又要懂专业，还要外语很好，干三个人的活拿一个人的工资。但是告诉大家，这样的人才是国宝。重庆的产业结构、重庆的 GDP、重庆的人口专利密度在上升，都跟这类型的服务工作有关。

再看图 28、图 29、图 30，装备制造业、化工及材料工业基本上完成得非常好。

专利经济指标	2011年		2015年	完成情况	完成率
	重庆	全国	重庆	重庆	重庆
工业总产值（亿元）	3000	95238	5000	3390.73	67.8%
专利产品占比（%）	3.2	2.2	4.6	4.1	89.1%
专利产品产值（亿元）	485	10381	800	563	70.4%
专利产品利润率（%）	7.3	6	15.7	12.1	77.1%
专利授权量（件）	2210	33333	4200	4938	117.6%
产值专利密度（件/亿元产值）	0.74	0.35	0.84	1.45	172.6%

图 28　装备制造业专利经济指标完成情况

专利经济指标	2011年		2015年	完成情况	完成率
	重庆	全国	重庆	重庆	重庆
工业总产值（亿元）	902	66178	2000	1629.48	81.5%
专利产品占比（%）	4.1	4.7	5.6	5.1	91.1%
专利产品产值（亿元）	114.6	8669	350	267	76.3%
产品利润率（%）	5.2	6.4	6.2	6.4	103.2%
专利产品利润率（%）	16.1	18.3	37	32	86.5%
专利授权量（件）	279	24136	1100	795	72.3%
产值专利密度（件/亿元产值）	0.31	0.37	0.55	0.49	89.1%

图 29　化工产业专利经济指标完成情况

专利经济指标	2011年		2015年	完成情况	完成率
	重庆	全国	重庆	—	—
工业总产值（亿元）	1837	152446	2500	2910.7	116.4%
专利产品占比（%）	3.1	3.3	4.3	4.1	95.3%
专利产品产值（亿元）	205	17012	430	477.5	111.0%
产品利润率（%）	3	5.2	6	—	—
专利产品利润率（%）	9.6	10.4	21	22	104.8%
专利授权量（件）	838	73174	1400	1337	95.5%
产值专利密度（件/亿元产值）	0.46	0.48	0.56	0.53	94.6%

图30　材料工业专利经济指标完成情况

看看石墨烯布局（见图31），我国跟其他国家的区别就在这儿，尽管中国在国内布局了大量的专利，但是在其他国家几乎没有足够的专利布局。这样重要的产业，居然没有布局，这是一个极大的缺陷。所以同学们如果毕业以后到企业做法律顾问，或者做律师，这些问题应当给企业作相应的建议。

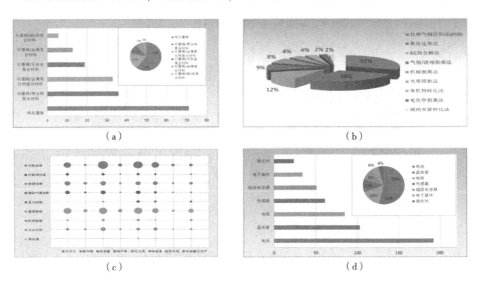

（a）　　　　　　　　　　　　（b）

（c）　　　　　　　　　　　　（d）

图31　石墨烯专利布局情况

对于七大特色农业，有一个知识产权培育过程，可能需要与农业相关的服务机构。通过地理标志、标准和知识产权培育等方式将农产品打入证券市场。实质上，凡是变成地理标志的农产品，价格都上涨许多。

三、挑战与机遇

谈谈挑战和机遇。挑战包括若干深水区：改革深水区、专业多接口、IT革命冲击以及 IP 大分散保护。

第一个深水区是改革进入深水区。因为中国需要建立市场化的体系，要有一系列的改革。《中共中央　国务院关于深化体制机制改革加快实施创新驱动发展战略的若干意见》（中发〔2015〕8 号）中对该问题涉及颇多，主要从市场主体和企业精神切入，并且强调，对外开放很重要的环节在于依法治国。要围绕国家治理体系和治理能力的现代化进行。《中共中央　国务院关于完善依法保护产权制度的意见》中，体现了以人为本、财产保护的精神，这两份文件都强调了知识产权强国和对知识产权的运用和保护。

第二个深水区是专业多接口，这其中存在很多的问题。

如图 32 所示，民商法的问题统计出来 1347 条，包括了不少热点问题。有的热点问题是正在解决，有的问题是解决了，有的问题是远远没有解决。这些问题都提出了新的挑战，也提供了发挥作用的空间和舞台。知识产权是一个专业，却是多接口的。就像一个图钉，只有一个尖没有后面的圆盘，哪个墙壁都钉不进去。因此对于知识产权专业，除了法律知识，还要学习金融、经济、管理学等其他学科领域知识。今天讲了一些法律以外的知识，希望在座同学们没有白来，希望各位还要在这方面更加努力。

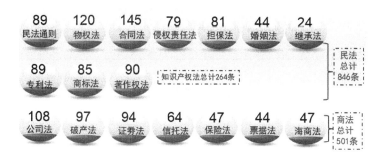

图 32　民商法问题列举及数量情况

第三个深水区是面临的 IT 革命冲击，比如说在未来，律师的部分工作很可能会被机器人替代，起码案头工作会被替代。所以，未来的律师做的工作与现在的做法就有很大不同。互联网带来的冲击，既提出了很多的挑战，也带来了很多的机遇。从知识产权市场来讲，法律服务、信息服务、代理服务等存在各种各样的需求，具有很大的市场。再比如商标服务业务，原来做商标代理的事务所，在北京有几家相当有名气，但是 2015 年，一些名不见经传的互联网公司业务量就比前面说的商标代理事务所要大。像猪八戒网排名前列，远远超越了传统服务业的龙头老大，这对传统服务业而言就是挑战。

最后一个挑战是知识产权大保护。在"二合一"模式的国家，将工业产权和版权分开，该模式的国家占了大部分，大概占比 58%；"三合一"的国家占了大概 39%；而像采取知识产权保护三分模式的国家，如中国、埃及、希腊、朝鲜，在知识产权保护上并不尽如人意。对于国内的知识产权大分散和大保护现状，最突出的问题在于分头立法，管理的部门太多。很多部门都管知识产权，如何统筹？怎么建立一个有机的保护体系？还有企业知识产权管理全过程和社会知识产权保护的全链条怎么对接？怎么有机地协同？打击侵犯知识产权和假冒伪劣产品专项行动怎么统一起来？这些都是问题。还有意识、文化、习惯风俗问题，这些都是要花一些时间去解决的。

张玉敏：袁杰局长通过大量的数据以及生动的事例论述了知识产权相关问题，特别是谈及了专利在经济发展和国家竞争方面的重要作用，我想对每个人而言，都有相当大的收获。为了满足大家的要求，给大家一点提问的时间。哪位同学有什么问题？请简明扼要。

提问 1：我想咨询一下关于互联网企业，为什么这几家增长这么快，是什么原因导致其商标代理的业务量增长如此迅速？

袁杰：它们采取了非常特殊的营销手段，这些营销手段是传统的代理机构所无法想象的。如果要回答这个问题，一针见血地概括：免费。比如申请一个商标之前要进行设计。于是这些互联网公司通过免除设计的中介费，后续代理费以极低价格的方式获取业务。这就比传统的服务机构更容易得到订单，而且能以更低的成本来完成任务。而且如果没有获得商标权，这些互联网公司还会退还费用。这种模式只有在客户量范围很大的前提下，才可以摊薄成本。也只有互联网企业才能这么做。当然实务中远远没有这么简单，还有其他的方式，这里面的问题诀窍还有很多，可以留给大家去研究。

提问2：怎么能够把法律和知识产权的工作结合起来？做这份工作既要有外语水平要求，又要有理工科背景，又要考专利代理人资格证。是否有良好的途径发展自身？

袁杰：这是个非常好的问题。在这儿要讲一下，在美国没有专业的概念。我们现在的专业越分越细，但是想一想，牛顿当初是数学家，还是化学家，还是物理学家，又或是哲学家呢？他什么都是。本来科学和专利就是综合的，而后来发展越分越细，到最后发现自己迷失了方向。举个例子，美国有一个研究音乐的老师，最后他觉得自己写曲子效率太低了，于是准备研究某种软件，让软件来谱曲。然后他就去学数学和编程，去上计算机课。最后制造了一个机器和一个软件。他把以前发现的规律——凡是好听的曲子总是在一定的频率内，而且还有规律，把这个规律用计算机和软件处理好，然后用这种风格来写词，就批量地写出很多的曲子来，然后他自己来弹，分不出是人工的还是机器的。有一次他就作了一个实验，有一个很著名的音乐大师，他谱的曲和巴赫、莫扎特、肖邦放在一块，机器谱的曲子也跟他谱的曲在一块。他找了一群音乐界的人来盲评：如果觉得最好听的就弄成是原创，其次就是作家的，后来就是机器的。后来发现最后的结果大大出乎人们的意料，以为是原创的，结果全是机器谱的曲，而真正的原创排在第二，音乐家排在第三。这说明一个问题，不要把自己的专业局限在学校学的专业上去。另外，美国华盛顿有一个很著名的律师事务所里有三个中国人，其中两位是本科分别学习的是化学和电子计算机，研究生也是继续学习的工科，但是博士就读的是JD（法律博士）。他读JD的时候就写专利文献，用写专利文献的收入把读JD的费用支付了，毕业后就直接进入那个律师事务所工作。第一年年薪15万美元。当时我问那后续发展预期如何，他说下一步五年八年后年薪大概20万～

30 万美元。再继续就是合伙人了，大概 100 万美元以上。我问律所最高年薪是多少？他回答，我们老板大概 400 万美元。所以不要把自己限定在某一个领域。哪一个方向有实际需要，就可以去学习和尝试。我今天还接待了一个专门研究法律的西南政法校友，他毕业以后去当知识产权的法官。后来，他觉得没有太多兴趣，就又去证监会工作去了。再后来，在证监会看到人家都在赚钱，而自己还在当公务员觉得不过瘾，然后直接去基金公司工作了。学法律去学金融再到基金公司工作，这说明不要把自己限定在某一个方向上。其实，刚才讲了一个专业和多个接口的问题，这既是矛盾也是机遇。

张玉敏：说得同学们都非常激动。

提问 3：结合您刚才的讲座内容提两个问题，第一个问题是关于超硬材料那个案例，该案例的意思是国内的企业掌握了上游的技术，然而上游被别的产业链垄断了，为什么会产生这样的差别？会不会不仅仅是专利布局的问题，更多地是企业受困于技术、人才、资本的原因？其中，法律问题占的比重是怎样的？第二个问题，刚才您的讲座体现了知识产权的重要性，我们的知识产权法如何和企业有一个良性的互动或者体现一个助力，让我们的法律在这样一个经济转型的过程当中，在国内国际的环境当中能够真正地帮助企业强大起来，能够真正地走出去？

袁杰：这两个问题提得很好，先说第一个问题。所有的问题归结起来就是人，但必须是观念正确的人、素质高的人。一个企业要发展有三条不能违背的基本原则：第一条市场决定方向；第二条整合决定力量，要整合市场、整合装备、整合资源，没有整合能力，企业是办不下去的；第三条也是最重要的一条，人才决定成败，再好的项目，再好的企业没有人才也是不行的。知识产权战略在企业层面只是宏观的战略，必须要靠人来执行。刚才讲的超硬材料，这个事情有产业的原因，一旦某个产业盈利会导致企业一窝蜂投入，再值钱的东西也会变得不值钱，因此一项专利技术很快会变成一项公知技术。外国是根据产业的发展，将技术和产业牢牢拿到手里面。知识产权在不同人的眼里内涵是不一样的，在企业家那里就是市场，在法律人那里就是案件，在技术人员那里就是技术，在投资人那里就是项目。在不同人里面，是不同的形象和策略。

第二个问题，其实今天我们讲的挑战里面，除了前面提到的热点问题，我们为什么没有一个个点出来，只是作了一个统计，是为了让大家去思考，有多少工作应该落实。法律涉及方方面面，不是单纯的知识层面就能够解决问题的，也不是一个法律条文就能够解决问题的，包括订立法律的体系、治理法律的体系、执行法律的体系等一系列的问题。

张玉敏： 刚才这个同学问的第一个问题，我想谈一点我个人的看法，袁杰局长的回答其实是从比较全面的、较高的层面来讲的。我认为还有一个比较具体的问题，实际上袁杰局长讲了一个例子，其实类似的例子可能有很多，除了其他的原因以外，我认为有两个原因。

第一，我国的企业在申请专利的时候是茫然的，而不是像国外的大公司一样，研发一项技术后，会预估产业未来的发展情况，对行业作整体的分析，然后再决定如何布局。在这样一个全盘的考虑之下再制订计划怎么申请专利、如何把核心技术外围的技术掌握，其实核心技术研发出来之后，那么从专利法法学的概念上看外围技术是充足的，而且研发并不是很困难，也可以很好地保护起来，将外围和内侧的专利技术进行层层申请，是外国企业训练有素的惯常做法。我国的企业要么停留在忘记申请专利，要么研发技术后单单申请这个专利，而没有一个整体布局的考虑，这就是我国企业跟外国企业的差距。

第二，我国的代理机构水平不高，代理机构应该给企业提建议，建议企业如何能够让效益最大化，但是能够达到这样水平的代理机构也不多。另外企业也不愿意出高价聘请高水平的代理机构来申请专利，因此高水平的代理人都帮助外国的公司申请专利去了。我认为我们在座诸位都有一个向社会、向企业去普及宣传的义务。

李慧敏： 张老师说的这个工作我就在做。中国的很多企业之所以没有作知识产权的布局，一个确实是资金的问题，在国外申请专利，一件专利的成本就是几万元。知识产权的管理一定是在战略的层面、整体的层面、宏观的层面对企业的技术和行业的技术进行全面的诊断和辨识，然后进行整体的谋划和布局，而且谋划和布局以后还要落实。每一个技术通过专利法保护的话，有很多的理论要求和诀窍，这种高端人才在中国确实少见，所以这个仍然是由中国目前缺乏知识产权高端人才的现状造成的。还有一点刚才袁杰局长讲的，我是现身说法，第一个专业是机械，第二个专业是英语，第三个专业是法律。本人在企业做知识产权管理超过了 13 年，做法务的管理超过了 10 年，做技术的管理超过 13 年。在 38 岁以前每天晚上都在学习，这是作为法务及知识产权高端管理人士必须要做的事情，1990 年我在重庆上大学学英语的时候，我的一个外教有三个专业：计算机、工商管理等。30 年前我上大学的时候，教授就告诉我们：中国最需要的是通才，跨领域的人才，所以我相信西南政法大学有一大批这样的教授，你们需要向他们取经，谢谢！

张玉敏：同学们要努力，今天的提问环节到此结束。如果还有什么问题的，可以利用其他的方式向袁杰局长提问。现在让我们再一次以热烈的掌声向袁杰局长表示感谢。今天的讲座到此结束！（掌声）

文字校对：王淳

整理说明：根据录音及现场速记整理，已经过主讲人审阅。

当代中国的创新驱动

——基于重庆科技创新的现状与趋势分析

主　题： 当代中国的创新驱动
　　　　——基于重庆科技创新的现状与趋势分析

主讲人： 李殿勋　中共重庆市委科技工委书记、重庆市
　　　　　科学技术委员会主任。曾担任国务院
　　　　　法制办工交商事司副司长，重庆市政
　　　　　府法制办主任、党组书记，重庆市仲
　　　　　裁委员会秘书长、仲裁办主任，重庆
　　　　　市政府副秘书长、重庆经济技术开发
　　　　　区管委会副主任，中共重庆市开县县
　　　　　委书记、南川区委书记，还曾担任中

国政治学会理事、重庆市行政法学会
会长等学术职务

主持人：赵万一 西南政法大学民商法学院院长

嘉　宾：樊　伟 西南政法大学书记
　　　　袁　杰 重庆市知识产权局局长
　　　　岳彩申 西南政法大学副校长
　　　　李雨峰 重庆市知识产权局副局长

时　间： 2017 年 3 月 27 日

地　点： 西南政法大学渝北校区毓才楼一楼报告厅

赵万一： 现在开始非常令人期待的中国知识产权名家讲坛第十六讲。

首先隆重地给大家介绍一下主讲人，中共重庆市委科技工委书记、重庆市科学技术委员会主任李殿勋同志，李主任曾担任国务院法制办工交商事司副司长、重庆市政府法制办主任、重庆市仲裁委员会秘书长、重庆市政府副秘书长、重庆经济技术开发区管委会副主任、中共重庆市开县县委书记、南川区委书记，同时，还曾担任中国政治学会理事、重庆市行政法学会会长等学术职务。

另外，李殿勋主任也是我们西南政法的杰出校友。多年来致力于当代中国县域治理、依法行政与创新驱动等领域的研究，主编了多部法律著作，在《人民日报》《法制日报》《经济日报》、香港《大公报》等报纸上发表多篇论著，称得上是一位阅历丰富、理论积淀深厚的中国区域治理与创新驱动理论的践行者。

另外，我向大家介绍一下今天的讲座平台——中国知识产权名家讲坛。它是由中国知识产权法学研究会和西南政法大学联合主办，西南政法大学知识产权研究中心和重庆市知识产权研究会联合承办，超凡知识产权研究院协办。邀请的主讲人都是国内外知识产权的知名人士，就知识产权基础性与前沿性问题与大家分享，现在已经连续举办了十五讲，这是第十六讲。

下面有请本次讲授的嘉宾李殿勋主任上台！（掌声）

李殿勋：各位老师、各位同学，我今天也是作为西南政法大学毕业的一名学生，到西南政法来做一次学习和工作汇报。下决心到高校做讲座也不多，前两年一直相对保守，本周我选择重庆大学和西南政法大学做一次交流，今天与在座的各位老师和同学们聊一聊当代中国的创新驱动问题。

大家知道，30多年前中国办了两件大事。第一件事是搞农村土地承包，第二件事是办经济特区。这两件大事在中华大地上掀起了改革开放的第一轮高潮，牵动了中国历史上最大规模的一次创新创业。

农村土地承包改革对于中国的巨大意义主要不是增加了粮食产量，这是一个次要的作用，也是一个很肤浅的看法，真正重大的意义是解放了规模庞大的中国农民，释放了中国第一轮人口红利。而办经济特区搞对外开放则让中国抓住了第三次工业革命的尾巴，融入了世界经济大循环，承接了全球范围内第二轮大规模的产业集中转移。两件大事直接导致了中国持续30多年的高速增长，在中国"入世"之后的前10年甚至出现了超高速增长，这在全球大国的治理之中堪称创造了一个巨大奇迹。

从此以后，中华民族历史上第一次成功解决了最基本的生存尊严问题，就是温饱问题，这个伟大的意义怎么评价也不过分。现在的小青年很难体会到我们那个年代吃不饱给人带来的痛苦，不能维持最基本的生存尊严。

但是30多年过后，中国的人口红利进入拐点，资源消耗难以为继，环境污染接近期限，如果没有判断失误，未来5~10年区域经济将严重分化，行业颠覆将持续发生，创新版图将加速重构，经济结构将深度调整，整个中国可能要历经一场巨大变革。面临这种严峻挑战，党中央高瞻远瞩，审时度势，推出实施创新驱动的重大战略决策，推出供给侧结构性改革的重大战略安排。

今天我围绕中央的战略意图与重庆的应对之策和大家做一个简短交流。交流分两个部分：第一，为什么要搞创新驱动；第二，怎么来搞好创新驱动。

一、为什么要搞创新驱动

为了便于老师同学们参考，我提供了一个PPT，大家可以看看PPT当中引领性的标题。市知识产权局与西南政法大学刚刚签约的合作协议是以知识产权为核心的战略性合作协议，主要目的还是更好地实施创新驱动战略。以我对"知识产权"这四个字的理解，市知识产权局和重庆理工大学合作主要是研究"知识"，也就是专利；和重庆工商大学合作主要是研究"产"，也就是专利如何资产化和资本化以及如何产品化和产业化；和西南政法大学合作主要是研究"权"，也就是授权、限权、侵权与维权。这三者是完全不同的合作定位。

中国的知识产权是四权分置，专利权现在是知识产权局管理，商标权是工商局管理，著作权是文化局管理，地理标志、植物新品种等知识产权另由相关部门分工管理。著作权在中国还等于版权，这本来是错误的理论安排，但是法律实践中是这样规定。与此相应的物化产权，也是多权分置，不动产的管理在国土管理部门，房子抵押登记要找国土管理部门；动产的行政管理在工商局，汽车的抵押登记要找工商局；用益物权的管理在农业部门，农村耕地抵押要找农业局。所以中国的物化产权、知识产权都是多权分置，十分零乱，暴露出中国的政府机构设置很难适应创新需求，这都是下一步深化改革要解决的问题。下面我就先讲一下为什么要搞创新驱动。

（一）搞创新驱动是中国经济下行的压力所迫

近一段时期来，关于中国经济的运行现状与未来走势判断，可以说是众说纷纭、莫衷一是。但从政治家到企业家，从专业人士到普通民众，虽然认知差异巨大，却大都感受到了较大下行压力。

当前，国民经济的主要指标包括 GDP、PPI、财政收入、企业利润、进出口等持续下行且远未触底，这是经济运行出现问题最直接的外观表达。综合判断，传统增长的动力结构，也就是我们 30 多年来已经形成思维定式甚至是路径依赖的所谓"三驾马车"，已同时显现动力疲弱。

从投资来看，一方面，投资效用日益衰减。改革开放初期，GDP 增长 1 个百分点，假设需要投资 1 块钱，现在则需要投到 3 块钱以上。多年来，全球投资率在 20% 左右，全国在 40% 左右，去年全国有 1/3 以上的省市投资率超过 100%，这说明投资效用严重衰减；另一方面，投资来源难以为继。地方政府投资一般有五种融资负债方式：一是以正常资产抵押贷款或发债。这种融资算是目前地方政府最好的负债，而且一般来讲，这类负债的占比越大，地方政府的债务风险就会越小。二是以虚假资产抵押融资。这种负债占比较大的区域，往往是政府管理混乱、不计后果。比如，政府平台公司把自然保护区的林地每亩评估为 20 万元抵押贷款，或者工业园区将 500 亩工业用地以虚假规划调整为综合用地，每亩评估为 300 万元抵押发园区债，一旦到期债务不能偿还，要靠这些资产拍卖还债，肯定是鸡飞蛋打。我悲观地判断，现在银行贷款的真实不良率，恐怕是公布数据的 5~10 倍。三是由施工老板全额垫资。这种负债在边远落后的县市比较普遍，乡镇政府负债中这一方式更是主流。四是搞 BT 项目融资。BT 是什么概念呢？全世界不存在 BT 这么个说法，只有 BOT 模式，学过英文的同志都知道，BT 和 BOT 之间，少了一个 O，也就是 Operate，就会有本质的区别，实质上 BT 模式就是高息负债、恶性透支，是中国部分省市的混乱操作，BOT 叫建设、经营、移交。做 BT 项目财务成本一般要高 30%，那为什么还要做呢？无非是政绩冲动，或者是照顾人情，甚至是从中谋利。一般来讲，BT 项目债务占比越大的区域，地方政府债务的风险就会越高。五是搞 PPP 模式融资。PPP 是公私合作投资于公共领域的一种模式，西方国家已搞了多年，目的是为了提高投资与运营效率。但是在中国，短期内还缺乏相应的人文条件，大部分地区一定是只注重其融资或减债功能，一定是从实质上再搞成 BT 项目融资，相当一部分省市甚至连土地整治也搞什么 PPP 模式。上述融资负债方式，资金来源日益困难，负债水平不断攀高，负担日重，风险集聚。

民间投资更不乐观，过去一年，政府投资增速超过 20%，而占比达 60% 以上的民间投资增速则仅为 3% 左右，增速大幅下滑，为改革开放以来所罕见。上述情况说明，再靠投资拉动 GDP 快速增长，恐怕难以持续。

从消费来看，一是分配制度改革短期内难以到位。虽然目前中国的财富总量已经较大，但要合理分配财富非常困难，既有利益阻隔，也有认知障碍。二是社会保障制度还需逐步健全。目前，社会保障覆盖不全，水平更低，加之贫困人口太多，消费支撑作用受限。虽然 2016 年我国最终消费支出对经济增长的贡献率已达到 64.6%，第三产业增加值占 GDP 的比重达到 51.6%，成为经济增长的主打力量，但中国是一个有近 14 亿人口的大国，不可能像西方一些国家那样把增长的基点放在消费上。事实上，过去五年消费的增速已经是逐年下降，从 2010 年的 18.4% 下降到 2016 年 10.4% 的水平。三是供给侧改革还难以满足消费升级需求。从先进制造到食品安全再到新型服务，存在较大供给短板，大量的中国民众出境采购就很能说明这一问题。

从出口来看，受发达国家再工业化、全球产能过剩、贸易保护主义抬头等影响，我国出口呈现持续下滑趋势，2010~2016 年均为负增长。过去一年，中国在全球主要经济体中的出口占比已下降了 1% 以上，降幅为近 20 年之最。为什么呢？大家知道，过去 30 多年，我们融入世界经济大循环，主要是参与全球低端竞争，靠的是成本优势，并抢占了巨大的市场份额，成本优势现在已"基本丧失"。据波士顿咨询公司评估报告，目前中国制造业的综合成本已超过美国的 95%，物流成本大致是美国的 2.2 倍，资金成本是美国的 2.4 倍，石油、燃气、供水、供电价格，宽带、通信收费，几乎都高于美国，还有些制度成本更难以估算。这一状况已导致我们的成本优势逐渐被南亚、东南亚、南美国家取代。高端竞争靠的是技术优势，这一点我们现在是"远未形成"。目前，我国的工业基础与制造创新两种关键能力不足，核心基础材料、先进基础工业、关键基础零部件与技术基础平台整体薄弱，关键核心技术普遍缺失，CPU、数据库、操作系统等方面存在重大短板，绿色制造体系更相距甚远。据权威评估，我国在重点领域相对处于"领跑地位"的先进技术大致占 17% 的比例，且因国情原因，主要体现为靠举国体制完成的"单维突破创新"，比如核电、高铁、超算等，其他方面参与国内外市场竞争多显得被动。30 多年的对外开放战略，用资源换资本比较成功，用市场换技术则效果不佳，中外合资合作企业的核心技术至今 95% 以上还留在国外，国内制造企业核心技术大都受制于人。就是在全球服务外包市场中，我国虽有人口优势，但受人员素质、支付服务、品牌建设等关键能力制约，目前所占份额还不到 5%（印度占 45% 左右）。随着美国搞再工业化，欧盟搞"地平线 2020"，德国搞工业 4.0，日本、韩国搞创新创造经济，中国参与高端竞争变得更加困难。这种"双层挤压"的国际竞争格局，会导致较长时期内中国出口的持续被动下滑。

经济增速持续下行，不能否认有我们主动调控的原因，但更多应是我们被迫接受的结果。可以断言，全国绝大部分地区目前仍然还在不惜代价推动

GDP 高速增长，实在无力推动的，有些区域甚至会在固定资产投资、规模以上工业尤其是第三产业的统计方面"大做文章"。中国作为全球第二大经济体，实际上要在这么大的基数上再保持 6.5% 左右的增速都是非常困难的，在可以预见的未来，到底中国经济增长走势如何，没有人能作出准确判断，V 型、U 型、W 型、L 型，还是更悲观的倒 L 型，短期内恐怕很难判断。我本人更倾向于 L 型的增速走向，但如果应对不当，也不能完全排除倒 L 型的可能。

（二）搞创新驱动是中国应对风险的现实所需

中国目前面临的风险，从大宏观层面和终端影响上讲，就是金融危机，以及由此导致的经济停滞与社会动荡。从现实经济运行来看，五类具体风险在全国范围内已普遍显现。

一是产能过剩。从有效需求分析，目前传统制造业产能几乎全部过剩。比如，目前我国已经形成汽车产能 5500 万辆，而每年的销量一般在 2000 万辆左右，最多 2500 万辆。如果未来 5 年，没有技术升级和产品换代，一般性的汽车制造厂商恐怕要关闭破产一半。钢铁、水泥、煤炭等领域的产能过剩更加严重。为什么会出现这种现象呢？根本的原因是我们的市场"失灵"，还没有真正地体现市场经济的运行规律。以重庆为例，目前汽车制造与电子终端两大产业占据了工业领域的半壁江山，增势较好，但也面临升级转型的较大压力，如果应对不当，就有可能造成巨大资本沉淀、产能过剩与产业洗牌。从全球发展经验来看，当一个成熟产业的规模虽保持继续增长，但增长的加速度开始下降时，往往意味着产业转型拐点的到来，而且新技术、新产业取代旧技术、旧产业的拐点周期变短、速度加快。21 世纪以来，平板显示取代 CRT、数码相机取代胶卷、苹果手机取代诺基亚，无不如此。拐点机遇，稍纵即逝，探索未来产业，引领新兴产业，成为一个地区创新能力的关键标志。

二是地产泡沫。所谓地产泡沫，一是指价格与价值严重背离，二是指供给与需求严重失衡，供给量远远大于需求量。过去 20 年，地产市场高速成长、普遍暴利，到了今天，这一时代恐怕是一去不复返了。据有关主管部门统计，目前中国房地产备案销售面积大致有 7 亿平方米，在建工程大概有 60 亿平方米，加上已经供应的开发用地还要建设 30 亿平方米，房地产完整存量应该在 100 亿平方米左右。此外，中国城镇居民家庭还拥有大量闲置住房，如果再考虑独生子女一代的到来，估计在未来 10 年之内，中国的地产市场也难以实现新的平衡。"北上深"等少数城市 2016 年房产价格的大幅上涨，是我国公共资源在部分城市超配的一种反映，而且本质上是一种货币现象，中国货币增量超出了全球一半，M2 增速近年来一直远远超过 GDP 增速，巨大的货币释放，在实体经济整体不振的情况下，大规模流向了房地产领域。综合判断，少数城市的反常增长，不仅不会带动其他地区房价上涨，相反还会产生资金的虹吸现象，大多数二线以下的中小城市，在可以预见的未来，如果还指望地产快速拉动经济增长和增加财政收入，可能性不大，最困难的时候还远没有到来。

三是高额债务。据统计数据，包括本质上为转移负债的或有债务，中国政府负债率在 60% 左右，已达到国际公认的风险警戒线。除政府债务外，由于我国社会信用成本过高、金融体系滞后，导致直接融资比例太低，股权投资更不成熟，资金流转 80% 以上通过借贷特别是抵押借贷实现，由此导致社会总体债务也持续膨胀。目前，全社会总体负债水平已经达到 249%，是全球负债率较高的大国之一，如果再考虑中国近乎天文数字的银行体外经营、政府隐形债务与民间各类借贷，那就可能超过绝大多数欧美国家负债水平。

负债是不是都是坏事呢？要区别看待。理论上讲，全球债务可划分为对冲债务、投机债务和庞氏债务。第一种债务叫对冲债务，这种债务有收入来源覆盖，可还本付息。第二种债务叫投机债务，这种债务只能偿还利息而不能偿还本金，靠债务展期。比如，我们一些大型国有企业以及事业单位的负债，每年都会还利息，但是还本金是不可能的；第三种债务叫庞氏债务。这种债务的循环实质上是靠借新债还旧债，也就是欺诈债务。如果庞氏债务比例过大，就会导致债务崩塌甚至是金融危机，形成长期恶性循环。因此，高额债务是一个无法回避的问题，尤其是非金融类企业债务，已经占到了 170% 的超高水平，正在累积较大风险。就以政府债务来讲，其平台公司大多是毫无造血能力的劣质类企业，现在却成为银行放贷竞相追逐的首选对象，这听起来很滑稽，细想起来就很可怕，这说明政府负债和经济运行已经远远背离了经济规律，风险不可忽视。我们现在通过以时间换空间战术进行债务置换、往后拖延，同时适当降低资金成本，但这毕竟只是权宜之计，不是治本之策。我国没有政府破产制度，一些市县政府从技术上讲已经是多次破产，有的负债是远超 GDP 总量。欧美国家不会这么做，它们通过政府破产制度终结债务，一切归零、从头再来。当然，也同时会追诉责任和限制破产政府公职人员的高消费行为。

四是影子银行。主要包括银行的表外业务、非银行金融机构经营、非金融机构的一些社会融资活动，甚至包括非法集资，还有这几年兴起的互联网金融，这些都是脱离了现有监管体系的一种金融业态。影子银行规模可能超过银行正规借贷总量。据中国建设银行总行介绍，2015 年中国建设银行重庆分行表外经营及其他一些理财金融额度达到 300 多亿元，已超过重庆地区新增贷款。影子银行资金规模庞大，监管不力，积聚了巨大风险。全国多数省市包括重庆的部分区县，一些非法集资、高息揽储、售房返租等活动，就已酿成不少群体事件。

五是工业园区。中国地级以下城市的工业园区，大都没有形成产业链，更谈不上相应的孵化功能。一部分区域工业园区的现状甚至完全背离了人类通识，真正符合投入产出规律的工业园区占比很低。比如，我曾去看过一个总投入 50 多亿元的工业园区，现在总产出还不到 5 个亿，如果没有债务置换，50 亿元的投资，每年资金成本就需 6 个亿。重庆实施五大功能区域发展战略后，主张功能分区、错位发展，这才从布局上限制了生态涵养与保护区域工业园区的遍地开花。

上述五类风险，在全国范围内已普遍显现，部分地区甚至已叠加发生，需要引起足够的重视，更需要作出超常应对。

（三）搞创新驱动是目前供给侧改革的核心诉求

过去 30 多年中国实现经济的持续高速增长靠的是改革；未来三十几年要实现"两个百年目标"，从根本上讲还是要靠改革。目前的风险挑战又该怎么应对呢？根本的措施还是要靠改革，特别是供给侧结构性改革。要在管理需求侧的同时，通过供给侧的去产能、去库存、去杠杆和降成本特别是降制度成本、补短板特别是补创新短板，两端发力，实现宏观经济新的平衡。

从国内现状来看，所谓供给侧改革，其实质问题是"去除无效供给，增加有效供给"。去除无效供给的关键是国有企业改革，因为近2/3的无效供给是由国有企业所创造，没有国有企业与国有经济的大力度改革，就不可能真正去除无效供给；增加有效供给的关键就是依靠技术创新和制度创新的双轮驱动提高全要素生产率，提高供给的质量和效率，解决改革开放30多年来经济领域没有很好解决的"人无我有"（靠原始创新）与"人有我精"（靠引进消化吸收再创新）两个基本问题。换言之，我国供给侧结构性改革的核心诉求还是搞创新驱动，实质上也就是通过创新驱动形成替代动力，推动产业升级和发展转型。

从国际经验来看，全球进入中等收入行列的国家很多，但大多数国家在迈向高收入国家的过程中，既不能重复又难以摆脱从低收入阶段跨进中等收入阶段的发展模式，长期未能实现经济转型升级，经济结构始终停留在较低层次，加之社会分配不公，最终跌入"中等收入陷阱"。而少数能够进入高收入行列、跨越"中等收入陷阱"的国家，如日本、韩国、新加坡等，都拥有一个共同特征，这就是成功实施了创新驱动战略，进入了创新型国家行列，实现了从"跟踪模仿"到"自主创新"的转变，其创新综合指数明显高于其他国家。主要表现在三个方面：一是研发投入占GDP的比重至少在2%以上；二是对外技术依存度指标一般在30%以下（我国的对外技术依存度达50%以上）；三是科技进步贡献率在70%以上。这一现象说明，所谓"中等收入陷阱"，其本质上就是创新驱动困境，走出了创新驱动困境，自然就跳出了中等收入陷阱。因此对于中国这样大体量的经济体来说，无论是目前的供给侧改革，还是最终要避免陷入中等收入陷阱，归根到底还是要搞创新驱动。如果不搞创新驱动，如果不转换发展动力，那就无法深入推进供给侧改革，就跳不出中等收入陷阱，最终还会导致系统性甚至是全局性的金融风险、经济危机和社会动荡。

（四）搞创新驱动是当今世界转型发展的大势所趋

近代工业革命以来，人类社会已经实现了三次大的变革，分别创造了相应的蒸汽时代、电气时代和信息时代。三次变革本质上都是依靠创新驱动推动了世界的发展转型，实现了全球经济的长足发展。但是，2008年金融危机以来，全球范围内产业层次低、发展不平衡、资源环境刚性约束增强等矛盾日益突出，世界贸易放缓，经济结构失衡，全球增长进入"新平庸时代"，迫切需要改变投入方式与增长模式，更多地从人的创造力、技能和天分中获取发展动力，通过技术进步，提高生产要素的产出率。也就是需要依靠创新驱动，推动产业结构调整升级，促进世界经济转型发展。

纵观世界工业化进程，创新一直是大国之间的竞赛场，谁主导创新，谁就能主导赛场规则和比赛进程。一个国家是否强大不仅取决于经济总量、幅员面积和人口规模，更取决于创新能力。进入全球化阶段以来，发达国家创新优势依然明显，但全球创新版图正在加速重构，并呈现以下四个特点。

一是全球进入高强度研发时代。1996~2017 年的 20 多年间，全球研发投入翻了两番。二是发达国家在全球研发支出中的占比逐年下降。美国、日本、德国、法国和英国的研发支出总额占比从 20 世纪初的 80% 下降到目前的不足 70%，经济合作与发展组织（OECD）的研发支出总额占比也从当初的 90% 下降到目前的 70% 左右。与此相反，新兴经济体技术追赶提速，中国、巴西、俄罗斯、印度、土耳其等新兴经济体在研发支出快速增长的同时，其比较优势正从自然资源和劳动力的低成本优势，向以知识和技术密集为特征的新优势转换。三是跨国公司成为全球创新资源布局的重要载体。世界 500 强企业的研发支出目前已占全球份额的 65% 以上，全球化的研发资源配置方式大幅降低了跨国公司的研发成本，也直接导致了全球创新资源布局对跨国公司的特殊依赖。四是创新高地的多极化日趋形成。除北美和北欧创新格局变化不大之外，中日韩在东亚、印度在南亚、新加坡在东南亚、以色列和土耳其在西亚、南非在非洲、巴西在南美已经成为所在区域的创新主导力量。特别是亚洲板块的快速崛起，使其正在成为全球创新版图的又一核心地带，一批具有世界影响力的创新城市已经凸显。

与此同时，世界经济结构和竞争格局也在加速重塑。世界主要发达国家都在积极强化实施创新驱动战略，相继进行高端前瞻布局，以数字化、网络化为开始，以人工智能为高潮，引领第四次技术革命，并推动信息与制造技术融合，使全球制造业发展重心再次转向发达国家。2013 年，韩国提出了"创造经济"战略；2014 年，欧盟实施了"地平线 2020"计划，德国先后推出了第三部高技术战略和工业 4.0 战略，英国发布了"我们的增长计划：科学和创新"战略；2015 年，法国发布了"未来工业"战略，日本发布了"新成长战略"，美国发布了"美国创新战略"，等等。中国于 2015 年发布了《中国制造 2025》，2016 年又制定了《国家创新驱动发展战略纲要》。俄罗斯、巴西、印度等新兴经济体也在积极部署出台国家创新战略。毋庸置疑，全球创新版图与世界经济结构的重构、重塑，为我国的战略转型与历史变革打开了"机会窗口"，只有在创新的部署上不掉队，中国才能跟上世界发展大势；只有在创新的关键领域早突破，我们才能把握发展的主动权和话语权。

16 世纪以来的世界创新变革，一些欧美国家抓住了机遇，一跃而成为世界大国和世界强国；反之，中国却由全球经济规模最大的国家沦为落后挨打的半封建半殖民地国家，其中一个很重要的原因就是与世界创新转型特别是科技革命失之交臂。目前的中国已积累了较大规模的经济实力，形成了较为完备的产业体系，培育了总量最多的科技研发与工程技术人才，在主要科技领域已经"占有一席之地"。但是前沿科技储备有待加强，高端人才仍然十分急缺，原始创新能力不足，关键核心技术受制于人的局面尚未得到根本扭转，高水平科技供给与新常态转型需求很不适应，许多产业仍处于全球价值链的低端，体制机制障碍迫切需要革除，科学精神与创新文化需要大力弘扬培育。面向未来，只有抓住新一轮创新驱动的历史机遇，才能实现中华民族的伟大复兴。

二、怎么来搞好创新驱动

接下来我就第二个问题做个简单交流，也就是怎么来搞好创新驱动。

我们国家发展到现在，据我判断，在多数领域，为什么要搞创新驱动的问题已经基本形成共识。从中央的总体治理方略来看，以习近平同志为核心的党中央，在十八大之后，用较短的时间提出的"五位一体"的总体建设目标和"四个全面"的总体治理方略，从执政理念上都把创新放在了首位。我前几天去区县调研，发现部分区县的党委书记、区县长开始从内心接受中国已经到了非搞创新驱动不可的地步，除此之外别无他途。聪明一点的官员，聪明一点的商人，聪明一点的文人，内心都开始认同创新驱动是中国唯一的选择，传统动力结构，当然要继续维持，避免断崖式下跌，但是要尽快寻找替代动力，实现发展转型。因为在传统动力枯竭之前，如果新的动力没有形成，那将是一场巨大的灾难。在认识上初步解决之后，怎么搞好创新驱动呢？全国各地恐怕是五花八门，我以个人的理解和对重庆市情的把握和大家做一个简单交流。

第一，要完整理解创新驱动的内涵。

创新驱动指通过技术创新和制度创新的双轮驱动，提高全要素生产率，形成替代增长动力，推动发展模式转型。理解这一战略的内涵，要把握以下几个要点。

一是科技创新处于核心地位。创新是一个复杂的系统工程，是科学价值、技术价值、经济价值、社会价值与文化价值的增值过程。但从发展的角度讲，创新驱动的核心诉求是解决技术创新。西方国家所讲的创新也主要是指技术创新，中国的创新概念比较泛化。目前，国际上对创新型国家的界定，也主要是围绕科技创新展开的，换言之，都把科技创新摆在了核心地位。

再回到我们的语境。邓小平同志指出，科学技术是第一生产力。习近平总书记指出，创新是引领发展的第一动力，是提高综合国力与社会生产力的战略支撑，必须把创新摆在国家发展全局的核心位置，把创新贯穿于党和国家的一切工作，抓住科技创新这个牛鼻子，推动以科技创新为核心的全面创新。李克强总理指出，科技创新的成败，很大程度上决定着我国发展战略的成败，必须始终把科技创新摆在国家发展全局的核心位置，重塑我国发展竞争新优势。中国的执政哲学和施政理论，认同生产力决定生产关系、经济基础决定上层建筑，在中国社会的基本矛盾与发展的战略机遇期两个没有根本改变的背景下，这种逻辑也推导出一个结论，这就是科技创新处于核心地位。

二是文化创新发挥基础作用。人类认识世界、改造世界的文明进程，从根源上讲，在于文化创新。国民之魂，文以化之；国家之神，文以铸之。没有创新的文化，就不可能有创新的科技。

纵观古今中外，先秦诸子的百家争鸣催生了两汉农业文明的成熟，魏晋时代的观念创新促成了唐宋经济的繁荣，宋明理学带来了康乾盛世的歌舞升平，改革开放以来的理论创新则创造了 30 多年的增长奇迹。世界范围内，工业文明从蒸汽时代到电气时代，再到信息时代；科技中心从英国转到德国，再转到美国，无不包含深厚的文化根由。

文化创新发挥基础作用，古今中外，概莫能外。一个国家、一个地区、一个部门、一所高校，甚至一个企业要搞真正的实质性创新，就必须培育鼓励探索、宽容失败的创新文化，让失败者不感到尴尬、不要丧失尊严、不要失去保障，否则创新文化很难形成。如果没有推进文化创新的意识和行动，不能培育真正的创新文化，断然不会有实质的创新。要想抓好创新驱动，就必须想办法培育创新文化，努力促成人人想创新、事事靠创新、处处有创新的强大社会氛围。培育创新文化是中国实施创新驱动发展战略的深层需求，政治家要创造环境、教育家要持续启蒙、文艺家要潜移默化、企业家要身体力行，没有文化创新包括理论创新，创新驱动不可能成功。

三是体制机制创新带有根本性质。二次工业革命以来，内燃机等技术创新成果在美国迅速实现产业化，芬兰从欧洲的边界成为欧洲的东部心脏。我国经济特区和高新区的快速崛起，一个重要的共性原因就是都建立了一套激励创新与保障创新成果推广利用的体制机制。搞创新驱动，技术创新和制度创新犹如车之两轮，在推动技术创新的同时，应着力消除不利于创新的体制机制障碍，应系统变革相关的制度安排。

推动体制机制创新，首先要大力深化科技管理体制综合改革，核心是理顺政府和市场的关系，实现政府职能从研发管理向创新服务转变。科技管理体制综合改革，包括科研项目管理改革、科研经费管理改革、科技平台管理改革、科技成果管理改革、科技人才管理改革等，所有这些改革的本质诉求，就是为了激发各类创新人才的创新欲望，为了维护各类创新主体的公平竞争。知识产权的本质是民事权利，根本上是取决于司法保障和仲裁裁决，仲裁裁决来自民事权利让渡所形成的制度安排，而不是取决于行政机关。行政机关对民事权利的介入虽然有确权登记的成分，但是不产生必然的法律效应，随着中国的进步，这种认知越来越深。比如说当年买一套房子，不去房管局登记就觉得没有权利一样，这是错误的认识，不去登记也是我的房子，只是登记后可以对抗第三人。原来的婚姻亦如此，觉得必须登记以后才能结婚，这是荒唐的，是政府对民事权利的越权干预。公权介入主要是在工业革命之后，公权介入进行确权，确权形成保障的基础。但是知识产权归根到底是民事权利，更多的是依靠司法保障和仲裁裁决。从规律上讲，人类演进最大的动力就是欲望，最佳的机制就是竞争，各级政府只要做到了"激发创新欲望与维护公平竞争"这两点，创新就会一路前行。

推动体制机制创新，最根本的是搞市场经济、法治政府和包容社会。一是要搞市场经济。就是要对市场经济的产权制度、交易制度与监管制度这三大全球共识的支撑制度，大胆探索、再作改造。比如，改革产权制度就是要逐步让国有企业退出一般竞争领域，改革交易制度就是要逐步拆解垄断和消除不正当竞争，改革监管制度就是要逐步实现市场监管的精简、高效、统一。总之，只有市场经济才能天然激励创新。二是要搞法治政府。就是对党委依法执政、政府依法行政、人大依法监督、两院司法公正与全民诚信守法，这五大依法治国目标体系涉及的体制机制与制度，壮士断腕、再作提升，只有法治政府才能天然保护创新。三是要搞包容社会。就是要形成宽松和谐、包容共享的人际关系与社会氛围，只有包容社会才能天然润育创新。

四是大众创业、万众创新体现基本要求。实施创新驱动，不是少数科技专家的创新，也不是少数企业家的创新，更不是党政官员自娱自乐，而是针对我国当前自然生态与人文生态现状，搞全民创新和全民创新引领之下的全民创业，即：大众创业、万众创新。

为什么搞大众创业呢？根本目的就是激活微观经济，在30多年前的改革开放激发第一轮创业之后，再想办法推动中国改革开放之后的第二轮创业。只有微观经济的真正激活，也才能支撑宏观经济的真正稳定。

为什么搞万众创新呢？根本目的就是盘活人力资源。30多年前土地承包改革的真正意义，主要不在于提高了粮食产量，而在于解放了中国农民，释放了中国第一轮大规模的人口红利，但在人口数量拐点到来之后，只有把以体力消耗为主的人口优势转变为以智力贡献为主的人才优势，才能在未来30年释放中国的第二轮人口红利。

第二，要准确把握创新发展的大势。

当今世界，科技正处在革命性变革的前夜。一方面，大科学计划和大科技工程正在使科学世界发生深刻变化，改变我们对世界的深层理解。另一方面，基础研究、应用研究、技术开发和成果转化的边界日益模糊，科技变革突破的能量不断积蓄，某些领域即将引发群体性、系统性突破，技术创新、商业模式创新和科技金融创新加速融合又不断催生新产品、新模式、新业态，势必引发新一轮科技革命和产业变革。

从宏观视角和战略层面进行综合判断，世界科技发展正呈现以下八大走向：一是科技更加以人为本，绿色、健康成为引领科技创新的重点方向。二是"互联网+"蓬勃发展，将全方位改变人类生产生活。三是智能化成为继机械化、电气化与自动化之后的重要技术特征。四是科技制高点向深空、深海、深蓝、深地拓进，前沿基础研究向宏观拓展、微观深入和极端方向交叉融合发展。五是军事与民用技术的界限日益模糊，军民融合向全要素、多领域、高效益深度发展。六是科技创新活动日益社会化、大众化、网络化，新型研发组织和创新模式将显著改变创新生态。七是国际科技合作重点围绕全球共同挑战，向更高层次、更大范围发展。八是全球科技创新格局出现重大调整，将由以欧美为中心向北美、东亚、欧盟"三足鼎立"的方向加速发展。

与此同时，世界产业变革正向七大领域聚焦：一是先进制造领域。智能制造、绿色制造、个性制造、极端制造快速崛起，其中智能制造从分子层面设计、制造和创造新材料，与直接数字化制造结合，将产生爆炸性的经济影响。二是互联网领域。大数据、云计算、物联网、智能生活、移动可穿戴终端等产业蓬勃发展，超级计算、虚拟现实、网络制造与网络增值服务等产业将突飞猛进。三是大健康领域。食品安全、生物医药、医疗器械、养生养老、健康管理等产业不断发展壮大，干细胞产业将随着制药企业和风险投资的大量介入，逐步进入成熟阶段，基因技术、蛋白质工程、人脑科学等将催生一系列新兴产业快速发展。四是新能源领域。太阳能、地热能、风能、海洋能、生物质能和核能等新能源的广泛应用，将产生巨大的经济效益，并使我们迎来后化石能源时代和资源高效、可循环利用时代。五是新材料领域。以石墨烯为代表的纳米材料将加速商业化，特种金属功能材料、高端金属结构材料、先进高分子材料、新型无机非金属材料、前沿新材料等产业发展前景广阔。六是生态环保领域。污水处理、污染防治、土壤修复、环境监测、危废处理、汽车拆解等技术得到广泛应用，将催生一批新的经济增长点。七是现代农业领域。育种、栽培、饲养、土壤改良、植保畜保等农业科学技术迅速提高和广泛应用，多基因控制、多目标介入的农业分子模块育种将逐步取代当前的单基因转基因技术，推动农业进入生态高效可持续发展时代。

面对即将发生的新一轮科技革命与产业变革，作为后发国家与地区，必须及早谋划、抢得先机，必须占据高点、超常应对，这样才能让创新真正成为引领中国发展的第一动力。

第三，要着力强化创新发展的三大关键支撑。

一个国家、一个地区要搞好创新驱动、实现转型发展，从战略上讲，需要统筹解决好技术、资本与创新生态三大关键支撑，三者齐备，才能赢得未来，缺一不可。强化这三大支撑，主要就是用好改革开放这"关键一招"，着力办好三件事情。

第一件事，大力培育创新主体，解决"技术供给"问题。

创新主体从法人机构的层面来讲，分为三类，即：企业、高校、院所。从自然人的层面来讲，就是指科技创新人才。

中国是全球第一专利大国，也是第二研发投入大国，但真正有效的创新主体短缺，加上科研管理与人才评价改革滞后，大批的专家学者为了职称做论文、为了晋升做专利，既消耗了高额的研发投入，还付出了巨大的机会成本。要有效解决技术供给问题，就是要大力培育创新主体，加快构建起以企业为主体、以院校为依托、以产业为基础、以市场为导向、以军民融合为特色、以开放协同为保障的技术创新体系。

一是培育科技企业特别是高技术性企业和高成长性企业。企业是技术创新的主体，对于高校、科研院所资源不足的地区，尤其如此。为了尽快形成高新技术企业顶天立地、科技中小微企业铺天盖地的发展格局，全国已有部分省市实施了相应的专项培育行动。例如：重庆启动了科技企业培育"百千万"工程，制定了"双高"企业培育实施方案。

二是培育高等学校、科研院所特别是新型高端研发机构。新型研发机构是集聚创新要素、整合跨界资源、支撑产业技术创新的关键载体，高技术、大资本、全球化的新型高端研发机构更为我国补科技创新短板所急需。例如：重庆聚焦新兴产业出台了专项实施方案，以大力培育引进市场运作、开放协同的新型研发机构，特别是高技术、大资本、全球化的高端研发机构。

三是培育科技人才特别是高层次创新人才。科技创新的核心要素是人才，缺乏人才特别是高层次创新人才，创新驱动将成为无源之水，这一点全国已形成足够的共识。例如：重庆基于高端人才储备不足，在引进人才方面出台了系列实施方案，用以激励高等学校、科研院所与公司企业引进创新、创投、创业三类领军人才和建设规模宏大的实用新型技术人才队伍。

当然，在培育以上创新主体的同时，要更好地解决"技术供给"问题，还需要政府制定和实施必要的产业规模政策与产业技术政策，以普惠性的财税激励、后补性的绩效奖励与实施重大产业技术创新主题专项，来引导和激励各类创新主体实施产业技术创新和进行与之关联的基础研究与前沿探索。

第二件事，加快完善创投体系，解决"资本来源"问题。

就创新发展而言，有了先进技术，还要通过科技金融改革和完善创投体系来解决资本来源问题。中国是全世界存款最多的国家，但也是全世界用钱最贵的国家。中国货币的增量占全世界的一半以上，高达 160 万亿元的巨量货币释放（M2），却因为金融改革不到位而无法有效传导到实体经济，更难以对接创新需求，大量信贷资金在虚拟经济和房地产领域打转转，在国有僵尸企业去消耗，甚至在银行的账面上做对冲，实体领域依然是用钱难、用钱贵。科技创新型企业大多是以轻资产为主，融资更加困难，急需通过花大力气推进科技金融改革，颠覆传统金融模式，加速完善创投体系。概括起来，重点是构建三大体系。

一是**股权投资体系**。目前，中国的金融体系不能适应创业需求，更难以支撑创新投资。为此，全国都在积极探索建立科技金融股权投资体系，特别是探索政府介入其中的领域、环节和方式。例如：重庆针对科技企业不同成长阶段的特点和需求，探索设立了种子投资引导基金、天使投资引导基金和风险投资引导基金，以引导和撬动全社会的创投资本投资创新创业。预计最近 3 年内，可引导形成上千亿元规模的创投资本来构建股权投资体系。

二是**债权融资体系**。科技领域的借贷很多都牵涉知识产权尤其是专利，属于无形资产，难以判断价值和风险。知识产权是人类智慧的结晶，是抽象的成果，不是具象的成果，人类不可能准确地判断知识产权的价值，所谓知识产权的评估是伪命题。人类也不可能完全实现知识产权的线上交易，因为知识产权是特定物，不是种类物，交易信息不对称，而且是绝对不对称。我们经常讲医患关系，患者和医生信息不对称，那是相对不对称，有的患者久病成医，比医生还聪明。但是知识产权的交易是信息绝对不对称，很多的发明创造就是一张窗户纸，对称就不值钱了，所以知识产权不可能完全实现线上交易。知识产权的抽象性意味着知识产权像人的价值一样很难量化评判，所谓知识产权的价值评估不太现实，人类解决不了这个难题。但是可以开发一个软件进行信用价值等级的生成，知识产权的评价也是寻找一个对应的信用等级。中国的产权形态中，最低的产权是限制性物权，比如农村土地承包经营权；中间的产权是物化产权，比如不动产和动产；最高的产权是知识产权。最高层次的智慧结晶反而不值钱，原因在于制度障碍，所以要通过改革建立以知识产权为核心的知识价值信用评级体系，让知识产权借助信用工具实现资本化。如果没有探索建立知识价值信用评价体系和债权融资模式，如果没有知识价值的信用担保基金，没有坏账损失的风险补偿机制，借贷关系很难成立。为此，全国各地也都在积极探索创新型经济结构的债权融资模式。例如：重庆目前正在国家自主创新示范区开展科技中小企业基于科技人才、研发投入、知识产权与创新产品等知识价值的信用评价与债权融资改革试点，探索依靠"商业大数据应用+专利软件化评估"实现颠覆式创新，解决科技中小企业债权融资的轻资化、信用化与便利化问题。

三是众筹募资体系。从现实情况来看，搭建具有合法性和公信力的创新型企业众筹平台，最便捷的途径就是在我国现有多层次资本市场中开设多层次的科技创新板，专门提供科技创新型企业挂牌展示、融资路演和资本课堂等综合服务。例如：重庆在区域性股转中心探索建立了以知识信用价值为核心、以"双高"企业为重点、以科技研发与成果转化的资本众筹为功能的科技创新板，首批71家企业已正式挂牌。

第三件事，统筹布局创新平台，解决"创新生态"问题。

搞创新驱动，有了技术供给和资本来源，还必须有良好的创新生态，才能让技术与资本对接孵化。构筑创新生态，主要是围绕创新链的三个要害环节，统筹布局和大力推进各类创新平台建设。

一是围绕科技研发环节，着力打造资源共享平台和协同创新平台。应当看到，在科技创新领域，或因利益冲突的影响，或因门户之见的困扰，或因不同体制的障碍，相当多的情况下，科技资源稀缺与浪费并存，产、学、研脱节，跨国合作薄弱，严重影响了研发绩效。为此，全国围绕"资源共享与开放协同平台建设"都在进行改革探索。例如：重庆提出要体现"产学研协同、国内外合作、线上线下互动与军民深度融合"的分享经济理念与开放创新模式，融入全球创新网络，布局研发活动、整合创新资源。

二是围绕科技成果转化环节，着力打造技术转移平台和新型孵化平台，以有效解决科技成果的转移转化问题。例如：重庆提出打造技术转移平台的重点是建设科技要素交易中心，同时支持高校、科研院所设立专门的技术转移机构；打造新型孵化平台的重点是建设孵化功能齐备、创投资本充足与商业模式完整的品牌众创空间和科技企业孵化器。

三是围绕产业培育环节，着力打造创新特区和开放特区。经济活动的空间集聚，能够带来经济的规模效应。科技活动的空间集聚，能够形成创新的示范功能。目前实现空间集聚的主要平台就是创新特区和开放特区。例如：重庆提出打造创新特区重点是要依托两江新区核心区和重庆高新区加快建设技术创新与制度创新双重引领示范的"重庆国家自创区"，打造开放特区重点是要加快建设"重庆国家自贸区"。要真正按照"产业生态"的理念，体现"高新产业主导、无极化配套、产学研协同、多链条融合、复合模式运营"五项要求，高端定位和统筹推进这两类特区的建设发展。

搭建以上创新平台，主要目的就是为了解决创新生态问题。通过在这些创新平台中提供优质的技术孵化供给、创投资本供给和公共服务供给，特别是创新制度供给，很大程度上就能打造出局域化的创新生态系统，解决创新创业所必需的"阳光、空气、土壤与水分"。当然真正宏观意义上的创新生态系统还是市场经济、法治政府与包容社会，这也是美国能够集聚全球创新资源和深圳能够实现区域创新发展的真正经验所在。

三、结语

各位老师，各位同学，同志们，今天我作为一名从西南政法走出去的学生，尽力和大家做了一个简短交流，如有不妥，请大家批评，谢谢大家！（掌声）

赵万一：非常感谢殿勋主任，同时也是殿勋校友的精彩讲座。相信老师同学们都有非常大的启发。考虑到时间的关系，就安排 2~3 个提问，机会难得，大家有什么问题，可以举手示意。

提问 1：李书记您好，您刚刚讲到在重庆培育创新主体这方面的工作，据我所知，就培育创新主体来讲，我们借鉴其他国家的经验，比如韩国是培育大公司，像三星、现代这样的公司是很全面的，什么东西都做，化工、电子等。而我国的台湾地区是属于发展专精型的，只做芯片产业，像您刚刚说的，我们国家在这方面也有比较优秀的，比如深圳的大疆公司。另外，结合我市现在发展的情况，我们是制造业重镇，有汽车产业，包括制造行业，比如惠普在这里建成。我市在这方面要采用什么样的方式培育主体，主要是培育一个大主体还是通过各个产业中的小主体达到星火燎原的效果？谢谢！（掌声）

李殿勋：很感谢这位同学能关注现实的经济问题。中国的国情和韩国、日本甚至美国都有重大区别。从中国的人口结构、经济结构来看，在产业政策上、产业规模上，既需要大企业顶天立地，更需要小企业铺天盖地，这是中国的国情决定的。中国的产业规模政策不可能走韩国、日本的路径，大企业要顶天立地，参与全球的竞争格局；小企业要铺天盖地，因为中国有 14 亿人口，就业最大的空间在中小企业，所以要两者并重。作为地方党委政府来讲，大企业要靠招商引资和重点培育；小企业要靠大众创业、万众创新。让中国的民众尤其是受过高等教育的人才，精英知识阶层，能够释放自己的创造潜能，培育大批的高技术性和高成长性中小企业，这才是中国未来的微观经济基础。没有这个微观经济基础中国的转型不可能成功，这是中美之间、中韩之间、中日之间的重大差别。

重庆也是按照这样的逻辑，要两手并重，一方面是推动大企业的转型升级和引进大型龙头企业。现在主要是汽车制造和电子终端，这两个产业占重庆工业的半壁江山，现在已经进入发展的拐点，今后的增长速度会逐步下降。行业转型的拐点已经到来，面临巨大的转型升级压力，需要技术更新和产品换代，甚至整个产业转型，但是基本的方向是通过培育和引进两种手段，通过招商引资和就地培育，让一批龙头企业做大做强。

另一方面要靠大众创业、万众创新形成铺天盖地的中小企业格局。其中最关键的是 5 年之内重庆要集中培育 1% 的最优质的市场主体，重庆的市场主体现在有 200 万个，包括大、中、小、微、个体户，1% 是 2 万个。5 年内重庆要成功培育 2 万家最优质的市场主体，也就是科技创新型企业，尤其是其中的双高企业（高技术性、高成长性），重庆如果如期培育 3000 家高技术性和 3000 家高成长性企业，将成为转型变革的关键支撑。政府正在通过金融支撑、财税扶持、荣誉激励与创新服务，让重庆在 5 年之内形成大企业顶天立地和小企业特别是科技型企业铺天盖地的微观经济基础，这样才能支撑宏观经济真正的稳定，否则用不了 5 年，明后年就会出现严重的增长乏力。

赵万一：我们再请一位老师吧。

提问 2：我是西南政法的一名老师，有一个问题，在知识产权的保护过程之中，重庆是西部城市，如果保护太严，被告就会哀鸿遍野；如果保护不强，创新转化过来的知识产权保护可能不够，内在的动力可能不足。因此，在中国，尤其是中西部地区来说，知识产权保护的强弱这个度怎样才能拿捏适当？

李殿勋：需要靠智慧把握这个度。中国几千年来，政治治理就是讲究一个度，人和人之间没有绝对的高明和低劣之分，人比人高明一点主要就是度把握得好一点，智商差别并不大，有的人智商很高，但是度把握不好。在我看来，中国几千年执政的哲学主要是辩证法，是中庸之道，讲究抓主要矛盾和矛盾的主要方面，讲究中正而不偏颇。

知识产权的保护也是一个度。知识产权的保护，现在主要的矛盾是保护不力，这是多因一果。为什么认为保护不力的很多？我们国家的治理在这个阶段出现了很多弊端，十八大以后正在进行系统的深化改革。第一是信仰缺失，信仰缺失后，对知识产权的保护不认同。第二是道德滑坡，一些人经不起利益的诱惑。第三就是法律虚无，我们还没有完全转变为法治国家，相当一部分官员、企业、公民个人没有形成真正的法治信仰。信仰缺失、道德滑坡和法律虚无，说明人类治理的三个层面同时出现问题，暴露了中国目前的社会弊端，主要矛盾还是保护不够，所以抓主要矛盾就要加强保护，而不是担心保护过度了影响共享。

赵万一：非常感谢殿勋主任，由于时间关系，我们的提问环节到此结束。很多同学还在举手，下次举手的时候要积极主动一点，机会非常难得，今后我们可能还有机会。

今天下午的讲座应该让我们感受很多，需要说的话也很多，我只说两点。第一点，讲座给我的印象是，没有创新驱动就没有中国真正的未来，我们原来把创新驱动仅仅局限于技术领域，根据刚才讲的，我深刻地领悟到，对中国来说，创新驱动可能是关乎中国的生死，关乎中国的未来。第二点，创新驱动关乎你我，就在我们身边，原来理解的创新驱动可能主要是技术驱动，是技术人员的事情，今天我第一次意识到，制度创新可能比技术创新更为重要，这也为我们的研究拓宽了视野。

如果要说有什么缺陷，包括樊书记在内，我们交流得出，可能今天受众太少，因为今天参会的除了嘉宾之外主要是知识产权的老师和学生，其他学科领域的教授没有安排参加，这个遗憾今后还需要弥补。另一个缺陷遗憾就是时间太短，有很多内容没有时间展开。今后，我们热切希望李殿勋主任再抽出宝贵的时间给我们做讲座，给中国知识产权名家讲坛，包括其他的学术讲座，带来更多的精彩演讲。

让我们再次以热烈的掌声感谢李殿勋主任！感谢各位嘉宾、各位同学的积极参与，今天下午的讲座到此结束，谢谢大家！（掌声）

文字校对：马艳　廖晓莉

整理说明：根据现场速记及录音整理而成，已经过主讲人审阅。

第十七讲

后 TRIPS 时代国际知识产权
竞争态势与中国对策

主　题：后 TRIPS 时代国际知识产权竞争态势与中国
　　　　对策

主讲人：姜丹明　现任超凡知识产权服务股份有限公司
　　　　　　　　常务副总裁、超凡知识产权研究院院
　　　　　　　　长（曾任国家知识产权局条法司副司
　　　　　　　　长、浙江吉利控股集团首席知识产权
　　　　　　　　顾问）

主持人：易健雄　西南政法大学知识产权研究中心副主任，副教授

与谈人：谢丛波　重庆市知识产权局保护协调处处长，博士

　　　　黄　汇　西南政法大学知识产权研究中心副主任，教授

时　间：2017 年 4 月 26 日

地　点：西南政法大学渝北校区毓才楼一楼报告厅

易健雄：各位同学，晚上好！咱们直接切入主题，进入中国知识产权名家讲坛第十七讲。首先让我隆重介绍一下这一讲的主讲人姜丹明先生，姜丹明先生现在是超凡知识产权服务股份有限公司常务副总裁兼研究院的院长，2014 年 3 月至 2016 年 3 月，任浙江吉利控股集团首席知识产权顾问，1997 年 8 月至 2014 年 3 月，历任国家知识产权局条法司主任科员、副处长、处长、副司长。

今天，除了主讲人以外，还邀请了两位与谈嘉宾，一位是重庆市知识产权局保护协调处处长谢丛波博士，另外一位是西南政法大学的黄汇教授、博士生导师，另外还有重庆市知识产权局高小景书记。让我们以热烈的掌声欢迎主讲人、嘉宾以及高书记！

下面就把话筒交给主讲人姜丹明先生，有请！

姜丹明：各位老师，各位同学，大家晚上好！很高兴也很荣幸，在这里跟大家做一个关于后 TRIPS 时代知识产权国际竞争的基本情况以及我国对策的主题交流。来之前，我一直是惴惴不安的，因为这个讲坛在我们国家理论界、学术界久负盛名，历任主讲人都是知识产权界的权威专家或者实务界大咖。对我而言，虽然过去一直从事知识产权工作，但是理论上没有任何建树，实务上经验也很少，所以我心里忐忑不安，不知道自己能讲什么。因为超凡是讲坛的支持单位，后来我就恭敬不如从命，和邓老师、易老师商量后想到

了这样一个题目跟大家交流。

今晚围绕"后 TRIPS 时代国际竞争的态势和中国对策"这个主题，我想跟大家具体交流三个方面的内容：一是知识产权制度国际化回顾；二是后 TRIPS 时代知识产权国际竞争态势；三是中国知识产权基本形势和对策。

一、知识产权制度国际化回顾

第一，回顾知识产权制度国际化。当我们讲现在的时代，或者预测未来的时候，要回顾一下历史，看看制度发展的脉络，可能对我们判断未来有一定的帮助。

（一）第一次工业革命推动了知识产权制度的建立

回顾的第一点，就我个人的一些观察：第一次工业革命推动了知识产权制度的建立。大家都知道，第一次工业革命在 18 世纪下半叶，以蒸汽机发明为代表。在科技和工业革命的时代背景下，专利制度产生了，这是一个主要的知识产权制度，跟创新密切相关的制度。大家都知道，最早的英国专利法 1624 年产生，1790 年美国专利法产生，1791 年法国专利法诞生。实际上，初步走向工业化的国家，主要是这三个国家。

（二）第二次工业革命推动了知识产权制度初步国际化

第二次工业革命对知识产权制度的影响，我观察认为它推动了知识产权制度的一个初步的国际化。第二次工业革命，大家都知道以电器时代为代表，在 19 世纪末发生，除了传统的英国、美国、法国这三个首先进入工业化的国家，后续有其他国家开始工业化。工业化的这些国家，一方面从促进自身创新和工业化的角度，需要建立自己的专利制度，另一方面要开拓一些国际市场，开拓国际市场的过程中也需要建立相关的专利制度、知识产权制度，能够保护它们的创新与发明，使它们的利益得到保障。所以，在第二次工业革命的背景下，知识产权制度实现了小范围的国际化。

我罗列了几个标志性事件：一是德国专利法 1877 年颁布，德国从奥匈帝国统一之后才形成，首先要实现工业化、实现创新，就颁布了自己的专利法。

二是法国，大家知道法国已经有专利法了，但是，在早期专利法里面，很多国家只保护本国国民作出的发明创造，对来自外国的发明创造是不保护的。法国 1883 年要开一个博览会，希望美国、英国、德国这些已经实现工业化的国家能够来参加展览。那个时代，很多国家包括法国自己可能对来自外国的发明创造是不给予专利保护的，只对本国国民进行保护。在这样的背景下，巴黎公约诞生了，希望法国举办博览会的时候，来参加博览会的国家，无论美国，还是英国、德国，如果有很多发明创新在这展出，必须给予保护。所以，1883 年巴黎博览会有两个历史性的成果：一个是物质性的成果，埃菲尔铁塔，大家去巴黎都会去那里；还有一个非物质性、精神性的成果，就是《巴黎公约》。《巴黎公约》为知识产权制度创建了基本的原则，如国民待遇原则、优先权原则、展览会临时保护原则等，相信大家在相关的专利法课程里都学到了这些知识。

三是除了巴黎博览会，另一个奠定当代知识产权国际制度的文学艺术版权领域的一个重要的条约，就是 1886 年的《伯尔尼公约》，《巴黎公约》签订 3 年之后在伯尔尼诞生，也是在这样的背景下。

四是相应地，19 世纪末期的日本，明治维新除了政治上要吸收西方政治文明以外，在法律制度上、科技创新上也吸收了西方的法律文明、科技文明，颁布了自己的专利法，即 1895 年日本专利法。

（三）第三次工业革命推动了知识产权制度大规模国际化

第三次工业革命是在 20 世纪中叶，以计算机发明创造为代表。这一次工业革命带来的是发达国家，已经不仅仅是工业化国家，是发达国家对国际市场进一步的追逐，推动了知识产权制度大规模的国际化。

这里面有一些标志性事件：一是 1883 年制定的《巴黎公约》在 1967 年作了若干修改，1967 年到现在，50 年过去了，基本没有出现任何变化，最后一次大的修改就在 1967 年。那个时候，我们国家还没有处于改革开放的时代，但是对全球来说，经济全球化已经开始有雏形，有了 WTO 这样经济上的组织，在这样的时代背景下，《巴黎公约》为了满足发达国家不断地追逐国际市场，希望各个发展中国家来强化知识产权保护。

二是《马德里协定》。相对过去申请商标到一个一个国家提交不同的申请，使用不同的语言，分别缴费，这样复杂、漫长的程序而言，《马德里协定》对申请人对同一个品牌在全球各地尽快获得保护是非常有效的法律制度。

三是《专利合作条约》。达成《专利合作条约》的背景相信大家很清楚，在此之前，要在各国申请专利，获得专利保护，必须到这些国家逐一地申请，使用当地的语言，每个国家都要缴费，最后每个国家都要审查，保护也是在每个国家才能单独有效。在《巴黎公约》背景之下，专利申请到若干个国家去提交也是相对比较复杂的程序。在世界知识产权组织下通过了《专利合作条约》，从申请的程序上对申请人相对便利化。当然，大家都知道，专利合作条件跟《马德里协定》相比，有一个重大区别是审查还是由各个国家自己完成。

四是《欧洲专利公约》。该条约是在欧洲经济一体化背景下产生的，成立了地区性的专利授权组织——欧洲专利局。相对欧洲过去想获得各个欧洲国家的专利保护，需要逐一提交申请，使用各国语言文本，分别缴费，《欧洲专利公约》实现了在成员国之间只申请一次，交一次费用，进行一次审查，把授权之前的程序简化和统一了。但是，对申请人而言，最大的不便利是在保护阶段，还是要按照各个国家的制度在各个国家主张保护，包括无效程序也需要在各个国家完成。

（四）新一轮国际经济竞争推动知识产权制度进入 TRIPS 时代

时间走到上个世纪末，这里面有一个概念：新一轮国际经济竞争推动知识产权制度进入 TRIPS 时代。现在大家讲国际公约的时候基本上都是讨论 TRIPS，不管讨论国内还是国外制度，都以 TRIPS 作为知识产权制度最主要的标杆。TRIPS 和前面的协定、公约相比，有一个非常重大的区别，前面几个都是纯的知识产权公约，TRIPS 本身只是一个知识产权的公约文本，重要的区别是，这个公约管辖组织不是传统的世界知识产权组织，而是世界贸易组织。过去，知识产权议题只是单纯的知识产权议题，不会和经济、贸易、政治、人权问题挂钩。在世界贸易组织谈判中，知识产权问题和贸易进行了挂钩，知识产权问题纳入了世界贸易组织的管辖范围。

在世界贸易组织这样一个国际组织框架之下，TRIPS 有几个特点：

一是全面性。《巴黎公约》主要针对工业产权，《伯尔尼公约》针对版权，《马德里协定》针对商标，《专利合作条约》针对专利。在此之前的知识产权公约没有把所有的知识产权放在一个公约里面规定，TRIPS 实现了工业产权和版权以及其他相关知识产权都列入一个公约来做规定。

二是最低标准。不管《巴黎公约》《伯尔尼公约》，它的保护对象、权限、权利效益、保护期限、执法等内容都没有做明确要求，只是做一些原则性的规定，比如国民待遇原则、优先权原则。相对前面讲的几个主要的国际公约而言，TRIPS 对各类知识产权的基本内容、保护对象、保护条件等都做了最低标准的要求。

三是严执法。TRIPS 相对刚才讲的《巴黎公约》《伯尔尼公约》《专利合作条约》《马德里协定》等而言，那些公约几乎没有一个讲了执法的问题，而 TRIPS 对执法，不管是民事、海关还是刑事，都有最低的要求。

四是强制性。过去这些公约里面虽然在知识产权保护上有统一要求，但是对成员国违反这些要求怎么解决争端没有明确规定，而 TRIPS 借助了世界贸易组织的争端解决机制，把知识产权方面国家与国家之间知识产权保护制度上的争议纳入了争端解决范围。而且，通过争端解决机制，相关组织作出裁定以后，被裁定的违反了 TRIPS 的国家如果不履行相关裁定，申诉国可以提出相关的贸易措施进行报复。世界贸易组织成立以后，我们国家应该在知识产权方面有几次被诉，最后有的胜诉，有个别案件败诉。因为败诉了，所以我们要履行相关的协定来修改我们相关的立法和制度。当然，除了中国以外，很多发展中国家，包括发达国家，例如欧洲与美国之间，美国与加拿大之间，在世界贸易组织框架之下，都有知识产权制度方面的争议，都是在这样的框架下作了裁决，裁决之后这些国家都相应修改了自己的立法和制度，满足了裁决的要求。

二、后 TRIPS 时代知识产权国际竞争态势

第二，后 TRIPS 时代的知识产权国际竞争。据我个人观察，当然也是参加一些研讨会受到相关专家的启发，后 TRIPS 时代知识产权国际竞争有以下几个特点。

（一）战场发生转移：从 WTO 和 WIPO 转到双边、小多边和其他战场

1. 转移原因

我们回过头看，TRIPS 之前的知识产权制度国际化，从初步国际化到大

规模国际化到 TRIPS 时代，主要有两个战场，一个是 WIPO，另一个是 WTO。从 WTO 成立之后，WTO 比 WIPO 在知识产权国际协调上发挥的作用更大一些，或者说能够解决的问题更多一些。但是，在后 TRIPS 时代，知识产权国际竞争战场已经发生了转移，不在这两个主战场进行了。具体而言，有以下几个原因。

第一，WTO 和 WIPO 关于知识产权议题的讨论几乎没有什么实质性进展。WTO 成立以来，20 多年过去了，TRIPS 也是生效 20 多年，在 TRIPS 项下，除了少数成员国之间发生争端以外，统一的关于国际规则的调整只有一个《多哈宣言》。不知道有谁知道关于公共健康的《多哈宣言》，能给同学们解释一下吗？

（一位老师回答：《多哈宣言》就是关于药品强制许可的问题，允许发展中成员能够在一定条件下对药品专利实施强制许可，这是发达成员对发展中成员做的一个让步。）

谢谢你的解释。《多哈宣言》2003 年通过，对 TRIPS 关于强制许可制度上作了一个调整，就是刚才这位老师讲的，允许一些国家修改自己的强制许可制度，把自己通过强制许可生产的药品出口到非洲很多没有制药能力的国家。过去，在 TRIPS 项下或者《巴黎公约》项下，非洲很多国家没有任何制药能力，即使有强制许可，也没有药厂，没有生产，只有靠进口。如果专利权人在发达国家或者发展中国家获得专利药品，进口价格肯定也很贵，因为全球的药品价格可能是相当的。在这样的情况下，允许少数国家比如中国这样的发展中大国，有制药能力，可以颁发强制许可，专门让药品生产以后出口到没有制药能力的国家，包括 2008 年中国《专利法》的修改也根据《多哈宣言》在强制许可制度上作了相应的调整。但遗憾的是，我从公开的报道上，没有看到哪个国家真正用了这个制度，目前没有哪个非洲、拉丁美洲、大洋洲等没有制药能力的国家通过强制许可进口药品。相应地，没有哪个有制药能力的发展中国家通过强制许可出口药品，实际上都没有用到。这是唯一的 WTO 下关于知识产权规则的修改，这里面有一个重大的背景，就是公共健康问题，甚至上升到人权问题，专利制度不能成为解决公共健康问题或者人权问题的一个障碍，所以这样作了一个调整。除此之外，TRIPS 没有做任何调整。

世界知识产权组织在 2000 年前后，分别通过了《世界知识产权版权条约》（WCT）和《世界知识产权组织表演与录音制品条约》（WPPT），这两个条约应该是世贸组织成立之后唯一一个比较大的进步，内容总体上也是有利于作者、表演者、录音制作者的权利保护。

另外，世界知识产权组织还在前几年通过了一个《北京条约》，这个条约目前还没有生效。世界知识产权组织和世界贸易组织除了这些相关的进展以外，实际上不只是世贸组织或者世界知识产权组织，很多国家包括发展中国家、发达国家，都提出了很多关于知识产权保护方面的诉求，这些诉求都遵循这个组织的体系。一百多个成员，按照世贸组织或者世界知识产权组织谈判的一般规则，一致协商同意或者多数国家同意，很多议题在这两个有一百多个成员的组织达成协议是非常困难的一件事。

第二，除了大的主战场没有什么进展以外，反过来像美、日、欧、韩等知识产权优势国家在双边 FTA 谈判中加入知识产权议题。韩国、瑞士、澳大利亚这些发达国家，在与中国的自贸协定谈判中，分别提出了一些强化保护的要求：一是关于药品专利的延期和链接问题；二是关于专利申请人自己在申请专利之前通过媒体、互联网等产品销售方式公开，不影响新颖性；三是版权保护期，比如欧美很多国家是作者有生之年加死后 70 年，我们国家是加死后 50 年，他们希望我们国家的保护延期到有生之年加死后 70 年；四是执法，很多国家对中国执法方面具体的规则，提出了更多的要求。这些国家跟中国在双边谈判中都加了知识产权问题，其实不仅仅是跟中国这样的发展中大国的自贸协定谈判，包括这些发达国家相互之间的自贸协定谈判中，也加入了大量的知识产权问题，虽然它们总体上都是优势国家、是强国，知识产权保护水平相当，但是在一些具体制度和细节上还是有一些差异。

2. 小多边成为主战场

除了双边自贸协定成为一个战场以外，另外一个情况就是小多边成为世界知识产权竞争的主战场。关于小多边，一个是亚太经合组织，当然也有媒体上评论说这个组织将来会不会走到亚太自贸组织等，目前它是一个非约束性的组织。我参加过一个关于知识产权的专家磋商谈判，其中有一个关于专利制度方面，美国和日本联合提出一个提案，这个提案的主要内容就是希望成员专利审查的检索或者审查结果在其他亚太组织成员得到承认和执行。我们参加谈判时认为，这是美日开始考虑世界专利的第一个步伐，最后中国经过多方努力，使这样的提案没有得到通过，就变成了一个很原则、很抽象的表述。

二是TPP，媒体报道，美国新总统上任，特朗普宣布退出TPP，TPP可能会面临难产。但是，不管TPP会不会难产，TPP协定第18章里面，对知识产权来说，相对现有的TRIPS，我们认为它是所谓TRIPS Plus，TRIPS之上的一个新的国际知识产权规则的最高标准，TPP协定对知识产权各个方面作了很多高过TRIPS的要求。

三是TTIP（跨大西洋贸易与投资伙伴协定），主要是欧美发达国家之间、太平洋两岸的国家之间的投资贸易协定。这里面也有大量知识产权的规则，可能因为我们不是这个组织的成员，对规则具体内容不是特别了解，总体而言，它也是想协调各个国家具体规则的差异。

四是IP五局，中国的国家知识产权局、美国的专利商标局、欧洲专利局、日本特许厅和韩国特许厅。这五个知识产权局目前仅限于专利方面的交流合作，目前来看主要在形式上和程序上合作交流。比如专利申请文件的格式、填的栏目的统一，包括优先权的文件，审查过程中一些表格的统一。看起来都是很琐碎的事情，但是如果看得更长远的话，我认为这些形式上的统一慢慢变为程序上的统一，甚至成立五局专利局或者亚太专利局，或者相关几个国家之间达成一个相互承认检索和审查结果的目标，在往这样的目标迈进。

3. 知识产权优势国家还在其他相关国际组织推动强化保护

除了双边和小多边以外，战场方面还有一个特点，就是知识产权强国或者优势国家在其他相关的国际组织，也在推动强化知识产权保护。这里面一个是《联合国气候变化框架公约》，在这个公约之下，2016年达成了《巴黎协定》。似乎我们看到的跟知识产权没有关系，但是我们看看谈判过程里面，发展中国家，以中国为首的发展中大国，希望在技术转移方面对发达国家和发达国家的企业作出一些要求或者约束，从公开资料看，这些要求没有得到认可。发达国家政府谈判代表不认可的最主要理由是这些技术掌握在企业里面，属于企业私有财产，企业享有知识产权，所以这些技术能否转移给发展中国家，应该由企业自主决定，知识产权一下就成了技术转移的一个阻碍和借口。大家注意看到，《联合国气候变化框架公约》里面设立了气候变化的基金，让这些高排放的国家、发达国家出钱设立基金，帮助发展中国家购买有利于减排的技术。这些基金从形式上看可能会进入发展中国家或者发展中国家的企业，但是最后会落入发达国家这些企业的腰包。因为相关技术和知识产权掌握在这些发达国家企业手里，所以最后这些减排基金还是要回到发达国家企业手里。

另外，除了《联合国气候变化框架公约》，其他几个相关的国际组织，如万国邮政联盟、国际海关组织、国际标准组织、国际电信联盟等，都有增加了关于知识产权的条款。比如说万国邮政联盟在谈判中加入了：如果邮寄单位明知相关物品涉及侵权，是不可以邮寄的。国际海关组织也是对海关里面规定：如果海关里面个人携带侵权产品达到一定数量，海关必须对相关违法行为进行处理。过去 TRIPS 对海关，只是说权利人有权要求本国海关进出口过程中保护知识产权，或者海关检查中发现有人专门进口、出口侵权产品，是有权采取措施的。但是作为个人，作为消费者，进出海关过程中携带的涉嫌侵权产品，TRIPS 没有作出要求，国际海关组织在相关公约里面又作出了要求。国际标准组织、国际电信联盟里面最密切相关的，就是关于知识产权和标准的关系问题，这里面有关于知识产权的标准和相关政策。这些政策文件，基本原则是标准组织只负责制定标准，不负责解决知识产权问题，由知识产权的权利人和标准实施者自己协商，但是国际标准的制定者、参与者，能够参与国际标准制定的组织，有话语权的是谁，都是来自发达国家的企业，包括中国华为这样的优秀企业，它们在技术上领先，知识产权领先，所以，标准上有提案权、参与权。最后，标准制定以后，本行业其他企业要实施这个标准，就涉及使用知识产权问题，就要跟权利人进行谈判。这个组织的立场是：对于标准的知识产权问题，原则上制定组织不负责，由参与者各方去谈判，实施的时候也不负责，只有一个原则性要求。

（二）与贸易、投资议题挂钩

第二个特点是知识产权问题跟贸易和投资问题挂钩。刚才都提到，TRIPS

本身就是知识产权和贸易、投资挂钩的产物，在后 TRIPS 时代中这样的特征尤为明显。比如说刚才讲的一些双边自由贸易协定、双边投资协定里面几乎都会提出知识产权问题，没有哪个发达国家不会提知识产权问题。中国和澳大利亚、瑞士、韩国的自贸协定，仔细看这些协定，当然最后公开的正式文本里面并不一定发达国家所有诉求都得到满足，但是相对 TRIPS 来讲有很多发展，在谈判过程中，双方肯定都各自作了让步。从战场的角度，一些小多边，TPP、TTIP 成为主战场，这些都是多边的贸易协定或者经济协定，毫无疑问，这个协定里面都不会把知识产权忽略。

（三）保护不断加强

第三个特点是保护不断加强。保护加强具体体现在以下几个方面：一是客体方面。比如说商业秘密的问题，药品数据保护问题等，在过去 TRIPS 里面没有规定特别详细具体的，不管是双边还是小多边的条约里面，对这些都提出了要求保护或者加强保护的要求。二是保护期限，比较明显的例子是版权，死后 70 年，这几个双边或者小多边条约里面都明确提出了这样的要求。三是执法方面，TRIPS 里面本身有很多要求，但是这些新的双边自贸协定或者小多边贸易协定里面，对执法方面都有更明确、更具体、更细化的一些规则和要求。

（四）发展中国家的诉求受阻

第四个特点是发展中国家知识产权方面的诉求受到阻碍。大家回头看到，知识产权制度都是从工业化国家逐步往发展中国家传导，发展中国家尤其是金砖五国，发现知识产权似乎没有什么优势，都是被发达国家不断提出保护、强化保护的要求，而我们讨价还价没有任何武器和手段。所以，20 世纪末开始，中国、巴西这样的国家，开始对一些我们认为占优势的方面提出了一些加强保护的要求，主要有三个：遗产资源、传统知识、民间文艺，这三个领域都是发展中国家相对于发达国家有一定优势的领域。从 2000 年开始到现在，十六七年过去了，不管是世界知识产权组织还是世界贸易组织，这三个议题都没有形成任何统一的规则。一个主要原因就是发达国家对这些议题的阻挠和反对，因为这些是发达国家不希望看到形成统一国际规则的议题，所以毫无疑问会反对。反过来也是一样，发达国家在世界知识产权组织和世界贸易组织提出的强化保护的诉求，发展中国家也是反对的，所以在 WTO、WIPO 里面都几乎很难有进展。我曾经参加过 WTO 的相关磋商，我的一个感觉是，WTO 的发达国家代表说这个问题我们已经授权在 WIPO 谈了，这里不是合适的谈判场合，在 WIPO 的时候，它们又说已经授权在 WTO 谈，这里也不是合适的场合，一直在打太极拳。

对于发展中国家，我个人认为，为什么在这三个领域没有形成统一的国际规则，有一个原因也是我们自己要思考的原因，就是我们自己本身都没有形成成熟的体系化运作的规则，不管遗产资源还是传统知识、民间文艺的保护。中国在遗传资源上，2008 年《专利法》修改里面，形成了一个把遗传资源保护和专利制度挂钩的制度。但是其他国家，印度也好，巴西也好，印度有自己的制度，但是制度体系在实际操作过程中，一旦到国际上谈判磋商，其他国家提出具体的疑问的时候，这些国家很难去回答，所以导致了这几个议题在国际上磋商很困难。这一方面跟我们发展中国家自己有关。反过来可以看发达国家在知识产权制度国际化方面，不管是《巴黎公约》还是《伯尔尼公约》、TRIPS，这些公约的形成基础都是这些国家自己在本国已经形成了一个完善的体系化的制度，在这样的情况下才慢慢向国际和其他国家去推广。而我们这些国家自己本身没有形成体系化的制度，所以在推制度的时候也面临很多障碍和难题。

除了 WTO 和 WIPO 这两个主要的组织讨论这三个议题以外，实际上联合国粮农组织、生物多样性公约等组织都在讨论遗产资源等问题，虽然有实质性的进展，但我认为并没有特别有力的、有效的规则。

（五）美、日、欧纷纷推出知识产权战略，强化海外保护

第五个特点是美、日、欧纷纷推出知识产权战略，强化海外的保护。我们先看看美国，美国是在 2009 年出台了"美国创新战略"，2010 年开始每年发布《知识产权执法联合战略计划》，第一个主要是针对国内，第二个主要是针对海外。除此之外，美国在 2011 年对专利法进行了大规模的修改，大部分是解决在国内制度运行过程中存在的问题。另外，美国在中国、印度、巴西这些发展中大国使馆里面派驻知识产权专员，主要对中国企业开展了大量的"337 调查"，从数据上统计，每年美国"337 调查"有 50%～60% 都是中国的

企业。2016 年美国通过《联邦商业秘密保护法案》，形成了统一的商业秘密保护制度。从这些具体事例来看，美国没有像我们国家出台国务院层级的战略，但是在每个方面都可以看出在强化保护，尤其是知识产权在海外保护的特点。

日本提知识产权战略应该是最早的，2003 年就出台了知识产权战略大纲和基本法，成立了首相牵头的知识产权战略本部。当然最近关于日本的知识产权战略媒体报道我们接触少一些，但我们国家 2008 年出的《国家知识产权战略纲要》在一定意义上是受到日本的影响或者向其借鉴和参考。

欧洲专利相比过去的保护便利了很多，但是有一个最大的缺点或者不足，就是欧洲专利授权之后，专利权人要逐一到这些组织成员国办登记手续，把权利要求在每个国家做翻译，当你的专利在各个国家受到侵犯以后，你只能在单一的国家去起诉。比如说专利同时在德国、法国、意大利都有人侵犯，你只能在这三个国家分别起诉，分别走相应的法律程序，还可能面临三个国家的人提出专利无效的问题。对于欧洲真正实现一体化而言，这个制度对权利人或者对企业来说，也是很不方便的，不利于保护的制度。欧盟前几年经过反复磋商协调，最后搞了一个欧盟专利和欧盟知识产权法院。欧盟专利就是所谓的统一专利，申请人如果选择申请欧盟专利，授予专利以后，那么在整个欧盟境内，把这些国家当一个国家看待。权利人想要保护，在任何国家发生侵权行为，就可以在欧盟知识产权法院起诉，而不是去各个国家的法院起诉。如果被告提出无效主张，相关问题也是在统一的法院解决。现在欧盟知识产权法院面临最大障碍就是英国的脱欧，从媒体报道和学者观点来看，即使英国脱欧，欧盟知识产权法院也会持续运作，只是不能在英国具有效力。欧洲也跟美国一样，向中国、印度、巴西等发展中大国派驻相关的知识产权专员。

最后总结一下，后 TRIPS 时代知识产权国际竞争基本特点和趋势有以下几个方面：一是主要发达国家或者说知识产权强国对外强化知识产权保护的方向和诉求没有改变；二是知识产权国际竞争的主战场从多边转到双边、小多边；三是知识产权问题与投资、贸易问题挂钩；四是发展中大国保护相对优势的诉求难以得到满足。

三、中国知识产权基本形势与对策

（一）形势

第三，我们交流中国知识产权的基本形势和对策，主要是讲在国际上的形势。讨论知识产权，不能把它孤立起来，要放在经济社会科技发展的大背景下。

1. 国际形势

先看看我们目前处的国际形势或者国际环境，"十三五"规划里面，有一句话对目前我们中国处的国际形势作了一个归纳："世界多极化、经济全球化、文化多样化、社会信息化深入发展"。在这样的世界基本态势之下，"十三五"规划里面讲到，"新一轮科技革命和产业革命蓄势待发"。"十三五"规划作为官方语言是用的"新一轮科技革命和产业革命"，但是媒体和学术上已经用了"第四次工业革命或者科技革命"来描述。这里面跟知识产权最密切相关的就是互联网为代表的新业态，持续挑战现有的知识产权规则。也就是说，互联网这样的业态对知识产权规则有巨大的挑战。

第一个挑战是知识产权保护的客体和授权条件方面。比如专利、商业模式、商业方法等，过去在专利制度里面是作为智力活动的规则和方法，一律不给予保护，2017年国家知识产权局修改了《专利审查指南》，其中一个主要的内容就是商业模式或者商业方法，在符合一定条件下可以给予专利保护。前几天参加一个学术性会议，谈到人工智能，机器人可以有书法作品，可以写小说。对于版权制度而言，机器人写出来的小说、书法作品受不受保护，权利人是谁？在互联网时代，在新的技术背景之下，对我们传统的知识产权制度有巨大的挑战。

第二个挑战就是信息网络传播权，这是版权的基本权利。在互联网时代，几乎所有的创作、所有的产品，都能在互联网上很迅速地获得。信息网络传播权对版权的保护，对文学艺术作品的传播，从传统知识产权制度来看，在一定意义上是一个障碍，使相关作品，如电影、文学艺术作品等受版权保护的创作、成果在互联网时代很难保护，但是从传统制度上必须保护，这里面就看怎么达到合理平衡，使它既受到保护，又能传播和利用。陶鑫良老师讲到一个观点，互联网时代对版权的授权，过去是一般情况下权利人没有许可社会自由使用的都认为是禁止的，他提出在互联网上要反过来，如果权利人没有明确禁止复制、传播，全社会就认为是可以传播，只要付费就可以。这是对互联网信息时代网络传播制度的挑战。

第三个挑战是跨国知识产权案件管辖权的问题，尤其是互联网管辖权的问题。网上的产品是互联网无国界，比如电商平台上有一个涉嫌侵权的产品，这个产品既可以在中国获得，也有可能在美国等其他国家获得。某一个电商平台即使是国外公司开的，如果中国网络是开放的，可以进行购买，在这样的情况下，权利人发现网上的侵权产品，这个案件管辖权在哪里？传统观点可能以服务器作为标准，新的判例认为把能获得侵权产品的地方作为标准，比如原告所在地可以作为侵权地。这个问题，目前相关国际组织正在讨论，这是非常有难度的问题。

国际形势里面跟知识产权相关的，"十三五"规划里面有一句话提到"国际投资贸易规则体系加快重构，多边贸易体制受到区域性高标准自由贸易体制挑战"。按我个人理解，亚太经合组织、TPP都属于这样一个体制。在这样的形势下，知识产权的问题刚才已经提到了，和投资、贸易问题捆绑，强化保护成为趋势。强化保护从目前来看，主要是发达国家或者知识产权强国要求发展中国家在保护的实体标准上跟它们靠拢、跟它们一致。这里面还有一个问题，除了实体标准上，程序上有没有可能进一步有利于权利人。比如欧洲专利局是一个巨大的进步，从欧洲专利到欧盟专利，有利于获得统一保护，实际上在学术界很早以前就开始提出，将来要不要搞跨太平洋专利、亚太专利、世界专利。因为像美、日、欧、韩、中这五个国家和地区的专利申请量和审查授权量，占了全球90%多，所以一件专利能够在这五个国家和地区获得保护，基本上权利人的利益就得到了90%的保障。但在目前体制之下，不管是中国企业还是美国企业，想要在五个国家和地区获得专利保护的话，尽管有简化申请程序，但是审查、授权、侵权审理和无效都是各国负责的。所以，当你是一个跨国的企业，比如华为公司，毫无疑问你会希望在中国授权的专利，在美国、日本、欧洲、韩国都不用再申请，它们自动承认和保护，反过来也是如此。要实现这样的目标，最好的方式就是这五个局组织起来，成立一个统一的专利局，或者五个局之间相互承认审查的结果。当然，这个讨论很早以前就有人提出来。从实现的可能性来看，我个人判断这五个局要统一起来相互承认审查的结果，甚至在授权之后侵权申请无效统一，这五个局可能就变成同一个局了，那个时候也许这几个国家、地区就基本上经济水平相当，政治上也是比较接近的。所以，目前看起来不太现实，但是理论上五个国家和地区之间，如果相互专利输出量和输入量相当，保护水平相当的情况下，还是有可能实现。

2. 国内形势

我们再看一下目前中国知识产权面临的国内形势。整个国内经济和社会发展的基本形势，"十三五"规划里面有两句话概括："发展方式粗放，不平衡、不协调、不可持续问题仍然突出"。"十三五"规划围绕这样的问题提出了创新是引领发展的第一动力，必须把创新摆在国家发展全局的核心位置，不断推进理论创新、制度创新、科技创新、文化创新等各方面创新，让创新贯穿党和国家一切工作，让创新在全社会蔚然成风。这是对创新发展战略的最核心的表述。我们知识产权制度跟四个方面的创新中最主要的两个，科技创新和文化创新最密切相关，如果没有知识产权制度，科技创新和文化创新在一定意义上就不可能实现。

在这样一个基本的创新驱动发展的战略里，或者这样的形势之下，国务院出台了相关的主要文件，一个是2015年颁布的《国务院关于新形势下加强知识产权强国建设的若干意见》，另一个是2016年颁布的《"十三五"国家知识产权保护和运用规划》，都对知识产权形势作了概括。前者概括"知识产权大而不强，多而不优，保护不够严格，侵权易发多发"，后者讲到"我国知识产权数量与质量不协调，区域发展不平衡，保护还不够严格等问题依然突出"。这是我们国家的官方文件对知识产权形势的基本概括。面临这样的国内形势，我们应该采取什么措施或者对策，实际上就是国家提出的深入实施国家知识产权战略，加快建设知识产权强国。

（二）对策

个人认为，我们在知识产权国际竞争上有三个路径或者三个阶段。这三个知识产权路径和阶段，和我们整个国家发展的路径和阶段是相吻合的。我们国家"十三五"规划中提出，创新型国家建设分三步走：第一步是进入创新型国家行列，这是 2020 年要实现的目标；第二步是进入创新型国家的前列，这是 2030 年要实现的目标；第三步是进入世界科技强国，这是 2050 年要实现的目标。相应地，知识产权国际竞争方面的对策，我个人认为也有三个阶段。

进入创新国家行列之前，我们在知识产权国际竞争中属于战略防御阶段，在这个阶段，知识产权跨境交易中，不管是专利、商标许可、版权产品进出口，知识产权进出口方面属于贸易逆差，进口大于出口。2030 年我们进入创新国家前列，知识产权国际竞争基本形势，从数量和质量上看，我国知识产权应该实现了进出口基本平衡，这时候可以说是战略相持阶段。2050 年进入世界科技强国的时候，我们认为在知识产权国际竞争中，是战略进攻阶段，因为那个时候我国知识产权产品进出口或者知识产权本身进出口方面，必然是出口大于进口，我们应该和所有发达国家、知识产权强国成为了一个阵营，可能会不断对当时的发展中国家提出强化保护的要求。

在这样一个大的路径下，具体要采取什么样的策略？关于近期的策略，要推动构建更加公平合理的国际规则。换句话说，现在的国际规则在我们看来还不够公平合理。对于中长期的策略，在我们进出口基本平衡甚至出口略大于进口的情况下，我们希望中国政府对中国企业授予的知识产权能够在发达国家得到承认。比如，现在美国和日本每年到中国申请发明专利的在 10 万件左右，中国企业和个人在美国、日本、欧洲、韩国四个国家的申请专利加起来不到 10 万件，甚至可能只有五六万件，这样的情况下，当然不会说中国政府授权的专利国外都要承认，反过来它们也希望我们承认的话，对我们来说是很不利的。到了 2030 年、2050 年之后，我们国家如果能够有二三十万件进入美国、日本、欧洲，毫无疑问希望中国授予的专利、注册商标能够在这些国家得到承认，这是将来的一个策略。除了对这些发达国家以外，我们对2030 年以后的发展中国家，也希望中国的知识产权在这些国家能够得到有效的保护。当然并不一定要求别人承认我们的注册和审查的效力，我们可能会像现在的发达国家一样，希望这些发展中国家对中国国民的知识产权给予有效充分的保护。这是将来我们真正进入创新国家前列，或者世界科技强国的时候，在知识产权方面的策略。

由于时间关系，我就花这么多时间跟大家汇报了一下我对后TRIPS时代知识产权国际斗争的基本态势和对策，做了一些很不成体系的观察和认识，很粗浅，供大家批评指正，谢谢大家！

易健雄：感谢姜院长，今天给我们谈到了一个宏大的话题，首先给咱们介绍后TRIPS时代知识产权的国际竞争态势，姜院长归纳了几个大的方面，包括战场走向小多边，与投资、贸易挂钩等，以及讲了他对中国应该采取怎样对策的看法，相信给在座的同学上了很好的一课，有相当的信息量。

下面是嘉宾点评，相信对这个话题有自己的看法，首先有请重庆市知识产权局谢丛波处长。

谢丛波：非常荣幸有机会聆听这个讲座，非常精彩，内容丰富，高度很高。刚才姜院长围绕后TRIPS时代国际知识产权竞争态势，根据历史这一条线，讲了从专利到商标到版权，到国际贸易规则，知识产权制度发展的历史沿革，另外讲了贸易发展中我们面临的内外部环境、国际竞争的态势。我深受教育，深受启发。

我在保护协调处，主要职能就是推进知识产权战略。全国2008年就开始了知识产权战略的分析，重庆市2014年才开始，稍微晚一点，2015年就紧跟国家的知识产权行动计划，同年做了行动计划。2016年国家印发《关于加快建设知识产权强市的指导意见》，加强知识产权强国的建设，重庆市也在2016年把知识产权强市的新架构推出。经过了2014~2017年的工作，我认为知识产权战略是非常非常重要的，不仅仅是国际贸易规则范畴的一部分。

第一，我讲一对概念，生产力和生产关系。生产力是人类征服自然、促进发展的一个能力。生产力是每个时代都需要的，毕竟我们从原来的封建社会到资本主义社会，到社会主义社会，生产力是不断提升的。但是，生产关系跟生产力有很贴切的关系，实际上知识产权规则、制度也是生产关系的一种形式。因为知识产权是来自人类智力活动的行为，原来更多是物化的生产资料的生产和贸易，后来随着生产力发展，智力劳动成了财富、贸易的一部分。所以，我认为生产力和生产关系的规则同样适用于智力环境和知识产权的关系。

一方面，生产力决定着生产关系的架构。第一次工业革命开始时专利制度就实施了，版权是因为法国印刷业得到很大发展，后来有很多新的业态和产品出现，出现了各种各样的知识产权的形态。我认为是随着第四次科技和工业革命的到来，很多新的知识产权概念才出现，这也说明新的生产力要求我们用新的知识产权形态符合和满足生产力的要求。

另一方面，生产关系对生产力反促进作用也值得思考。一个很好的生产关系能够顺应生产力的要求，能够满足生产力在社会分工和社会劳动资源配置过程中的要求。如果配置得好，规则有利于促进我们生产力的发展；如果配置不好，制度设计不好，反过来会阻碍生产力的发展。我认为这可能跟我们知识产权战略的发展，战略的制定有很大关系。因为我们知道，不管专利还是商标、版权，我们都习惯称之为舶来品。我们在消化、引进、再创新制度的过程中，应该要关注自己国家生产力发展的阶段。重庆市原来做第一个知识产权战略的时候，其实就是按照五个功能区的经济发展确定的，因为每个功能区经济发展是不一样的，都市核心区基本达到沿海水平，两翼地区经济发展滞后一些。如果用同一个制度促进，同一个目标约束，肯定生产关系对生产力的影响是不一样的。所以，当时就确定了区域之间协同发展，在都市核心区我们要求以质量、加强保护、知识产权服务业促进知识产权战略实施，两翼地区就是更好地发挥好植物新品种、相关的传统文化和传统产品产业方面的知识产权保护。2016 年我们根据国家知识产权强国的设计，把全国分为了三个形式的强省强市行动，一个是引领型，比如北京、上海、江苏、广东；二是支撑型，比如重庆等中西部地区，经济发展到一定阶段，需要支撑型的态势发展；三是特色型，一些资源大省，经济发展欠发达的地方。重庆是支撑型知识产权强市，这就涉及我们的目标、措施以及细分的任务，细节方面就不介绍了。

我想说明的是，我们国家的发展恰恰如姜院长说的，不均衡、不协调、不可持续，才要用各个知识产权战略来推动各个地区发展，每个地区的知识产权战略是动态的，以此适应我们的发展和需求。

第二，给大家交流的想法是，其实我们现在是面临着知识产权制度大改革的时代。因为改革开放 30 年,前 30 年主要是以招商引资和贸易,原来说"三驾马车",对国外主要是贸易、投资、消费,实际上是贸易为主,很多产业都把国外的技术、资金、经验引进回来,再发挥土地资源优势、人才优势,在这个基础上逐渐完成了转型。而到了现在,我们恰恰是站在门槛上,已经面临着中等收入状况,这个时候我们有了一定的积累,在后 15 年或者后 30 年是要走出去的。大家可以看一个信息,我们国家 5 月份在北京有个"一带一路"的论坛,为什么要搞"一带一路",同学们也要关心一下,实际上就是要结合供给侧改革,把过剩的产能,在基础设施、装备制造业的优势中传输出去。供给侧改革的时候,"三去一降一补"并不是说只是压制而已,其实有一部分产能是蛮好的,比如建筑类的机械产品是有优势的,这些产能伴随"一带一路"的战略输送到中东、中亚、非洲等地区。所以,我们国家目前来说,一方面是产品逐渐向国外转移,同时,IP 技术引进、技术转让进口大于出口,但是过 10 年,我们同样面临着走出去。走出去的规则跟现在"一带一路"的规则不太一样,"一带一路"主要是基础设施和大宗产品,今后如果要走向更高阶段,应该是文化输出、价值输出、制度输出,前提是我们要进行中国知识产权的制度建设。

我想,刚好我们大部分同学毕业的时候,大概是 2020 年前后,我们 2020 年要建成创新型国家,2030 年要进入全世界创新型国家的前列,2050 年要成为强国,那时候科技制度尤其是知识产权制度高度发达。我预测我们也会跟其他国家说:"你侵犯了我的知识产权,我要用 447 条款惩罚你",要有这个底气。所以,我们平时要关注知识产权,战略是动态的,制度肯定会越来越丰富,越来越跟国家发展一脉相承。希望同学们在学习过程中取得更大的收获,谢谢大家!

易健雄:感谢谢处,把生产力和生产关系的互动关系作为一个基本的理论分析工具,结合重庆的实际发展状况和自己的工作经历谈了看法,相信同学们听了都很有启发。下面有请黄汇教授,他从另外一个角度谈一谈对这个问题的看法。

黄汇：今天，虽然我们人不多，但是实际上我们在线是正在全方位播放的。大家知道今天是 4 月 26 日，世界知识产权日。在这样一个关键的时刻，选择这样一个恰当的时机，姜丹明院长到这里给我们奉献了一场思想的盛宴，以"后 TRIPS 时代知识产权国际竞争的动态和中国对策"作为话语背景来谈，这是非常有价值的。

我先谈一下知识产权和创新到底有多重要，也为今天世界知识产权日做一个铺垫。大家知道，今年世界知识产权日的一个主题就是创新改变生活，我后面加了半句话：知识产权成就未来。知识产权有多重要，重要到什么程度，也有四句话：它是一个国家创新的引擎，是一个国家财富的密码，是一个国家竞争的利器，也是一个国家的强国之基。因此，我们必须把知识产权放到一个国际和国内相结合的框架当中去认识它，随着知识的全球化，产权的国际化和保护选择的一体化，在这样的背景下，如何来认识知识产权可能更为重要。我们通常讲民法是市民社会的百科全书，我想说知识产权法是创新型国家的权利宣言。这一系列的话语背景，是为我点评姜丹明院长讲座做一个简单的铺垫。

在这样的背景下选择这样的话题来谈论中国知识产权未来怎么选择，今天晚上我觉得信息量很大，有粗浅的几点感受：

第一是感受到知识产权和新科技革命、贸易体制怎么结合。姜院长以两次工业革命的发展为背景，和 TRIPS 以来整个世界大范围国际竞争的格局和竞争手段的改变，谈到了知识产权和贸易、新科技的勾连关系。我在想，随着 21 世纪工业革命向纵深推入，尤其是以人工智能、3D 打印、互联网、云计算为代表的新一代科技革命的不断发展，中国知识产权的道路选择上，我们在新一代科技革命中如何有所作为。如果说在前两次科技革命中，中国没有办法选择自己发展的路径，没有自主选择的权利，也没有参与国际知识产权话语的可能性。那么在未来 21 世纪的新科技革命下，中国如何来建立起自己的知识产权范式，推动中国参与知识产权国际规则的制定，确立知识产权保护的中国范本，这可能是新一代科技革命下，我们为世界知识产权制度文明做贡献的可能和空间，需要我们去思考。

第二是面临着知识产权博弈的空间。大国和大国博弈，大国和小国博弈，小国和小国博弈，当然主要是大国之间博弈，从多边化战场到小多边战场，这是一个重要的趋势，庆幸的是我们担心的在 TPP 即将通过的时候特朗普上来了，但是最近我看到微信，好像日本试图撇开美国搞 11 个国家的 TPP，这种动向似乎也需要我们关注。当然中国很聪明、很智慧，我们在知识产权战略选择和国家政策选择上施了很多招，包括"一带一路"、中国-东盟自由贸易区，包括现在和个别国家的双边谈判，来瓦解 TPP 可能带给我们的影响。我觉得中国在这个战略选择上未雨绸缪，作出了很好的判断。但是，我们同时也要注意到，我们这种选择还没有和发达国家打交道，还没有实现跨太平洋、跨全球区域的小多边谈判的机制。我们是不是还要多建几个类似于"一带一路"，关于知识产权的联盟，比如说"金砖四国"知识产权的谈判。我们选择自己的知识产权新的增长点和新的供给侧改革，既包括国际层面的，也包括国内层面的。

第三是知识产权议题，现在正在从传统的知识产权框架议题到非传统知识产权框架议题转向。比如说万国邮政联盟、国际海关组织，包括一些标准化组织，都在引入知识产权制度，我觉得这一类应该引起我们的高度关注。在今天，知识产权的议题，不仅仅跟科技和简单的贸易相关联，它和人类的健康，和消除贫困，和促进文化的多元化，和促进整个国家贸易体制的改革和精神体制改革、文化体制的改革都有关联。所以，我们看待知识产权，也许不能仅仅看到一个强势领域，还要看到它在多边领域的关系。我觉得这也是姜丹明院长今天这个讲座，带给我们的一个重要警示，这是我没有考虑到的。我们原来认识知识产权制度的时候，都认为这是发达国家的一个游戏，而且是一个资本游戏，知识、财富、资本、金融相勾连带来的东西，但是知识产权议题远比我们想象得宽泛。这也是作为一个正在崛起的发展中国家必须考虑的方向。

第四是在国际框架和小多边框架里面，发展中国家的议题怎么样更好地切入到它们的框架中。这可能也是多年以来的话题，其实长期以来我认为，在国际框架下知识产权要强调的原则就是国家主权利益最大化，国内框架下才强调知识产权人、知识传播者和使用人的利益平衡，在国际框架下没有所谓的利益平衡，也不可能达成利益平衡，只有国家知识产权利益保护的最大化，这是一个没有选择的选择。这里面两个重要途径，一个是全球框架下我们如何契合进去，然后是结合中国目前社会发展的阶段，采取所谓阶段论和有限保护论的结合。我们不强调追求高保护，而要强调与中国相适应的保护水平，同时要强调中国优势知识产权资源的保护，比如说我们是传统资源大国、地理标志大国等。我记得TRIPS谈判的过程中，有很多议题都反映了不同主权国家的诉求和愿望。比如说地理标志为什么能够成为TRIPS公认的知识产权保护范围，那是基于欧盟的需要，而集成电路布图设计进入TRIPS，半导体进入TRIPS的议题，又完全是基于美国的需要。所以，怎么在WTO框架下，或者现有多边、小多边框架下，更加切合中国具有比较高的保护诉求的课题、保护的对象，这可能是需要我们重新审视的一个策略。

第五是另外我想到一个问题，这一次国家知识产权局提出一个重要的想法，我们在知识产权保护问题上要强调所谓的大保护、快保护、高保护，我觉得大保护的格局非常有必要。目前中国要参与国际谈判，我们大保护的格局，在知识产权国际保护问题上，可能还有一个重要的缺点，多部门在管理中国的知识产权。比如说专利归国家知识产权局，版权归国家版权局，植物新品种归农业部，等等。多头管理带来重要的缺陷是我们难以形成一个统一的声音，难以协调统一的国际保护的立场，九龙治水，各自为阵。所以，我们提出改革保护的方式，形成大的保护模式，有利于知识产权表达的输出，有利于知识产权利益的国际化，有利于加强我们知识产权国际谈判的口径，有利于在大国际背景下制定符合中国利益的知识产权战略。

第六是知识产权在今天已经不再是一个简单的私权工具，而是很多国家的一个重要的战略选择，是一个战略工具。我们一定要劈开一个单独路径去保护知识产权。姜丹明院长今天晚上的讲座告诉我们，不管是国家宏观层面还是微观战略选择层面，不管是国家立法层面还是知识产权的司法层面，不管是参与国际谈判层面还是立法自身选择的层面，都应当把知识产权提高到一个战略工具的视角去认识。在这样的背景下去考察知识产权问题，可能比单纯地考虑一个保护的角度，去考虑一个单纯的立法角度要更完整，对知识产权本质的认识也更科学。

以上六个问题是姜丹明院长今天晚上带给我们的一个重要信息，总之，今天晚上的讲座有这样几个特点：体现了知识产权的世界话语性，同时关注到了中国的问题和中国立场；知识产权具有全球的图景性，同时又强调中国实施和运用的方案；既强调了知识产权普适规则性，又强调了中国在知识产权立法、司法以及保护过程中的公共政策的选择；既强调了知识产权全球国际性，又强调了中国有效的战略安排和战略规划。

这样一场讲话选择在世界知识产权日开始是非常适宜的，最后我提一点希望，中国现在正在培养法学人才，其中一个重要的人才增长点，也是中国一个最亟待需要提升的人才培养点，就在于卓越的国际化人才，尤其是卓越的知识产权国际人才。具有复合型背景，有较高的外语水准，有技术背景，有知识产权谈判能力，有丰富的知识产权思路经验，这样复合型的国际化人才恰好是我们学校人才培养的重中之重。希望在座的同学，通过这样一场讲座，切身找到自己和知识产权未来结合，尤其是国际化背景下知识产权结合的增长点，那就是使自己国际化。

我的评论就到这里，谢谢！

易健雄：感谢黄汇教授以自己独特的风格，为今天的话题注入了热情，让咱们看到冷静的思考和热情的风格可以完美统一在一起。同时黄汇教授给咱们同学们一些殷切的希望，需要国际化人才，很契合今天的主题。因为时间关系，下面直接进入互动阶段，同学们有问题可以提出。

提问 1：姜院长，您好！非常感谢您的精彩的讲座。我个人是一直比较关注中国自贸协定的知识产权条款，今天能够见到您这样一位曾经在政府部门主持一线工作的专家，感觉非常荣幸。有一个问题想请教，长期以来我们感觉发达国家在知识产权保护中处于进攻地位，发展中国家是防守地位，我想问：我们中国在当前知识产权国际保护的各项议题、各项制度中，我们有没有什么潜在的利益进攻点？或者说如果现在没有，以后随着中国企业走出去这个态势不断加强，随着"一带一路"战略不断推进，我们在知识产权国际保护中有没有可能发展出一些潜在的利益进攻点？除了遗产资源、传统知识、民间文艺、地理标志以外，我们有没有可能发展出其他的利益进攻点？

姜丹明：谢谢你的问题。从我过去参与的工作经验来看，无论发达国家还是发展中国家，我们主要的进攻点就是刚才讲的遗产资源、传统知识、民间文艺。在其他方面，相关协会也曾经试图征求大家的意见，看看我们国家有哪些知识产权诉求能够向发达国家提出，没有获得它们很好的保护，希望它们改进。以我的经验，华为这样的大型企业，他们恐怕都没有提得出发达国家法律制度上的问题，有的可能是我们自己的理解，要么我们就没有这方面的优势，要么就是我们对人家制度的理解和运用有不准确的认识。

我个人在某一小点上，曾经跟相关企业探讨过，但是没有引起注意。比如专利权属问题，我过去在吉利工作期间，吉利到美国申请专利，按中国制度理所当然是归企业，但按美国制度首先归发明人个人。去美国提交专利申请，每个企业都要拿发明人的署名，同意转给某某公司，有的发明确实是吉利的董事长自己做出来的，但是必须找到他的签名。我个人认为，我们可以提出这个制度要求是不合理的，因为美国专利法只能适用在美国做出的发明，对于在中国做出的发明，权利归公司还是个人，包括在美国申请专利的权利归公司还是个人，应该适用中国法律而不是美国的法律。我不知道别的企业有没有提出，现在五局谈判里面有一个专门是企业的研讨会，我的印象中过去是没有哪个企业提出这个问题，如果我作为一个企业代表，我一定会提出，我认为这里面制度应该改，对于中国企业员工作出的发明专利申请，不能这样要求，这是加重了企业负担。

提问 2：姜老师好，你提出我们国家整个知识产权战略分为三个阶段，战略防御、战略相持、战略进攻，这当中是有一些问题的。据我了解，美国知识产权战略主要基调是创新和引领，欧盟是协同，比如说加强彼此之间的合作，日本知识产权战略主要是超越。我们可以看出，三个世界知识产权发达的国家和地区，它们的战略各有侧重，而且相对而言，它们都是在知识产权第一梯队的竞争选手。第一个问题：中国制定类似知识产权战略的时候，应该处于怎么样的规划，如果用两个字来形容的话？

姜老师用毛泽东论持久战中三个战略阶段来形容你所认为的我们国家未来应该有的知识产权战略规划。我想问一下，为什么要有战略相持，你认为我们知识产权战略也会和世界知识产权战略打一场持久战吗？或者我们国家有什么资源打这一场持久战？我认为这一场战争不应该有相持。2020 年我们就要成为第一梯队竞争选手，2030 年就要成为领先者，这个时间并不长，没有时间来打持久战。这是第二个问题。

姜丹明：谢谢这位朋友的提问，算是比较尖锐的问题。第一个问题，你讲到美国、日本、欧洲知识产权战略各自的特点，我的理解，战略防御、战略相持、战略进攻，是将中国放在国际竞争背景之下的，而你提到的日本、美国那几个特点，更多地是讲的内部发展战略的特色，这是我对你第一个问题的理解。你要看我们国家的知识产权战略，没有什么防御、相持、进攻，因为我们不是纯粹跟国际竞争的战略，不管是 2008 年的纲要还是 2015 年的强国战略意见，是内部的战略，而不是跟外面竞争的战略，这是第一个问题。

第二个问题，你认为应该是直接从战略防御到战略进攻阶段，没有战略相持阶段，我理解我们的观点其实也是差不多的，但是有一点，战略防御和战略进攻，我觉得比如 2020~2040 年这 20 年期间，我们出去的数量和外国进来的数量，过去是不太平衡，出去的少进来的多，慢慢变为大体相当的阶段。这样的阶段，还不能一下反攻，去说美国、日本、欧洲这没有保护好，那没有保护好，或者说中国给一个新要求，它们马上就要承认，我觉得这还需要一个阶段。一直到你们这些国家都承认，给予我保护，我认为这之间有一个过渡，不会那么快速，至少有一个小阶段的过渡，放大来说就是战略相持阶段，如果忽略它，也就是中间有这么小的过渡阶段。

提问 3：您好，有一个小问题，我平时课下也会去思考，您刚才提到的人工智能的问题，您提到人工智能现在可以自己写毛笔字，可以画画。我之前看到一个美国的报道，有一群科学家用一个人工智能创作小说，让别人阅读小说，看他能不能判断这是人工智能写的还是人写的，结果很多人都判断不出来。我有几个小问题：第一是人工智能的人格权问题，您认为人工智能可以成为作者吗？第二个问题，我看报道人工智能的毛笔字、山水画非常漂亮，体现了一些创造性，您认为这是作品吗？第三，如果是作品的话，就涉及买卖或者其他知识产权的权项问题，权项和经济收入应该归属于哪些主体？

姜丹明：谢谢这位同学，非常前沿的问题。我觉得这又回到一个基本问题，著作权制度是更注重保护人的精神还是保护相关利益各方的产物，在整个社会经济过程中产生利益分配的问题。如果你认为是利益分配制度，人工智能的作品、小说、书法，能够在社会生活中传播，能够给相关的传播者、使用者带来物质利益和精神愉悦，那么就要划定物质利益的分配和讨论精神愉悦的享受者是不是要付出一定经济价值。在这样的意义之下，我认为在人工智能情况下，所谓的作品能够被社会他人所利用、传播、产生经济利益，不妨赋予作者的身份，给它作品的地位。当然也可以考虑，机器人创造者或者生产者是权利背后真正的主体，背后的企业是主体，权利就归企业，用现有体系看，这就是一个法人作品了，也可以受到版权法的保护。

这是我初步的理解，没有深入思考，供大家参考。

易健雄：谢谢同学们提问，也谢谢姜院长。最后这个问题很前沿，我最近正在看一篇硕士论文写的就是这个问题，深入下去会冲击到整个法律制度的主体问题，我相信今天如果有民法老师在场，对这个问题可能会有一个激烈的说法。但是因为时间关系，我们讲座只能到这里了。实际上，我有很多信息没有来得及释放，包括姜院长还有很多信息没有给大家介绍，姜院长的经历非常深厚，他代表中国参与过很多国际谈判，参与过很多知识产权相关法律的具体起草工作，可以说姜院长身上有很多思想宝藏没有挖掘出来，咱们以后有机会再继续挖掘。

今天暂时到这里，非常感谢姜院长在第 17 个世界知识产权日专程从北京来到这里，跟我们度过这样一个特别的夜晚。感谢姜院长，感谢各位同学，感谢会务组在讲坛背后的辛勤付出，谢谢大家！

文字校对：廖晓莉

整理说明：根据现场速记及录音整理，已经过主讲人审阅。

第十八讲

知识产权国际发展态势与中国战略选择

主　题：知识产权国际发展态势与中国战略选择

主讲人：吴汉东　我国著名知识产权专家，中南财经政法大学原校长、文澜资深教授、博士生导师，现任教育部人文社科重点研究基地、国家保护知识产权工作研究基地、国家知识产权战略研究基地、国家版权局国际版权研究基地主任，兼任教育部社会科学委员会法学学部委员、中国知识产权法学研究会名誉会长、最高人民法院特约咨询专家、

最高人民检察院特约咨询专家，中国
国际经济贸易仲裁委员会仲裁员

主持人：岳彩申 西南政法大学副校长、教授、博导

与谈人：张玉敏 西南政法大学知识产权学院名誉院长、
教授、博导

曾学东 重庆市知识产权局副局长

李雨峰 中国知识产权法学研究会副会长，西
南政法大学教授、博导

时　间： 2017 年 5 月 22 日

地　点： 西南政法大学渝北校区毓才楼一楼报告厅

岳彩申： 尊敬的吴汉东教授，各位嘉宾，老师们、同学们，大家晚上好！
欢迎大家来到中国知识产权名家讲坛第十八讲。首先，我隆重地为大家介绍
今晚讲座的主讲人，我国著名的知识产权专家，敬爱的吴汉东教授。吴老师
是中南财经政法大学原校长、文澜资深教授、博士生导师，现任教育部人文
社科重点研究基地、国家保护知识产权工作研究基地、国家知识产权战略研
究基地、国家版权局国际版权研究基地主任，兼任教育部社会科学委员会法
学学部委员、中国知识产权法学研究会名誉会长、最高人民法院特约咨询专
家、最高人民检察院特约咨询专家。

在知识产权政策咨询方面，吴老师及其团队承担有《国家知识产权战
略纲要》专家建议稿、国家知识产权"十二五"规划和"十三五"规划、
国家广电总局知识产权战略纲要，吴老师是国家知识产权战略专家委员会
委员、国务院反垄断委员会专家咨询小组成员。2006 年 5 月在中央政治局
第三十一次集体学习会上，为国家领导人讲授"我国知识产权保护的法律
和制度建设"，并为中央党校、国家行政学院、文化部、商务部、国家广电
总局、国家知识产权局、国资委以及多个省级机关作过知识产权专题讲座。
2009 年、2011 年两次被评为"年度十大全国知识产权保护最具影响力人
物"，并两度被英国《知识产权管理》杂志评为"全球知识产权界最具影响

力五十人"。

为聆听吴老师的讲座，除了到场的同学们，今天的嘉宾也堪称是豪华阵容。参加讲座的嘉宾有西南政法大学知识产权学院名誉院长、博士生导师张玉敏教授；重庆知识产权局副局长曾学东；中国知识产权法学研究会副会长、西南政法大学博士生导师李雨峰教授；还有其他的几位教授和老师，因时间关系不一一介绍了。

现在就为吴老师今天的讲座和主题，给大家作一个简单的介绍。吴老师给大家作讲座的论坛称为"中国知识产权名家讲坛"，这个讲坛由中国知识产权法学研究会和西南政法大学共同主办，邀请的主讲人都是国内外知识产权界知名人士，就知识产权基础性和前沿性问题作智慧分享，讲坛在短短 3 年时间内成长得非常迅速，在全国范围内都具有较高的知名度和美誉度。

今天是中国知识产权名家讲坛第十八讲，吴老师为我们带来了一个非常有时代意义、时代价值的主题，那就是"知识产权国际发展态势与中国战略选择"。大家知道知识产权是近代商品经济和科学发展的产物，19 世纪下半叶之后，成为国际经济贸易体制的重要组成部分。在国际竞争日益激烈的后 TIRPS 时代，我国《"十三五"国家知识产权保护和运用规划》明确提出了"创新驱动发展战略"和国家建设"三步走"目标，知识产权强国战略已是中国的不二选择。然而，要实现这一目标，中国还面临诸多复杂的问题：如何从世界大国转向世界强国，如何应对复杂的国际知识产权发展态势。期待吴老师为我们作精彩的分析，下面就请吴老师闪亮登场！

吴汉东：尊敬的岳校长、张老师、曾局长、李教授，在座的各位老师、各位同学，大家晚上好！非常荣幸来到这里。西南政法大学是中国高等法学教育的重镇，也是中国知识产权高端人才培养和科学研究的基地，在这里发表演讲，是我的荣幸。我今天的讲题将从国际变革大势与中国发展大局这两个层面来谈谈知识产权问题。总的来说，我们应该如何看待知识产权，首先应该面对经济全球化的国际背景，同时要置身于知识经济的时代情景，最后要立足于中国转型发展的本土场景。今天的讲座讲三个问题：国际发展态势、强国发展谋略、中国发展战略。

一、国际发展态势

(一) 新国际贸易体制与知识产权保护体制

首先讲国际贸易体制与知识产权保护体制的相互关系。我们有一个基本判断,自从 20 世纪下半叶以来,经济全球化的产生与新的国际贸易体制的形成,是这个时期世界经济发展的潮流,而且这个潮流将会影响 21 世纪整个世界经济发展的格局。自从美国总统特朗普上台以后,有一些学者认为全球会出现一个反经济全球化的浪潮,我想这种担心会有的,但是经济全球化的潮流是不可逆转的。记得特朗普当选美国总统的那一天,我正好在澳门,有听众问,特朗普上台以后,美国的内政外交包括知识产权会有什么变故。从一个学者的观察角度而言,我认为特朗普上台以后,美国这种外交上的孤立主义、政治上的明确主义、贸易中的保护主义思潮肯定会开展,但不变的是美国维护其在全球贸易中的核心利益,这个基本立场不会改变。换句话说,保护知识产权是美国的核心利益,同时,保护知识产权还是全球经贸体系的基本组成部分。因此,我们判断,在 21 世纪,经济全球化这种总的趋势不会改变,新的国际贸易体制并不会动摇。

当代国际贸易体制,指的是以 1947 年关贸总协定为试点、1994 年世界贸易组织为标志的当代国际贸易体制。为什么把它称为一种新的国际贸易体制,我想用三句话来概括:第一,以全球自由贸易为目标。换句话说,改变了过去殖民体系下旧的贸易体制,使得全球各国的经济联系更为紧密,渗透更为深刻,而且在不断地加深。第二,以全面减让关税为手段。WTO 提出的最初目标是实现零关税,但是现在达到的是低关税水平。第三,以无差别的最惠国待遇为基础。WTO 实际上是一种经济联合,在 WTO 框架之下有很多的国际公约,包括《货物贸易协议》《服务贸易总协定》《与贸易有关的知识产权协定》,就是我们俗称的 TRIPS。

在当今的国际经贸领域,知识产权保护已经成为国际贸易体制的重要组成部分。我们谈贸易规则、投资规则,少不了知识产权保护规则。这就引出知识产权保护一体化,或者叫作趋同化、国际化。知识产权保护的基本原则、基本制度、基本规范,在全球范围内的普遍适用性,或者叫普适性。换句话说,在知识产权领域,国际法高于国内法,国内法服从国际法,国内法同于国际法，这是我们讲的一体化的基本内涵。

（二）TRIPS 时代知识产权国际保护制度的基本特点

从 1994 年世界贸易组织成立，TRIPS 生效，一直到今天，国际社会发生了很大的变化，尤其是 20 世纪 90 年代下半叶以来，知识产权国际保护制度表现出两个非常鲜明的特点。

第一，以国际贸易体系为框架，推动高水平的知识产权保护。知识产权国际公约有三大原则：一是国民待遇原则，二是最低保护标准原则，三是公共利益原则。这些保护标准的原则其实是一致性保护原则。换句话说，所有的缔约国或缔约方对于知识产权的保护只能遵行一致性的标准，形象地说，可以就高，但是绝不能就低。这就使得 WTO 的成员方，不管是发达国家，还是发展中国家，都要按照一个标准保护知识产权。但是，我们要看到，最低保护标准跟发展水平没有关系，所有的国家都要按照 TRIPS 来保护知识产权。这种一致性的标准，扩大了知识产权的保护范围，提升了知识产权的保护水平，加大了知识产权的执法力度。

第二，以争端解决机制为后盾，推动高效率的知识产权保护。其实在 TRIPS 之前有很多的国际公约，比如最有代表性的 19 世纪下半叶的《巴黎公约》（1883 年）和《伯尔尼公约》（1886 年），进入 20 世纪以后，还有大家所熟知的 WIPO 公约（1967 年），即《成立世界知识产权组织公约》。但是，以往的国际公约一般不涉及争端解决机制。那么 TRIPS 的有力之处在哪里呢？它规定了多边争端解决机制。换句话说，为国家与国家之间发生知识产权冲突预设了一个强制性的解决方案。两国之间发生知识产权冲突，可以进行磋商，磋商不成可以请第三方来斡旋，如果不成功可以请专家小组来仲裁，仲裁决定一旦作出，当事人必须执行，否则会招致贸易报复，重则会导致整个 WTO 实行贸易制裁。这是一个高效率的知识产权保护，犹如给多边争端机制安装了一个"牙齿"，使各国不能有所保留，必须无条件地执行。

中国 2001 年加入世界贸易组织，与美国先后 7 次发生知识产权冲突，其中三次被告上了 WTO 法庭，最近的一次是 2009 年。那一年我正好在国家广电总局讲课，讲当时的电影票房，十大畅销片中 6 部是美国大片，排名第一的是《阿凡达》，在中国卖了 13 亿元；第二名是《让子弹飞》，卖了 7 亿元。

但是，好莱坞在中国大片的进口每年限制 20 部，美国人就认为中国限制好莱坞大片进口，违反了自由贸易原则，告了第一状。第二状是说中国《著作权法》第 4 条第 1 款，其中反动、淫秽的作品不受著作权保护，违反了《伯尔尼公约》的原则，因为著作权保护的是作品的思想表现形式，而不是涉及反动、淫秽的思想内容。结果，对于第一点，我们通过谈判，适度放开外国片的进口，由 20 部放宽到 45 部，包括但不限于美国电影。对于第二点，我们历经 18 个月修改了著作权法，这就是 2010 年著作权修法的国际背景。

（三）后 TRIPS 时代知识产权国际保护制度的发展动向

我们看看后 TRIPS 时代发生了什么变化，我觉得知识产权国际保护制度发生了一些重大的变化，发达国家和发展中国家处于不同的立场，采取了不同的谋略，来寻求对自己有利的知识产权保护国际秩序。

1. 发达国家

从发达国家来说，谋求更高水平、更有效率的知识产权保护，采取的手段有三个方面。

（1）谋求新的知识产权国际条约

谋求新的知识产权国际条约。最有代表性的就是美日联手欧盟酝酿《反假冒贸易协议》（ACTA），有知识产权的民事、刑事、海关、信息共享、国际合作、执法六个方面，比 TRIPS 保护水平更高，执法更为严格。美日率先在本国批准了 ACTA，为什么后来这个协定夭折，就是来自欧盟议会的反对，议会认为其中的著作权条款有可能损害网民获取信息的自由，没有批准。其实 ACTA 意在剑指中国，记得欧洲一些国家在分析《反假冒贸易协议》的时候，它们认为仅仅是有发达国家参与的 ACTA 并不是最终目的，必须是中国、俄罗斯这两个世界上最大的假冒国能够参与协议之中受到约束，它们想让 ACTA 与 TRIPS 一样，成为全球所有缔约国共同遵守的国际规则。目前，新的知识产权国际条约还没有生效。

（2）签订多边、双边自由贸易协定

签订多边与双边自由贸易协定。自从 1994 年世界贸易组织成立以来，一直到 2010 年，这 10 几年间，作为 WTO 的成员方签订了大约 300 多个双边和多边的自由贸易协定。其中最有名的大家应该知道，那就是 TPP 协定（《跨太平洋伙伴关系协定》），尽管特朗普上台第一天把 TPP 协定废了，但是美国的两洋战略在国际知识产权界仍然带来了不大不小的影响。

记得 2015 年"十一黄金周"期间发生两件轰动中国的事情：一件是屠呦呦院士获得了诺贝尔奖；另一件是美国、日本、澳大利亚等 12 个国家经谈判达成 TPP 贸易协定，有待各国签字、批准、生效。在 TPP 协定背后还有一个TTIP，就是《跨大西洋贸易与投资伙伴关系协定》，这两个战略里面都有保护知识产权的内容。美国通过这两个战略主导国际贸易规则，包括知识产权保护规则制度。现在 TPP 协定终止，但是我们看到，多边和双边的贸易协定肯定有知识产权加码。没有 TPP 协定，整个太平洋国家还有 RCEP，就是东盟十国与中国、日本、韩国、澳大利亚、新西兰、印度"10+6"的《区域全面经济伙伴关系协定》，这里面也有知识产权。

所以，我在很多场合讲，无论是多边还是双边的自由贸易协定，都有知识产权的规定，是对 TRIPS 最重要的补充。我们完全可以这样认为，知识产权保护是当代国际经贸体制的标配，现在要实现"一带一路"战略，中国的企业要走出去，必须利用知识产权为自己保驾护航。

（3）实行单边主义制裁机制

实行单边主义制裁机制，主要来自美国。美国作为世界贸易组织的缔约方，一方面频频利用多边争端解决机制来维护本国的知识产权，另一方面继续采用几十年来一直屡试不爽的单边制裁法，主要有三种举措：

一是针对国家的"特别 301 条款"调查。这一条款始见于美国《1974 年贸易法》，《1988 年综合贸易与竞争法》对其内容也作了增补。该条款授权美国贸易代表办公室每年对美国在全球的贸易合作伙伴进行调查，凡是不保护、不完全保护、不充分保护美国知识产权的贸易伙伴要分别列为重点国家、重点观察国家和一般观察国家。凡是列为重点国家的，一年不改变知识产权的保护现状，美国就要实行贸易保护，取消最惠国待遇。在 20 世纪，美国挥舞着知识产权特别是"301 条款"的大棒在亚洲进行制裁，先后打击韩国、新加坡，以及中国的香港地区和台湾地区。20 世纪 90 年代以后，首当其冲的就是中国，即使中国加入世界贸易组织，美国仍然两次把中国列为重点国家，多次把中国列为重点观察国家，在今天又把中国列为重点观察国家，对中国的知识产权保护不信任。其实这是一种国际压力。

二是针对外国企业的"337调查"。美国依据《1930年关税法》第337节的规定，授权美国国际贸易委员会每年对进入美国市场的外部企业进行调查，如果遇有侵犯知识产权和实施不正当竞争行为的企业，就对它们进口商品实施扣押或者征收高额关税，或者是实行市场准入的限制。从20世纪末一直到2011年，受"337调查"最多的首推中国，大概涉及企业有150多家，败诉率高达62%，其他国家的败诉率是26%。这说明中国侵犯知识产权产品确有存在，不仅在中国本土造假、卖假和买假，还堂而皇之地出口，居然出口到美国，所以屡屡受到制裁。

三是恶劣市场名单调查。美国2012年推出了一个新招，由美国贸易代表办公室每年对全球的电商平台和实体市场进行调查，如果有人卖假货，侵犯知识产权，就进入黑名单。我记得有几年，像阿里巴巴、百度都名列其中，这都是受欧美市场名单的影响。还有中国的实体市场，比如说北京的秀水街、深圳的罗湖、浙江的义乌以及香港的女人街，都先后进入黑名单。

所以，美国的单边制裁机制也是围绕着知识产权来施压。

2. 发展中国家

与此同时，发展中国家也不满目前的这样一种知识产权国际保护现状，主张建立更为公平、更为合理的知识产权法律秩序。在WTO多哈会谈无疾而终的情况下，它们寻求多个国际组织、多边国际论坛来发出自己的声音，主要的议题就包括公共健康、生物多样性、文化多样性乃至知识共享。

首先，来自国际人权组织的声音。联合国人权保护小组在2000年发布了一个知识产权与人权的专题报告，批评现在的WTO和成员，在推行TRIPS的过程当中忽视基本人权的保护。并且明确指出，TRIPS所要求保护的知识产权和国际人权公约所强调保护的基本人权，两者之间产生明显的冲突。这个批评是非常尖锐的。

其次，联合国教科文组织在2005年组织缔结了《文化多样性条约》。大家都知道，联合国组织早在1992年通过了《生物多样性公约》，那是保护遗传资源的国际性公约。2005年的《文化多样性公约》，只有两个国家反对，一个是美国，另一个是以色列。我觉得《生物多样性公约》和《文化多样性公约》保护的是知识产权创造的源头，例如传统知识、遗产资源。尽管这两个公约不像 TRIPS 一样有一个牙齿，有一个多面争端解决的机制，并能跟最惠国待遇捆绑在一起；它是软法，但是对于修正知识产权目前保护不合理的缺陷还是有积极的意义。

最后，世界知识产权组织为知识产权国际保护秩序的变革也做了大量的工作。其中最重要的是 2005 年发布的一个宣言，内容就是主张建立与 WTO 体制完全不同的非产权激励机制。因为 WTO 是把知识产权看作是私权，而 WIPO 主张在私权保护的同时建立一种非产权的激励机制，例如维基百科、自由软件、信息共享、知识传播。

总的来说，南北国家、发达国家、发展中国家，都从不同的层面推动知识产权保护制度的逻辑变革。

二、强国发展谋略

知识产权从它的产生、变革，发展到今天，不到 400 年的历史，欧美国家是知识产权制度最早的推行者，也是最大的受益者，并在 17 世纪、18 世纪、19 世纪建立了本国的知识产权制度。这些制度被称为是制度文明的典范，对于激励科技创新、促进文化繁荣、推动经济发展，确实作出了重要的贡献。具体而言，论述了这些欧美国家转型发展、创新发展的基本做法，我想从三个基本观点来加以表述。

（一）知识产权优势就是国家实力优势

知识产权优势就是国家实力优势。当今世界，国家与国家的比拼是综合国力的比拼，这既包括硬实力，也包括软实力。我觉得软硬两个方面的主体部分或者是核心内容都与知识产权有关。

1. 硬实力

首先讲什么是硬实力。硬实力指的是一个国家拥有的军事力量、科技力量、经济力量以及可以实际支配的基本资源。其中，科技创新力和经济发展力是硬实力的主体部分或者叫作核心内容。这些国家的科技创新能力、经济发展实力如何，专利特别是发明专利是一个非常重要的评价指标。

中国现在是一个知识产权大国，也可以说是一个专利大国。据来自 WIPO 的有效统计，2015 年中国发明专利的申请量占全球总量的近 40%。十几年前，中国发明专利的数量是美国的 1/3，美国发明专利申请的数量是全球的 1/3，当时我就感慨中国什么时候才能够接近美国的水平。10 多年过去了，中国的发明专利一路攀升，先后超越韩国、德国、日本，又在 2011 年超过美国，发明专利申请量居全球第一。虽然我们现在数量、数字看上去很多，但是，质量和水平、结构和布局、实施和效率还有相当的差距。

2. 软实力

其次讲软实力。什么是软实力，软实力是美国学者克莱因在 20 世纪提出的，是指一个国家国民的素质，国家的文化在世界上的影响力，以及国家参与国际机构的程度和深度。其实，现在的软实力，根据很多专家的分析，最重要的有三个方面：

一是国民精神的凝聚力，即国民素质。最新的联合国关于各国国民素质的评价，不出意料，第一名还是美国，中国排在 167 位，比印度领先，倒数两三位。国民素质包括哪些方面，不仅有国家的公民素质、法律素质、身体素质、文化素质，还有礼仪素质。

二是社会制度生命力。一个国家能够维持长治久安，靠的是制度，包括社会制度、经济制度和法律制度。一个制度不仅为本国的国民所拥戴，还可能为外国的国民所向往，这才叫好制度，才能维持一个国家的万代基业。

三是民主文化的影响力。有些学者说，文化只有是民族的才是世界的，而在经济全球化的今天，文化产业的竞争非常激烈，文化是民族的，未必是世界的。欧美文化依然是一种强势的文化，在国际文化贸易当中，美国、英国、法国、日本、德国这五大国占全球文化贸易的 60% 左右，是文化贸易的输出国，通过版权贸易来推销自己的文化。美国尤为突出，现在出口第一的不是波音飞机，而是版权产品，包括软件、电影和音像，软件出口占全球市场的 2/3，电影好莱坞在数量上也许未及宝莱坞，据说制作的数量只有全球的 7.6%，但是美国在全球的票房收入上却达到 80%。所以，美国是通过小小的"三大片"来影响全球市场：第一片是代表美国的饮食文化，如麦当劳的土豆片；第二片是代表美国影视文化，如好莱坞的电影片；第三片是代表美国信息文明，如硅谷的微晶片。这三片都有知识产权。比较而言，中国的文化产品在国际贸易当中还是一个贸易逆差，进口多，出口少。

总的来说，目前的中国，硬实力还不够硬，软实力还比较软，要想在本世纪从一个世界大国成为世界强国，软硬这两方面的实力都得提升。

（二）知识产权战略就是强国实现战略

知识产权战略就是强国实现战略。近现代大国的崛起，有诸多的因素，而知识产权扮演着一个十分重要的角色，用网络语言来说，"知识产权不是万能的，但是没有知识产权是万万不能的"。央视就曾经播了一个纪录片，叫《大国崛起》，讲了近代的英国、德国、俄罗斯，现在的美国、日本，它们的崛起，这里面有很多故事，在此我就不讲了。但是，我觉得这个纪录片讲得不够的是知识产权的重要作用。之前湖南卫视播出了一个节目，叫《国之利器》，四集纪录片，讲的是知识产权在创新发展当中的重要作用，我觉得还挺有意思。在这里，我以近代英国、现代美国为例，谈谈这两个国家的发展崛起中知识产权扮演着什么角色。

1. 近代英国

大家都知道，近代英国是欧洲工业革命的策源地，也是近代知识产权制度的发祥地。过去，学者对这两者之间的历史渊源很少关注。现在，有人得出一个重要结论：近代英国发生工业革命的原因在于当时 18 世纪 70 年代的英国科学发现、技术发明积累了较高的水平。有人对这个结论提出了质疑，其理由来自对中国进行的推理：中世纪的中国，科学发展、技术发明的水平丝毫不亚于后来的英国，但是为什么当时明朝的中国没有出现英国这样的工业革命？

制度经济学派作出了一个非常重要的发现：当时的中国重农抑商，没有一个企业家有创新精神。熊彼特是创新理论的缔造者，按照他的话说，企业家是创新精神的龙头，没有企业家就没有科技创新，没有科技创新就没有工业革命。我认为后来诺斯的发现更为重要，诺斯认为：中世纪的中国在向近代发展过程当中，之所以没有产生企业家阶层，关键在于产权制度的缺失，不像英国一样，有一个以私有制度为基础的近代知识产权制度。

作为法律专家，谈谈我的观点。刚才说过，近代英国是知识产权制度的发源地，1623 年的垄断法规是具有近代意义的，相当于今天的专利法律制度。在这个法律实施 100 年的时候，历史学家作了一个统计，认为专利法的有效实施使得近代英国的工业体系包括冶炼、纺织、制造、运输得以形成，这100年所创造的物质财富是英国建国十几个世纪的总和。这说明一个道理：制度创新对科技创新、知识创新有重要作用。

前几年上海举办了一个世界博览会，有8000万人参观，据我所知，95%以上，甚至更多，都是中国人自己。世界博览会最初是一个工业革命和专利技术的成果秀；开创者是近代英国，1851年的时候，在阿尔伯特亲王的倡导下，举办了第一届世界博览会——伦敦世界博览会。那个时候的博览会展示的就是英国最新的专利技术，或者叫工业革命的技术。从1624年英国专利法的实施到1851年，这200多年间，英国售出了2万件发明专利，伦敦博览会展出的有珍妮纺织机、水力织布机等，这是当时最先进的技术。其他国家展出的有农产品，大清帝国也派人参展了，我们展出的唯一产品是贵州的茅台酒。

2. 现代美国

我们再说说现代美国。经过两次世界大战以后，美国迅速崛起，成为当今世界政治、经济、军事、文化、科技、教育、贸易的超级大国，以至国际舆论把20世纪称为美国世纪。1977~2001年，整个西方世界经济衰落，但是美国一枝独秀，平均增幅达到3.2%，20世纪90年代高达3.5%，进入21世纪以来，美国经济依然保持一个强劲的发展势头。其中有诸多的原因，我认为重要的是从卡特政府开始，到后来的里根政府、克林顿政府、老布什政府、小布什政府，还有奥巴马政府，历届美国政府都非常重视创新发展，而且通过知识产权来助推美国的创新发展。换句话说，美国的国际竞争战略是知识产权，国内的产业创新战略还是知识产权。

早在20世纪80年代，美国就大规模地进行了产业结构的调整，关闭、限制了造成环境污染、大量耗费原材料、劳动力密集型的产业，优先发展所谓的朝阳产业。朝阳产业有三大块：一是信息产业，以微软、苹果、戴尔、惠普这些企业为代表；二是影视业，以迪士尼、好莱坞为支撑；三是飞行制造业，包括洛克希德、联合技术和波音。这些产业就是2012年美国商务部经济和统计管理局、美国专利商标局联合发布的报告中所公示的知识产权密集型产业。

2012 年，美国在白皮书中宣称，知识产权是美国创新发展的基石，在奥巴马总统的任期内制定了美国第二个创新战略。这个创新战略里面包括了知识产权的三大内容，即改革专利审查制度、加强知识产权执法力度、增强知识产权国际合作。同样在 2012 年，中国进行了大的改革，也提出了创新驱动发展战略，而且把知识产权用一句话加以概括，即加强知识产权运用和保护。我们可以产生一个什么样的联想？一个最大的发展中国家都十分重视创新，是因为创新战略的一个制度支撑和政策保护就是知识产权。

（三）知识产权竞争就是未来世界竞争

知识产权竞争就是未来世界竞争。刚才我说过，知识产权制度从产生、发展到现在不到 400 年。以 1883 年《巴黎公约》、1886 年《伯尔尼公约》为标志，知识产权从国内走向国际化、从智力创造领域走向国际贸易领域的历史更短，不到 150 年。在国际贸易当中，要保护知识产权，不仅仅保护一个国家内部所授予的知识产权权利，还应注意知识产权国际保护的问题，及由此带来国际经贸领域的知识产权竞争。换句话说，国际经贸领域的主战场是围绕知识产权而展开。

张玉敏老师早年写了一本书——《知识产权与市场竞争》，这本书中提出一个观点，即在 WTO 的框架之下，知识产权控制了价值大约 1 万亿美元的有形的货物贸易和无形的服务贸易。从这个意义上，就印证了温家宝同志 2004年视察山东的时候说的 "世界未来的竞争就是知识产权的竞争"。

两次世界大战以后，世界并不太平，地区战争、局部战争依然存在。当然，世界大战现在还在控制之中，我们看到的更多的是没有硝烟的战争，如粮食战争、石油战争、贸易战争、货币战争，还有最近几年各国十分重视的信息战争，这就是我们今天所谈的知识产权战争，或者叫知识产权竞争，包括专利、品牌、版权贸易等方面。

我可以简单地作一个描述：19 世纪的美国是一个正在成长的国家，与强大的欧洲国家之间发生知识产权的冲突，那个时候是欧洲压制美国；但是到了 20 世纪 60 年代，是一个不可一世的美国频频挥舞知识产权的大棒来制裁正在崛起的日本；从 20 世纪 70 年代到 80 年代，是已经进入到新型工业化国家行列的韩国屡屡与美国、欧洲发生知识产权的纠纷；从 20 世纪 90 年代一直到 21 世纪初，那就是中国，正在崛起和发展的中国，与进入创新国家行列的美国、欧盟、日本频繁发生知识产权的纠纷。我认为这并非坏事，这说明中国正在崛起，中国正在成长，因为知识产权的问题总是发生在发达国家与发达国家之间、发达国家与新兴的工业化国家之间。所以，中国作为一个世界大国，未来的世界强国，必须处理好知识产权的问题。

三、中国发展战略

（一）全球竞争中的中国表现

首先谈谈全球竞争中中国的表现，通过综合竞争力、竞争发展力和科技创新力三个方面来分析中国。改革开放以来，特别是中国"入世"以来，应该特别强调中国 2008 年实施国家知识产权战略以来，我们的经济与社会发展取得了长足的进步。

1. 综合竞争力

首先分析综合竞争力。所谓综合竞争力是一个国家保持国民财富持续增长的能力。决定综合竞争力的因素有很多，叫竞争力要素，这里面涉及我们的法律制度、政策制度、法律与政策、政治架构、商品市场、金融市场、劳动力市场、基础设施、教育设施，以及科技创新能力等，大概有 12 个要素。

瑞士"世界经济论坛"，在《2014～2015 年全球竞争力报告》中选取了全球 140 多个经济实体。结果显示，全球最具竞争力的国家和地区中，中国没有进入第一行列，表现最好的分别是瑞士、新加坡和美国。在排行榜中，中国在金砖国家当中最为领先，排在第 28 位，俄罗斯、南非、巴西分别是第 53 位、第 56 位和第 57 位，号称与中国"龙象之争"的印度排在第 71 位。在与知识产权的相关指标中，我们处于中间甚至是略为靠后的阶段，这是我们在综合竞争力要素方面的短板。

2. 经济发展力

再来看看经济发展。我们以 GDP 作一个分析，2010 年中国 GDP 的总量首次超越日本，成为全球第二大经济实体。以前我们的 GDP 总量是美国的 1/3，但是这几年进步非常大，2015 年是 10.3 万亿美元，2016 年达到 11 万亿美元，相当于美国 GDP 总量的 60%，这个进步是非常了不起的。现在，美国是日本经济总量的 2 倍以上，由于 2016 年人民币贬值，我们与美国的差距并没有进一步的缩小。所以，2016 年和 2015 年都分别是美国经济总量的 60%，国民生产总值还是表现得非常强劲。根据经济学家的分析，中国如果能够维持 6%~6.5% 的增幅，用 10 年、15 年的时间，我们的经济总量超过美国应该是指日可待。现在中国的问题在哪儿？这也是中央强调创新发展和绿色发展的问题之所在。

第一，人均 GDP。我们人均 GDP 依然排在全球 70 名以外，2016 年是8000 美元左右，开始进入中等收入国家的行列。但是在亚洲，我们依然比较靠后，或者是处于一种中间的状况。就 2016 年来说，土耳其人均 1 万美元，韩国超过 2.5 万美元，日本超过 3 万美元。所以，我们人均 GDP 与这些国家相比还有相当大的差距，特别是绿色 GDP。据统计，我们每创造 1 美元的国民生产价值，大概所带来的能源和资源的消耗是世界平均水平的 3~4 倍，是日本的 8 倍。

第二，进出口总额。这方面一直保持良好的态势，除了进出口总量是世界第一以外，同时我们还是 75 个国家的第一贸易国。现在，中国出口的产品可以说是无处不在、无时不有，中国制造与国际市场相联系而存在。

第三，制造业份额。2010 年中国制造业份额首次超越美国，成为全球第一工业制造大国。美国成为工业制造大国，占据"王座"长达 110 年，直到2010 年被中国超越，当时中国是 19.8%，美国是 19.4%，2016 年中国已经跃升到 20%，这是非常了不起的进步。但是，中国制造大而不强，全而不优。2017 年博鳌论坛首次引入知识产权专场，我在会上作了一个发言：中国制造确实进步很快，当评价现在中国制造的现状是什么，有一句话叫作"中国制造美国芯"。现代制造业包括计算机工业、信息产业、智能制造行业，都离不开小小的半导体芯片，但我们 75% 以上的高端芯片来自美国进口。我们生产全球最多的手机，十大生产商排名前十的有 5 家是中国企业，有 4 家进入前五，生产全球 70% 的手机，所赚取的利润只有 7%，为什么？因为高端技术，包括半导体芯片，必须依赖进口。所以，"中国制造美国芯"是中国制造之痛，痛在知识产权。

3. 科技创新力

我们再看看科技创新力的问题。国家知识产权局关于科技创新力的官方报告显示，根据 2016 年最新的统计数据，我们发明专利授权的总量位居世界第一，甚至是排名第二的美国和日本这两家的总和。我们的量看上去很大，但是质量、水平、结构和布局还有相当的差距。

(二) 强国建设的中国路径

下面谈谈强国建设的中国路径，以及中国的发展战略选择问题。党的十八大以来，对经济与社会发展提了一系列新的谋略和思路，从创新驱动发展到经济发展新常态，到供给侧的经济结构性改革，再到 2016 年提出的以创新发展为首要的新发展理念。贯穿这样一个理念，那就是我们要改变传统的经济发展方式，不能简单靠资源和资本要素驱动，而更多地要依赖于创新驱动。

在这种情况下，"强国建设"这样一个战略目标及其规划就提出来了，中国是在 2008 年制定了《国家知识产权战略纲要》，2015 年又制定了《国务院关于新形势下加快知识产权强国建设的若干意见》（国发〔2015〕71 号）。这个强国建设方案的意义在于，强国建设是中国实现现代化目标的一个重要举措，从传统走向现代，可以说是世界各国共同追求的。几十年来我们谈了很多的现代化，从 20 世纪 50 年代末开始，工业现代化、农业现代化、国防现代化、教育现代化、科学技术现代化，这是制度现代化。中共十八届三中全会谈到，国家治理体系和治理能力的现代化，又在中共十八届四中全会提出全面依法治国，讲到国家治理，就是说要走现代化和法制化的发展道路。

对于知识产权强国，我们应该从两个方面来解读，既是一个创新型国家，也是一个法制化国家，能够把物质文明建设、精神文明建设、生态文明建设和制度文明建设有机地结合起来。

(三) 知识产权战略实施的中国目标

那么我们应该建设一个什么样的知识产权强国，我从四个方面进行解读。

1. 制度建设完善

第一个方面，制度建设完善。这里面有三个方面的内容：

第一，我们要形成一个系统的、科学的知识产权法律体系。从当前的任务来看，首先要实现知识产权与民法典的对接。《民法总则》以一个条文的篇幅规定了知识产权，实现了知识产权的司法规范力。但是我以为只走出了第一步，未来的知识产权能不能够在民法典当中单独成编，或者是仿效法国制定一个知识产权专门法典，还需要我们知识产权学界作出努力，由于时间关系我就不展开讲了。

第二，要建立一个以知识产权为导向的公共政策体系。国家为了激励创新，出台了很多的政策，如投资政策、金融政策、税收政策、科技政策、文化政策、贸易政策，这些政策都应该注重以知识产权为导向。就产业政策而言，在这次博鳌论坛上有一个前部长，讲了一段非常引人深思的话，问我们的产业政策有没有问题。他列举了这样一个现象，中国四大败家败业的举措：一是卖房子炒股，二是卖房子创业，三是炒股，四是创业；还讲了四大兴家兴业的举措：第一北京买房，第二上海买房，第三深圳买房，第四广州买房。我在另外一个场合讲过类似的话。我认为，如果在中国，首富不是中国的乔布斯、比尔·盖茨，而是房地产商，就要反思我们的政策是不是有偏差。我们呼吁，要建立一个以知识产权为导向的公共政策体系，对创新要拿出高招和实招。

第三，推动知识产权综合管理体制改革，以实现现代化的治理。现代知识产权被淹没在各个部门的分管之中，条条分置、互不相涉的现象较为严重。"九龙治水"是中国特色，世界少有。在 WTO 100 多个成员当中，据统计，40% 的国家实行的是三合一，版权、专利、商标统一集中管理；还有 50% 的国家和地区实行的是二合一，就是专利和商标相对集中统一。所以，我觉得知识产权综合管理体制改革要进一步推行。

2. 创新能力领先

第二个方面，创新能力领先。其实，创新是知识产权所有活动的源头。交易、转让、保护，首先要在知识产权的获取方面来下功夫，具有创新能力是得到知识产权的一个前提。现在，我们产品的供给还有待改正，专利数量与规模已经连续 6 年居世界第一，但是质量和水平差距很大。据联合国相关组织的统计，把发明专利的授权分为 35 个领域，就中国发明专利授权而言，在 28 个领域里，中国主体获取的发明专利授权量多于外国主体，还有七大领域是外国主体获取的发明专利多于中国主体。这表明，在这七大领域，外国企业对中国企业形成了专利合围之势，包括光学、音像、运输、基础通信和医学，核心技术、关键技术都在这一块。由此看来，我国专利的获取量方面与国外企业还有相当的差距。

这只是谈了中国发明专利授权，再谈国际专利。2015 年我们位居第三，有 2 万多件 PCT 国际专利，相当于美国的 40%、日本的 60%，这 2 万多件 PCT 国际专利一半集中在广东，准确来说集中在深圳。所以，我们的国际专利，特别是在美国、欧盟、日本获取专利，是衡量一个国家、一个产业、一个企业创新能力最核心的标志。

我们再看看结构与布局。关于专利的域外布局，2011～2014 年，我们域外布局是 4.8%，100 件专利里面只有 4.8 件是外国专利，而韩国有 18%，美国为 24%，日本高达 38%，我们在这个方面也是有差距的。

关于国际标准专利，2016 年 10 月份深圳华为在国际移动通信组织提出一个技术标准，叫作增强移动宽带，这很了不起，且其为国际组织所采纳，另外一个技术标准是高端技术标准，也被国际组织所接受。从 2G、3G、4G 一直到 5G，中国企业改变了这个格局，我们能够和高端公司（例如爱立信公司）一较高下。但是，中国在国际标准专利面前发言权甚少。据三大国际标准组织统计：美国拥有的标准专利 4068 件，位居第一；第二是芬兰，拥有 2319 件；第三是日本，有 1656 件；中国目前有 163 件，排在第 11 位。所以，我们在国际标准专利方面还是十分滞后的。

3. 产业发展先进

第三个方面，产业发展先进。中国的企业实施战略目的是什么，是要推动科技创新、产业创新和经济的发展。知识产权只是一个法律的授权，不能成为最终的目标。知识产权的最终目标，是要实实在在能够转化为生产力，增加国民福祉。在这个问题上，国家出台《中国制造 2025》这样一份重要的文件，提出了"三步走"战略目标。

第一步，从 2015 年到 2025 年，力争用 10 年时间，迈入制造强国行列。哪些是世界制造业强国，第一是美国，第二是德国和日本，我们要用 10 年的时间要进入第二个方阵。第二步，再用 10 年的时间，到 2035 年，我国制造业整体达到世界制造强国阵营的中等水平。根据统计，中国是目前全世界唯一一个工业体系最完备的国家。第三步，到了 2049 年，中华人民共和国建国 100 周年的时候，我们的整体实力要进入世界制造业强国前列，与美国站在一起。这是一个非常宏伟的目标，为此国家提出了三个战略转变：第一，从中国制造向中国创造的转变；第二，从中国速度向中国质量的转变；第三，从中国产品向中国品牌的转变。我觉得这三个转变，每一个转变都与知识产权有关，这三个转变让我联想起一个著名的微笑曲线。微笑曲线理论是台湾地区宏基公司的创始人施振荣先生在 1992 年为了解决宏基公司中期发展规划而提出来的，现在变成了一个产业发展理论。微笑嘴形是两端向上，中间朝下，两端是什么，一个是创新研发能力，另一个是品牌营销能力，创新研发是专利和版权，品牌营销是商标、商号。按照微笑曲线的理论，两端是能够产生附加值的，是企业竞争力的着力点；底端是生产制造，是劳动力与生产资料的结合，很少产生或者不产生附加值。这说明，三个转变最重要的是，通过知识产权把企业的创新研发和市场营销很好地结合起来。

4. 环境治理先进

第四个方面，是环境治理先进。整个社会要营造一个尊重知识、尊重人才、保护知识产权的文化环境，要构建一个健康有序、公平开放的市场环境，要有一个严格执法、公正司法的法治环境。总的来说，环境治理也是强国建设的重要内容。

现在已经八点半，按照预期的规划，我就讲到这里，谢谢大家！

李雨峰❶：岳校长去开会了，下半场交给我，做临时的主持工作。我原来是嘉宾，现在由张老师和学东局长作为嘉宾点评。作为吴老师的学生，听了讲座以后印象很深刻，整个的感觉是思路人开。我们看知识产权的时候，有两种研究知识产权制度的方式，一种从历史的眼光去看，100 年前怎么样，50 年以前怎么样，30 年前怎么样，现在怎么样，会发现知识产权制度有一个进步，30 年前比 50 年前强，今天比 30 年前强；另一种从空间的角度去看，中国的知识产权制度和美国、欧盟放在一起去看，我们就有很多不足，比它们差了很多。但是，结合空间和时间的纬度来看知识产权，我发现更客观一些。

吴老师今天的讲座是从空间的角度进行的，视野非常大。我看到刚才有

---

❶ 因岳彩申开会，后半段主持人变更为李雨峰。——编辑注

的学生已经走了，回去看《人民的名义》去了，让我想到育良书记在剧中推荐的一本书《万历十五年》，说的是我们看一个人的行为表现，看一个制度，如果放到101年之后去看和第二年看是不一样的，其实知识产权也是这样。吴老师给我们作的讲座是说，我们看中国的知识产权不能孤立，要放在国际贸易、放在谈判、放在太平洋框架去看。我深信在座的各位同学收获很大，按照程序请两位嘉宾依次点评，或者提问、批评也可以，支持也可以，先请张老师。

张玉敏：吴老师是我们国家著名的知识产权专家，今天晚上的报告大家可以验证这样一个评价。吴老师的讲座应该说是既有国际的大视野，又有历史的发展的眼光，从知识产权、国际贸易、国家的竞争力等各个方面，讲了知识产权在我们国家今后的竞争发展中的一些建议，他的一些分析和探讨，我个人应该说是收获良多，很有启发。

起码我们可以想到，在我们国家，"2025"的战略也好，"两个一百年"也好，实现这样一个宏伟的中国梦的时候，从吴老师的讲座可以看到，知识产权在其中起到非常重要的作用。这给我们学习知识产权的同学们指出了一个努力的方向，让我们更有学习的动力，有美好的前景。

看我们国家的发展战略，党的十八大以来特别强调创新驱动，强调知识产权的重要性，吴老师作为一个学者，通过很多具体的历史上的分析，来论证我们国家大的方针战略的正确性和重要性。总的来讲，这是一个非常好的，让我们都收获良多的讲座，因为它是比较宏观的，所以具体的问题我也不提了，同学们有什么问题可以再提，再一次感谢吴老师！

曾学东：我本身是学生，一个是补充一点教授的背景，再一个是用重庆的一点实践来作一个分享。吴老师今天跟我们分享了国际的态势、强国的谋略和中国的战略。我们在2008年《国家知识产权战略纲要》出台的背景基础上，在2015年又发布了《国务院关于新形势下加快知识产权强国建设的若干意见》。吴教授作为主要的起草者和推动者，功不可没，这印证了一句话，知识的力量是无穷的。

分享一下重庆的实践，吴老师讲到国际的发展态势，要求高水平和高效率的知识产权保护，重庆作为内陆开放高地，怎么样用知识产权保护的高地来帮助我们企业走出去，帮助我们招商引资。第一个方面，国际知识产权保护的要求高。目前我们在处理的情况当中，就遇到了大的企业要到重庆投资，先找我们知识产权局签知识产权保护协议的问题。他们知道知识产权的专利、商标、版权、商业秘密在不同的部门，就想签一个协议，一旦所有的知识产权问题出现后，就来找知识产权局帮忙协调解决。我们把这个协议签了以后，当时的常务副市长才签主协议。也就是说，现在对我们在知识产权保护方面的要求非常高。

在我们传统的司法保护、行政保护、调解和社会调解的基础上，我们要探索怎样构建大保护的格局。吴教授也讲到他承接了最高人民法院关于知识产权损害赔偿的研究，怎样确定合理的赔偿标准，真正地营造知识产权保护良好的氛围。我们要思考怎样在进行招商引资的服务当中保护知识产权。大家都清楚 2006 年时贵州的微硬盘事件，当时引进了一个海外的学者，他自称有专利，实际上最后出口的时候被美国和日本用 6 件专利给打回来了，导致损失 20 亿元左右。在这个基础上，我们建立了重大经济科技活动的知识产权分析评议机制。也遇到在招商引资当中的一些重要风险，甚至很多企业制定了不公平条款，吃了大亏。前不久参加了一个我们产业部门的招商引资，39 亿元的技术，谈判当中他们并不进行瑕疵担保，也就是说这个技术如果侵权了，技术方不负责，当时新加坡方在这儿，我就跟他们提到这一点，他们当场就修改了。所以，我们在招商引资当中，一方面要提高保护的水平，另一方面也要提高企业项目的单位在招商引资当中的能力。

我们企业在"走出去"当中，吴教授也分析了，就重庆来讲，我们首次遇到了"337 调查"，也遇到了诉讼，"走出去"招投标时，因为知识产权问题给挡回来。那么，我们在帮助企业"走出去"方面，包括我们"走出去"的海外专利布局，怎么去提升我们企业应对纠纷的能力，这方面还有很长的路要走。刚才吴教授也讲了，我们海外专利非常低，这方面重庆市知识产权局也是极力地支持培育企业提升能力，帮助企业走出去，适应国际的竞争，适应全球一体化的竞争。所以，我也分享了一点实际的例子，表明吴教授讲的对全国、重庆都有非常重要的指导意义，谢谢！

李雨峰：谢谢曾学东局长。下面进入提问阶段，我有一个问题想先请吴老师回答一下，民法典是现在大家非常关注的，目前主流的是"5+2"模式，在现有基础下，加上人格权法和涉外民事法律篇，也有人提出"5+3"模式，加上知识产权编。我想请吴老师简单谈一下从法律技术上知识产权篇纳入民法典有没有障碍。谢谢吴老师！

吴汉东：我觉得关于知识产权业界所认可的知识产权法典有两个意思：一个是知识产权与民法典相连接，成为民法典中的一编，或者是在民法典当中作原则性的规定，概称为"入典"；另外一个是知识产权体系化，整合现有的单行法，设置一个专门的法典，叫"成典"。现在我们讨论的是李雨峰教授说的第一个问题，"入典"能不能融入，怎么融入，有没有障碍，回答肯定是有的。我自己 10 多年来发表了很多的文章，梁慧星老师在最近一篇演讲报告当中说我改变了初衷，由过去的反对变成了现在的主张。我在这里要说明一下，我的观点有所改变，但是没忘初衷。我们讨论 2002 年最初的民法典草案的时候，郑成思教授写了一个 20 多个条款的知识产权编。当时我认为时机还不够成熟，并说过一句话：凡是范式民法典都没有知识产权编，凡是规定有知识产权编的民法典都不是范式，这是有历史可查的，但我从来不反对知识产权必须在民法当中得到一个规定。

现在是什么情况，《民法总则》用一个条款作了原则性规定，大家都知道《民法总则》相对比《民法通则》来说，有它的进步之处和可取之处，至少有三点。第一，从客体的角度规定知识产权，而且还有弹性条款，为未来的新的知识产权提供了空间。第二，对知识产权所保护的客体及其权利的属性作了比较准确的解释，比如说发明、实用新型和外观设计，没有统称为专利权。在国外只有发明才是真正的专利，实用新型可保护可不保护，外观保护叫作证书级。商标不像过去的商标法限定是注册商标，现在的商标还包括未注册商标。第三，没有规定有争议的客体，学界包括张老师和我都不太赞成把科学发现权和科技奖励制度的发明权也写进知识产权，而这些被《民法通则》所规定的客体，在《民法总则》中没有规定。

最大的不足在哪里呢，之前李雨峰教授跟我一起参加一个座谈会，后来他的文章也发表了，他主张《民法总则》要在各个方面与知识产权对接，现在已经对接好，就一个条款。这个条款具有宣示性，缺乏实际操作的意义，不可能说将来判决案件，用《民法总则》这个条款，因为它不具备法律适用的意义。所以，我们一直在主张未来再规定一个知识产权编。

从国外立法的经验来看，俄罗斯民法典用了 13 年，我们都知道俄罗斯是 1994 年的俄罗斯民法典，预先的时候要规定知识产权，但是没有规定，一直到 2007 年，才把知识产权整个移植到民法典当中，用了 13 年。越南用了 10 年，最初也是像俄罗斯一样，把所有的单行法规定在民法典中，然后把单行法给废了，10 年之后作了一个规定，把行政性、程序性的规定抽出了民法典，民法典的知识产权编只有关于司法的规范，另外还搞了一个知识产权的专门法典。我想通过俄罗斯和越南说明一个道理，即大家都在探索之中。特别强调在 20 世纪 90 年代开始的第二次民法典编纂运动当中，凡是后社会主义国家大都在编纂新民法典。所谓后社会主义国家，包括前东欧国家 11 个，有 9 个国家在民法典当中规定了知识产权。所以，民法典要保证它"古而不老、固而不封"的时代风貌，不能对知识产权置之不理。这里有两项选择，一个是俄罗斯的做法，一个是越南的做法。

现在我的观点是，学者不要把自己想的多么伟大、多么神圣，因为最后是立法机关说了算。但我们要论证民法典接纳知识产权的重要性和合理性，是整体移植还是作原则性的私权规定，我觉得都可以。这是我对李雨峰教授的回应。

李雨峰：谢谢吴老师，下面有两个提问的机会。

提问 1：吴老师，你好。我是一个本科生，我想问关于中美知识产权案的问题。在中美知识产权案当中，美国的一个诉讼案，海关作出了修改建议。请问关于中国的执行措施是什么样的，以及这个案件对于中国的海关措施的修改，包括中国以后对海关措施这一块具体的发展专利的选择应该是怎样的？

谢谢您。

吴汉东：海关措施写进知识产权的国际公约，这在以往的国际公约中都没有，但是 TRIPS 开始有关于海关措施的问题。现在我们看到，TPP（《跨太平洋伙伴关系协定》），这里面知识产权的内容已包括海关措施。还有 ACTA，虽然没有生效，但是协定里面，六大板块中就有海关措施。所以，海关措施就是一种边境贸易，是非常重要的问题。我想无论是美国还是中国，在不违反 TRIPS 规定的情况下，都会采取必要的海关措施，可以高、可以严，但不能低。

中国海关关于知识产权的保护是严格的，我们不仅管进口，而且还管出口，中国海关曾经受到国际海关的褒奖。在知识产权执法当中，一般来说，国际合作这块是非常重要的一个点。像美国贸易代表办公室就联合中国的最高人民检察院和中国海关对药品在 2015 年采取了执法行为，就是打击假冒仿制药品的侵权行为。总的来说，对中国的海关应该没有太多挑剔的地方。而且，现在几个自贸区，从上海黄浦到广东的 3 个自贸区，即深圳、珠海和广州，乃至于其他的自贸区试点，其中一个内容就包括海关执法，并基本上能够产生联合的执法行为，我认为这是符合国际公约的要求。谢谢！

提问 2：吴汉东老师你好，很荣幸能见到你。你在第二点当中提到一个强国发展战略，说知识产权战略就是强国战略，我想问知识产权战略是不是国家强大以后获取更大利益的一个工具呢？

你是以近代英国与现代美国的历史为例，说知识产权制度在它们成为一个强国中发挥了很大的作用。我在这里就想问，这到底是科技推动了知识产权制度发展，还是知识产权制度推动了科技水平的提高？我想根本的原因应该是科技水平的提高，促进了知识产权制度的进步，才使一个国家更加强大。以美国的发展为例，其实在第一次和第二次产业革命当中，它的知识产权保护水平并不高，相比英国来说低很多，但它需要站在英国的科技之上来提高自己国家的科技水平，美国真正的国际水平在于知识产权保护水平的提高，第二次世界大战以后，成为一个大国以后，才慢慢提高了自己知识产权的保护水平。

我觉得西方发达国家，现在提了一个高标准，其实西方国家本来是强国，希望用知识产权制度来谋取更大的利益。知识产权制度是一个国家强国战略，还是发达国家谋取更大利益的一个工具？如果是谋取更大利益的工具的话，那我们国家就不应该那么快提高国家的知识产权保护水平，而是国家慢慢强大以后才提高知识产权保护水平。谢谢老师。

吴汉东：我听懂了你的意思，你对老师的结论提出了反思，我非常赞赏。我先谈理论分析，再作历史考察。在创新领域当中，我们所谈的创新，其实现在很多人有误解，以为创新等于科技创新。其实按照熊比特的理论，人类社会从生产力、经济基础到上层建筑，所有的创造性活动都是创新。最概括的应该分为两个层面，首先是知识创新，这里面包括文化创新、科技创新、产业创新、产品创新；另外与知识创新相对的是制度创新，包括法律创新、政策创新、体制与机制的创新。

知识产权不到 400 年的历史，是制度创新与科技创新相互作用、相互依赖发展的历史。知识产权是罗马法以来财产权领域的非物质化，因为过去我们的财产权保护的是动产和不动产，看得见摸得着，而知识产权保护的是知识技术和信息。所以，知识产权本身就是一个制度创新，知识产权保障科技创新和文化创新。知识产权是为创新活动提供制度支撑，把无形的知识资源进行一种产权的界定，来激励社会的文化创新、科技创新和产业创新。我非常赞赏你刚才说的，科技创新不能跟知识产权的制度创新隔绝开，必须在一起互为作用。知识产权是近代商品经济和科学技术发展的产物，有了科技创新才产生了知识产权制度；反过来说有了知识产权制度可以保护科技创新，两者相辅相成。

我们再看看历史，其实欧美国家秉持的是国家利益立场、实用主义原则。别看今天的美国知识产权保护水平那么高，想当年也是一种低水平保护。从低水平保护向高水平保护，从选择保护向全面保护，是这些国家运用了几十年甚至上百年的转化过程。1791 年美国颁布的专利法和版权法，就采取的是低水平的知识产权保护。举一个例子，他要求外国人申请美国专利，所交的费用是美国人的 2 倍，如果英国人申请美国专利，缴纳的费用是美国人的 10

倍，还要求外国人的作品在美国印刷出版才享有美国版权的保护。所以，美国是当时全世界最大的"海盗"国家，以至英国都看不惯美国这种盗版行为。美国现在强大了才主张高水平的保护、全面的保护。我们看到这些国家的知识产权保护总是有一个变化的过程。

日本明治维新以后也颁布了专利法，但是其不保护药品专利、化学物质专利，长达90年左右。但是现在都要保护，为什么？这就是WTO、TRIPS在起作用。一方面来说，所有的国家进入世界贸易组织，可以享有最惠国待遇。你可能不太懂，我们那个年龄的时候，美国把中国列为重点国家，美国要审查中国知识产权的保护水平，不如它的意就说要进行知识产权保护，中国的工厂把产品卖给它，人家说不要，取消我们最惠国待遇。1992年我在美国留学，当时看到要征收我们105种产品高达15亿美元的高额关税。实际上这就导致中国的产品没有办法进入美国市场，最后我们就为最惠国待遇跟美国人谈判。也好在中国加入了世界贸易组织，就享有了无差别的待遇，我的产品可以卖给你，你必须接受。这代表着不分发展水平，不管是发达还是不发达，都要按照TRIPS来保护知识产权。坦率地讲，即使有TRIPS，美国人还不高兴，认为我国知识产权保护水平太低，知识产权执法不够严格。

所以，我觉得知识产权为什么能够成为国际经贸里面的主战场，因为国家与国家之间总是有利益争斗。过去老说中国保护知识产权是出于国际社会的压力，今天我们要进一步说，有时候是出于国际社会的压力，更多时候出于自身发展的需要。中国现在已经是大国，正在向强国迈进，必须保护知识产权。

李雨峰：谢谢吴老师。因为时间的关系，同学们有什么问题可以单独向吴老师请教，最后我们用热烈的掌声再次感谢吴老师！今天的讲座到此结束。

文字校对：廖晓莉

整理说明：根据录音、现场速记、PPT整理而成，已经过主讲人审阅。